Hans-Günther Heiland · Christian Lüdemann (Hrsg.)

Soziologische Dimensionen des Rechtsextremismus

AF150334

Im Auftrag der Sektion „Soziale Probleme und soziale Kontrolle" der Deutschen Gesellschaft für Soziologie herausgegeben von

Hans-Günther Heiland und Christian Lüdemann

Hans-Günther Heiland ·
Christian Lüdemann (Hrsg.)

Soziologische Dimensionen des Rechtsextremismus

Die Deutsche Bibliothek – CIP-Einheitsaufnahme

Soziologische Dimensionen des Rechtsextremismus /
Hans-Günther Heiland; Christian Lüdemann (Hrsg.). –
Opladen: Westdt. Verl., 1996
    ISBN 978-3-531-12779-8   ISBN 978-3-322-95645-3 (eBook)
    DOI 10.1007/978-3-322-95645-3
NE: Heiland, Hans-Günther [Hrsg.]

Alle Rechte vorbehalten
© 1996 Springer Fachmedien Wiesbaden
Ursprünglich erschienen bei Westdeutscher Verlag GmbH, Opladen 1996

Das Werk einschließlich aller seiner Teile ist urheberrechtlich
geschützt. Jede Verwertung außerhalb der engen Grenzen des
Urheberrechtsgesetzes ist ohne Zustimmung des Verlags
unzulässig und strafbar. Das gilt insbesondere für Vervielfäl-
tigungen, Übersetzungen, Mikroverfilmungen und die Ein-
speicherung und Verarbeitung in elektronischen Systemen.

Umschlaggestaltung: Horst Dieter Bürkle, Darmstadt

Gedruckt auf säurefreiem Papier

Vorwort

Dieser Band ist aus einer Arbeitstagung der Sektion "Soziale Probleme und soziale Kontrolle" der Deutschen Gesellschaft für Soziologie, die in Bremen vom 21. bis 22. Oktober 1994 stattfand, hervorgegangen.

Alle Beiträge wurden für den Druck überarbeitet und mit Anmerkungen bzw. Literaturlisten versehen.

Das ursprünglich geplante Referat von Helmut Willems konnte aufgrund einer Erkrankung des Referenten nicht auf der o.g. Tagung präsentiert und diskutiert werden. Es wird hier in der vorliegenden Version erstmals veröffentlicht.

Den Autoren möchten wir für ihre Kooperation und rasche Fertigstellung der Beiträge danken. Für die sorgfältige und kritische Durchsicht aller Beiträge danken wir Ilse Tippel.

Bremen, im Juni 1995
                        Hans-Günther Heiland

                        Christian Lüdemann

Inhalt

Hans-GüntherHeiland/Christian Lüdemann

Einleitung

Soziologische Dimensionen des Rechtsextremismus

Wer sich gegenwärtig auf die Erforschung der Ursachen des massiv auftre-
tenden Rechtsextremismus im vereinigten Deutschland einläßt, ist zunächst
mit einer Vielzahl von Publikationen konfrontiert. Man betritt kein
„Neuland" mehr und braucht sich über einen Mangel an (Vor-)Arbeiten
keineswegs zu beklagen. Eher verwundern dürfte jedoch die Qualität und
wissenschaftliche Seriosität mancher Publikationen, die im Zuge rechtsex-
tremistisch motivierter Gewalttaten als journalistische oder wissenschaftliche „Schnellschüsse" auf den Markt drängen, um möglichst rasch eine
scheinbar ohnmächtige Öffentlichkeit und offensichtlich überforderte Politik
mit Antworten und Erklärungen zu versorgen (vgl. z.B. Literaturbericht bei
Wahl 1995). Bedenklich sind besonders solche Studien zum Rechtsextremismus, die „mit emotionalen und gesinnungsethischen Bewertungen geradezu überfrachtet sind" und deren Befunde „häufig direkt in politische
Handlungsanweisungen übersetzt" werden (Kowalsky/Schroeder 1994: 8).
Die hieraus vielfach resultierende verzerrte Sichtweise ist nach Kowals-
ky/Schroeder das „Ergebnis fehlender analytischer und methodischer Klar-
heit sowie selbstverschuldeter Ausfluß des politischen Willens zur Dramatisierung und Dämonisierung". Genau dies zeigt die kritische Meta-Analyse
von *Thomas Kliche* (im vorliegenden Band), die die wesentlichen Gründe
hierfür in der konzeptionellen Unklarheit und Beliebigkeit der Erklärungs-
angebote vieler Studien sieht. So werden häufig unabhängige, intervenie-
rende und abhängige Variablen konfundiert und nicht deutlich voneinander
getrennt oder widersprechen sich sogar. Auch Maßnahmeempfehlungen
arbeiten oft ohne klare Maßstäbe, schreiben in ihrer mangelnden Reflek-
tiertheit bestehende Disziplinierungsinstitutionen wie z.B. Justiz, Strafrecht
oder Sozialarbeit fest und vermitteln der Öffentlichkeit damit eine Kontrollillusion und verschaffen den Akteuren „sekundäre Devianzgewinne"
durch Prestige und Ressourcen. Die Vielzahl von Publikationen kann jedoch
nicht darüber hinwegtäuschen, daß die Rechtsextremismusforschung keineswegs auf empirisch gesichertem Boden steht. Der wissenschaftliche Diskurs ist Abbild der öffentlichen Diskussion und trägt, wie *Kliche* zeigt,
durch die Kombination von Merkmalen wie Jugend, Gewalt und Fremden-

feindlichkeit zur Legitimation einer gesellschaftlichen Konstruktion „des"
Rechtsextremismus bei. Statt dringend erforderlicher Differenzierung
herrscht undifferenzierte Pauschalisierung vor. Es überrascht daher nicht,
daß in jüngster Zeit Publikationen erschienen sind, die explizit zur
„Dekonstruktion des Rechtsextremismus" auf der Grundlage theoretisch und
empirisch fundierter Forschungen beitragen (so z.B. Willems u.a. 1993;
Otto/Merten 1993; Kowalsky/Schroeder 1994).

Die in diesem Sammelband vereinigten Beiträge knüpfen einerseits an diese
„neue" Debatte zu den Wirkungen und Folgen der gesellschaftlichen Konstruktion von „Rechtsextremismus" an, andererseits werden Themen angesprochen, die in der bisherigen wissenschaftlichen Debatte zu Unrecht eher
randständig behandelt werden.

1. Zur Konstruktion „des" Rechtsextremismus

Im Titel dieses Sammelbandes taucht der Begriff „Rechtsextremismus" und
nicht „Rechtsradikalismus" oder „radikale Rechte" auf, beides Begrifflich-
keiten für die Claus Leggewie (1994: 325ff.) plädiert, weil letztere deutliche
Absetzungen von Totalitarismustheoremen und Staats-Terminologien markieren. Der Grund für die Bevorzugung des Begriffs „Rechtsextremismus"
ist in der Tatsache zu sehen, daß weiterhin die meisten Soziologen und die
Mehrheit der hier versammelten Autoren diesen Begriff verwenden. Maß-
geblich für diese Präferenz ist offenbar die Allgemeinheit des Begriffs. Hier-
unter lassen sich nämlich all diejenigen Verhaltensweisen und Einstellungen subsumieren, „die von der rassisch oder ethnisch bedingten sozialen
Ungleichheit der Menschen ausgehen, nach ethnischer Homogenität von
Völkern verlangen und das Gleichheitsgebot der Menschenrechts-Dekla-
ration ablehnen, die den Vorrang der Gemeinschaft vor dem Individuum
betonen, von der Unterordnung des Bürgers unter die Staatsräson ausgehen
und die den Wertepluralismus einer liberalen Demokratie ablehnen und
Demokratisierung rückgängig machen wollen" (Jaschke 1994: 31; vgl. auch
Kowalsky/Schroeder : 11).

Trotz dieses umfassenden Definitionsversuchs gehen die hier versammelten
Autoren nicht davon aus, daß mit dieser Definition alle Unklarheiten beseitigt wären; gleichwohl schafft sie Orientierungshilfe. Eine Gemeinsamkeit
der Beiträge liegt unseres Erachtens darin, daß man sich implizit gegen eine
„Soziologie des Rechtsextremismus" wendet. Man bedient sich einer kon-
struktionistischen Perspektive, die in kritischer Distanz zu Perspektiven
steht, die von „dem" Rechtsextremismus sprechen, so, als ob es sich hierbei

um ein klar abgrenzbares und beschreibbares Phänomen handeln würde (*Willems* in diesem Band). Damit stellt sich die Frage, „ob es wissenschaftlich nicht sinnvoller wäre, das Konzept ‚des‘ Rechtsextremismus zugunsten dadurch überzeugender zu erfassender ‚Rechtsextremismen‘ aufzugeben“ (*Kliche* in diesem Band).

Da eben nicht von einer klaren Konzeption ausgegangen werden kann, werden wir uns auf wenige, soziologisch relevante Dimensionen der Rechtsextremismusdebatte beschränken. Hierzu zählen einerseits Dimensionen, die den makrosoziologischen Zusammenhang zum Rechtsextremismus markieren wie Nationalstaatskonzeptionen und Gesellschaftsvorstellungen, wie sie in der Vorstellung von „multikulturellen Gesellschaften“ als Makrokonzepte angelegt sind. Nähere Aufschlüsse sind jedoch auch über mikrosoziologische Konzeptionen zu erhalten, die sich mit der Tiefendimension von Vorurteilen, Ängsten, Ideologien und Gruppenstrukturen auseinandersetzen. Hierzu gehört auch die Betrachtung vermittelnder Institutionen wie Print- oder anderer Massenmedien (Videos, TV, CDs, Platten), die an der Ausbildung von Meinungen und Einstellungen beteiligt sind.

2. Nationale Identität und Rechtsextremismus

Die gegenwärtige weltgeschichtliche Lage ist durch viele gegenläufige Trends gekennzeichnet. Einerseits beobachten wir einen schon länger auszumachenden Trend zur Internationalisierung, der mit der Ausweitung des Welthandels aufs engste verbunden ist. Andererseits flammen Nationalitätenkonflikte auf, die vielfach in kriegerische Auseinandersetzungen münden. Einerseits wird der Nationalstaat für unfähig gehalten, auf die weltweiten Verflechtungen wirksam Einfluß nehmen zu können, andererseits dient er auch als Bastion gegenüber fortschreitender Internationalisierung.

Der tiefgreifende Wandel, der mit der Wiedervereinigung, dem Zusammenbruch osteuropäischer Herrschaftssysteme und den Bemühungen zur Herstellung einer überstaatlichen Integration in West-Europa eingeleitet wurde, schafft nicht nur neue Chancen und Freiheiten, sondern ruft auch verstärkt Ängste und Unsicherheiten hervor.

Dort, wo nationale Identitäten in Gefahr geraten (siehe Estel 1991: 221), nationalstaatliche Werte und Normen überbetont werden und Internationalismus als Bedrohung erfahren wird, liegen die Kristallisationspunkte für die Herausbildung rechtsextremer Bewegungen. Da diese Tendenzen nicht nur Deutschland betreffen, sondern auch in anderen westeuropäischen Nationalgesellschaften auftreten, verwundert es nicht, daß Rechtsextremismus in diesen Gesellschaften ebenfalls anzutreffen ist. Selbst die osteuropäischen Gesellschaften sehen sich nach ihren Zusammenbrüchen mit rechtsextremen Bewegungen konfrontiert.

Ausländerfeindliche Gewalt, wie sie im wiedervereingten Deutschland verstärkt anzutreffen ist, führt *Reinhold Sackmann* auf Konflikte zurück, die mit dem Trend zur Internationalisierung aufs engste verwoben sind. So treten Gewaltexzesse gegen Fremde zwar in Nationalgesellschaften „als Ausdruck eines neuen zentralen gesellschaftlichen Konflikts" auf (so *Willems* in diesem Band), sie nehmen jedoch zunehmend Bezug auf zwischenstaatliche Verhältnisse.

Mit seiner These, „daß es sich bei der ausländerfeindlichen Gewalt um Konflikte in bezug auf einen Prozeß der Internationalisierung handelt", weist *Sackmann* über das vordergründige Interesse einer Soziologie des Rechtsextremismus hinaus, das sich weitestgehend der Konstituierung, Deskription und Deutung der Probleme rechtsextrem motivierter Gewalt und Ausländerfeindlichkeit widmet. Der Trend zur Internationalisierung zielt dagegen auf größere territoriale Einheiten und findet keineswegs an den territorialen und personalen nationalstaatlichen Grenzen sein Ende.

Dieser langfristige Trend zur Integration zunehmend größerer Verbände, den Norbert Elias bereits 1939 im „Prozeß der Zivilisation" beschrieben hat, läßt nationalstaatliche Bewegungen als das erscheinen, was sie in diesem Prozeß eigentlich sind: Zwischenergebnisse auf einem Weg zur Bildung größerer Einheiten. Diesem langfristig wirkenden Prozeß wohnt jedoch keineswegs ein Automatismus in dem Sinne inne, daß er quasi von selbst abläuft und zu seinem Ende kommt. Es bleibt dabei immer zu bedenken, daß es Menschen sind, die diesen Prozeß gestalten. So gesehen, können sich viele Handlungsresultate durchaus widersprechen, selbst eine Trendumkehr könnten sie signalisieren, in jedem Fall verlaufen diese Prozesse zur Bildung größerer Einheiten keineswegs konfliktfrei. So manifestiert sich innerhalb von Nationalstaaten eine Konfrontationslinie in der Ablehnung von Asylbewerber- und Aussiedlerunterkünften. Hierin liegen nach *Willems* (in diesem Band) gemeinsame „Konflikt- und Kristallisationspunkte" für Rassismus, Fremdenangst und Unzufriedenheit mit der gesellschaftlichen Entwicklung.

Sackmanns These, die er im Anschluß an Elias formuliert, lautet, daß neben der Sozialisation durch Familie, Schule und Beruf die Selbstdisziplinierung des Individuums auch entscheidende Impulse durch die „Gestaltung von Institutionen und der darin praktizierten Akzeptanz von Gewalt als Mittel gesellschaftlicher Auseinandersetzungen" erhält. Ausländerfeindliche Gewalt wäre demnach nicht nur als Folge von Sozialisationsdefiziten gewaltbereiter Jugendlicher zu interpretieren, sondern auch als „Resultat einer noch nicht realisierten Institutionalisierung einer Gewaltkontrolle im zwischenstaatlichen Bereich". Denkt man, wie *Sackmann* es tut, die These Elias' konsequent zu Ende, so müßte man erwarten, daß von der Etablierung eines internationalen Gewaltmonopols eine gewaltdämpfende Wirkung auf zwischengesellschaftliche Verhältnisse ausgehen könnte.

Selbst wenn die „formaldemokratische Lücke des 'Monopolmechanismus' durch Etablierung rechtsstaatlicher Ordnungen und Formen demokratischer Kontrollen" geschlossen wäre, bedeutet dies doch keineswegs, daß der Mythos, der sich um den Nationalstaat rankt, damit bereits aufgebrochen wäre. Die gewalttätigen Ausschreitungen sind zuallererst Abwehrreaktionen gegenüber internationalen Verflechtungen. Diese Ausschreitungen finden in Nationalstaaten statt und beziehen sich auf Konfliktlagen und Problembereiche dieser Gesellschaften (z.B. Asyldebatte in Deutschland). Kurzfristig können sie durchaus zur Stärkung nationaler Identität beitragen, langfristig haben sie jedoch nicht das Potential, nationalstaatliche Grenzziehungen festzuschreiben. Die zwischenstaatlichen Interdependenzen und die Dynamik der Weltökonomie werden national-staatlichen Grenzziehungen zunehmend in Frage stellen und neue zwischen-staatliche Grenzziehungen erfordern. In zwischengesellschaftlichen Zusammenhängen, wie sie in Gestalt zahlreicher europäischer und außereuropäischer Institutionen und Organisationen existieren, sieht *Sackmann* die „Kerne übernationaler Kooperation" in wirtschaftlicher und politischer Hinsicht, aus der eine „formaldemokratische Weltgesellschaft evolvieren" könnte. Diese sei - so *Sackmann* - die Voraussetzung zur Zivilisierung zwischengesellschaftlicher Verhältnisse.

3. Gesellschaftskonzeptionen und Rechtsextremismus

Die Transformation nationaler in übernationale gesellschaftliche Kollektive ist auch immer mit Verlusten nationaler Identität verbunden. Die Bereitschaft, national geformte Verflechtungen aufzugeben, muß mit der Bereitschaft einhergehen, sich in neue Handlungszusammenhänge einbinden zu lassen. *Sackmann* verweist auf Wirkungen von Internationalisierungsprozessen wie sie sich z.B. in einer gemeinsamen Verkehrssprache, in einer gemeinsamen Geschichtsschreibung sowie in Erfolgen bei der Kreierung erfolgreicher Handlungszusammenhänge, die diese Bereitschaft zur Integration in größere Einheiten fördern könnten, manifestieren.

Vielfach korrespondieren diese Entwicklungen jedoch nicht mit den inneren Verhältnissen nationaler Gesellschaften. Nationen, die ihre Stabilität durch Binnendifferenzierungen wie z.B. „Inländer" und „Ausländer" zu erreichen versuchen, streben dadurch die Konstitution eines „Wir-Gefühls" oder „Wir-Bewußtseins" an (vgl. Imhof 1993: 337). Dies wird vielfach als Hinderungsgrund für eine Überführung nationaler in übernationale Kollektive angesehen. Selbst in den Handlungsbereichen wie Politik und Wirtschaft, in denen sich aus nationalstaatlicher Perspektive keine erfolgreiche Gestaltung mehr erzielen läßt, wird die Organisations- und Aufgabenwahrnehmung im zwischenstaatlichen Bereich immer dringlicher. Nun sind die geschaffenen Institutionen und Organisationen im zwischenstaatlichen Bereich jedoch kein Garant für die Herausbildung eines „Wir-Gefühls", das mit diesem Prozeß korrespondiert. Zwar stellt man oft die Bereitschaft und Einsicht in die Notwendigkeit zur zwischenstaatlichen Interaktion fest, jedoch existieren gegenwärtig auch Prozesse, die nationale Besonderheiten herausstellen oder auf national geprägten Strukturen (Verwaltung) und Symbolen (Sprache, Währung) bestehen und diese festschreiben möchten. Man mag diese Bestrebungen als Ergebnis nationaler strategischer Bemühungen interpretieren, darüber hinaus signalisieren derartige Vorgänge jedoch auch, daß die Konstitution eines über(national)staatlichen „Wir-Gefühls" nicht ein Prozeß ist, der sich einfach herstellen läßt und konfliktfrei abläuft. Die zwischenstaatliche Institutionalisierung und Organisierung stellt zwar eine hinreichende, jedoch keine notwendige Bedingung für die Schaffung eines über(national)staatlichen „Wir-Gefühls" dar. Betrachtet man die Verflechtungen im Innern der Nationalstaaten, so erkennt man sehr schnell, daß die durch zwischenstaatliche Entwicklungen verursachte Migration eine Fülle von Gegenreaktionen ausgelöst hat, die als nationalstaatliche Varianten versuchen, auf die Folgeprobleme dieser Migration zu reagieren (siehe *Willems* in diesem Band). Die Spannweite dieser Bemühungen reicht von Gewalttaten gegenüber Ausländern bis hin zur Integration derselben. Während der Rechtsextremismus für eine Lösung ohne Ausländer steht, zielt die Integration auf Eingliederung der Ausländer mit dem Ziel möglichst rascher Assimilation. Das Stichwort „multikulturelle Gesellschaft" gilt in der Politik als Leitwert und Beginn einer Diskussion, die auf eine „neue" Bestimmung des Verhältnisses von Inländern und Ausländern zielt. So häufig dieser Begriff verwendet wird, so unklar ist jedoch das Konzept selbst.

Karlhans Liebl setzt genau an diesem Punkt mit seinen kritischen Fragen
an, die unangenehm sind, weil sie auf Entscheidungen drängen, die durch
einen adäquaten Diskussions- und Reflexionsprozeß nicht vorbereitet worden sind. Die kritische Auseinandersetzung mit den vielfältigen Implikationen des Konzepts „multikulturelle Gesellschaft" führt *Liebl* schließlich zu
dem Ergebnis, daß nach den Vorstellungen, die sich bei Intellektuellen und
Parteien mit diesem Konzept verbinden, keine „neue" Gemeinsamkeit erreicht werden kann. Eine solche „neue" Gemeinsamkeit wäre jedoch, nach
dem zuvor gesagten, Voraussetzung dafür, daß sich die Bereitschaft für die
Veränderung nationaler Identität entwickeln könnte, die neue Grenzziehungen einleiten würde, die die bisherigen transzendieren. Mit dem Begriff
„multikulturelle Gesellschaft" verbinden sich häufig Vorstellungen einer
pluralen Geltung verschiedener Kulturen innerhalb einer Nation: Nach *Liebl*
ist jedoch für das „neue Babylon" nicht die „Rückkehr zu einer 'Gemeinsamkeit'" kennzeichnend, „sondern ein vielfältiges Kulturgemisch". Damit
sind jedoch nicht nur erhebliche gesellschaftliche Folgeprobleme verbunden,
die zentrale Lebensbereiche tangieren, sondern darüber hinaus wird deutlich, daß mit der Umsetzung einer solchen Konzeption auch Ängste und
Unsicherheiten produziert werden, die einem Rechtsextremismus, der auf
Stabilität setzt und nationale Identität für seine Ziele zu instrumentalisieren
versteht, gute Voraussetzungen für eine politische Ideologisierung böte.

So gesehen entpuppt sich die Konzeption einer multikulturellen Gesellschaft und die unzureichende politische Diskussion hierüber nicht als
„Verhinderung des Rechtsextremismus", im ungünstigsten Fall könnte sie
gar deren Förderer sein. Trotz dieses ernüchternden Ergebnisses muß man
feststellen, daß von der Diskussion um eine multikulturelle Gesellschaft eine
Vielzahl von Impulsen ausgeht, die Bewegung ins Denken bringen. Die
bereits vor Jahren in einigen Bundesländern eingerichteten bilingualen
Schulzweige vermitteln z. B. die sprachlichen Voraussetzungen, um sich
mit einer fremden Kultur direkt auseinandersetzen zu können. Weiter
schaffen die vielfältigen Möglichkeiten interkulturellen Lernens (Radtke
1992: 26) die Voraussetzungen für eine Relativierung des eigenen kulturellen Standpunktes, indem andere Kulturen in den eigenen Erfahrungshori-
zont eintreten und zur Auseinandersetzung herausfordern. Somit mehren
sich die Chancen, daß das 'Fremde' nicht einfach abgewertet und ausgegrenzt wird. Vorurteile, die häufig als Klischeevorstellungen und Stereotype
in den Köpfen vorherrschen, ließen sich dahingehend revidieren, daß den
fremden Lebensformen eine gleichberechtigte Koexistenz zugebilligt und
begonnen wird, sich aktiv mit diesen Lebensformen auseinanderzusetzen.

Die Perspektive gesellschaftlicher Mehrheiten muß zwangsläufig mit jener
von Minderheiten in Einklang gebracht werden. Für die Minderheiten einer
Gesellschaft gilt, auch unter Berücksichtigung der Entbehrungen und Be-
grenzungen von Chancen und Möglichkeiten, daß sie die Bereitschaft auf-
bringen, sich ebenfalls mit der für sie fremden Kultur auseinanderzusetzen
und Veränderungen ihres Verhaltens vorzunehmen. Eine Verweigerung der
Auseinandersetzung hätte eine Isolation, Ghettoisierung der Lebensräume
und Ablehnung durch die Mehrheit zur Folge. Die Chance zur Veränderung
liegt somit in der Bereitschaft, 'Neues' zu akzeptieren und in die eigenen
Lebensentwürfe und Zukunftsvorstellungen zu integrieren. Diese Disposit-
on, das 'Fremde' in sich aufzunehmen, in ein 'Neues' einzubringen, das mit
dem 'Alten' nicht mehr vergleichbar ist, wäre eine zentrale Voraussetzung
für die Ausbildung eines überstaatlichen „Wir-Bewußtseins" (siehe auch
Radtke 1992: 28).

Auch wenn, wie *Liebl* konstatiert, die „multikulturelle Gesellschaft" gegenwärtig mehr Utopie als Realität ist, wird sich auch Deutschland nicht dem
Trend einer Integration in größere, über(national)staatliche Einheiten ver-
schließen können.

4. Deutungsmuster und Rechtsextremismus

Der Diskurs, der sich mit dem Konzept der „multikulturellen Gesellschaft"
verknüpft, zeigt, daß es bei dieser Diskussion letztlich um die Bestimmung
des Verhältnisses von Mehrheit und Minderheit, oder wie es Elias/Scotson
(1965) nennen, um eine Etablierte-Außenseiter-Figuration handelt. Dieses
Theorem ist jedoch nicht nur geeignet, Großgruppen wie Nationen oder
soziale Schichten voneinander abzugrenzen, sondern es erlaubt auch, sich
Einblick in die Strukturen einer Differenzierung des Mikrokosmos sozialer
Interaktion zu verschaffen.

Die unterschiedliche Ausgestaltung dieses Verhältnisses kann als Indikator
für das Ausmaß von Abgrenzungen verschiedener gesellschaftlicher Gruppen betrachtet werden. Nun kann man nicht davon ausgehen, daß es sich bei
einer Etablierte-Außenseiter-Beziehung um einen universell wirkenden
Mechanismus sozialer Interaktion handelt. Jedoch kann man davon ausgehen, daß ein ubiquitäres Charakteristikum menschlicher Interaktion darin
besteht, Machtkämpfe auszutragen. „Machtproben", so schreibt Elias (1970:
76), gehören „zum normalen Bestand aller menschlichen Beziehungen".
Was vielfach als rechtsextreme Gesinnung oder Einstellung angesehen wird,
erweist sich bei näherer Betrachtung als spezifische Form der Verarbeitung

sozialstruktureller Verhältnisse. Nun wird man keineswegs leugnen können, daß sich Arbeits- und Lebenssituationen von Menschen stark voneinander unterscheiden.

Peter Loos formuliert die These, daß sich die Deutungsmuster von Anhängern der Republikaner nur unwesentlich von jenen der Nichtanhänger dieser Partei unterscheiden. Mit dieser These wendet sich *Loos* gegen Hypothesen einer milieubedingten Disposition zum Rechtsextremismus (so auch Benz 1994: 15f). Was gemeinhin als rechtsextreme Einstellung definiert werde, so *Loos*, sei das Ergebnis einer Deutung durch Personen im Hinblick auf ihre eigene soziale Lage. Das Milieu eines Arbeiters, das *Loos* für seine Analyse ausgewählt hat, ist insofern typisch, weil es keine besonderen Merkmale aufweist, die eine rechtsextreme Disposition indizieren. Da die von einer Gesellschaft identifizierten rechtsextremen Einstellungen nicht zufällig sind, müßte über eine Rekonstruktion des Sinnzusammenhangs Aufschluß über jene Mechanismen möglich sein, deren Resultat „rechte Deutungsmuster" sind.

Loos kommt zu dem Ergebnis, daß diese Deutungsmuster Ausdruck der Interpretation der eigenen sozialen Lage sind: So existieren eben nicht jene 10 - 15% der Deutschen mit einer „rechtsradikalen Grundeinstellung" (siehe z.B. SINUS-Institut 1981), sondern die „Ideologie" rechter Bewegungen und Parteien liefert Deutungen für die eigene Lebenslage im Sinne eines von *Loos* zentral herausgearbeiteten Deutungsmusters der „Fremdbestimmung". Dieses zentrale Muster der „Fremdbestimmung" macht sowohl die eigene konkrete Lebenslage, als auch abstrakte gesellschaftliche Phänomene wie die „Lage des deutschen Volkes" oder die „deutsche Geschichte" interpretierbar. Man kann hier von einem engen Zusammenhang von Lebenslage und „rechter Ideologie" sprechen. Die „Ideologie" der Republikaner ist eben nicht mit der des Nationalsozialismus oder deren Nachfolgeorganisationen gleichzusetzen. Wer dies tut, bedient sich eines Ausgrenzungsmechanismus, wie ihn Elias in seiner Etablierte-Außenseiter-Beziehung zu fassen versucht hat. Wie die Bewohner in der Gemeindestudie von Elias/Scotson (1965) sich durch die „newcomers" in ihrer Ordnung gestört sahen und durch Stigmatisierung und Diskriminierung der „newcomers" ihre eigene Lebensweise und Identität zu wahren versuchten, so lassen sich auch die Bemühungen großer Bevölkerungsteile in Deutschland interpretieren, sich durch Stigmatisierung und Diskriminierung ihrer sozialen und personalen Identität zu vergewissern. Eine Reihe von Zitationen, die die Sichtweise und Deutung von Jugendlichen wiedergeben, die *Loos* aus Gruppendiskussionen und biographischen Interviews gewonnen hat, lassen sich in diesem Sinne interpretieren.

Loos löst sich damit von der häufig unterstellten engen Beziehung zwischen Rechtsextremismus und rechtsextremen Parteien sowie deren Ideologien. In den Blick gerät vielmehr die enge Verwobenheit von politischen und alltäglichen Denkformen.

An Beispielen aus der rechten Jugendszene in Berlin zeigt *Loos*, daß die von Jugendlichen verwendeten nationalsozialistischen Symbole, Embleme und Sprachformen für sie Mittel sind, um eine von anderen Gruppen unterscheidbare Gruppenidentität zu schaffen. In einer Gesellschaft, in der es nur noch wenig Tabus gibt, Liberalität und Toleranz anzustrebende Merkmale des Zusammenlebens sein sollten, die Elterngeneration jedoch viele Felder, die für Jugendliche Möglichkeiten der Distinktion von ihren Eltern bieten könnten, bereits besetzt, stellt die, wie Jaschke (1994: 127, 156f) zurecht feststellt, „zur Schau gestellte Identifikation mit der symbolischen Ordnung des Nationalsozialismus" durch die Jugendlichen, noch eine der wenigen Tabuverletzungen dar, die die Elterngeneration erschüttert. Die Jugendlichen bemächtigen sich daher eines Stils, der NS-Symbolik und Emblematik mit Elementen neuer Jugendkulturen und moderner Kommunikationstechniken verbindet. Diese Jugendkultur unterscheidet sich damit deutlich von denen der 50er und 60er Jahre. Gemeinsamkeiten zwischen diesen Kulturen bestehen jedoch in den Absichten und Zielsetzungen: Nach wie vor wird über Gruppen personale und soziale Identität hergestellt und dies in deutlicher Absetzung zu anderen Gruppen durch Kreierung eigener Verhaltens- und Kommunikationsformen. Ein Teil der Jugend der 90er Jahre tut dies in rechtsorientierten Formen, weil es im „linken" Bereich kaum etwas gibt, was nicht bereits durch ihre Eltern besetzt ist: Outfit, Lebensgewohnheiten, Musik, liberale Ansichten, um nur einige Beispiele zu benennen. Im Alltag gibt es demnach nur noch wenige Bereiche, gegen die ein Protest nachhaltige Wirkung zeigen könnte (vgl. auch die Interpretation des Liedertextes „Der Mussolini" durch Döpfner/Garms (1984), zitiert bei *Giessen* in diesem Band).

Es ist nicht so sehr die Herstellung eines Gruppenzusammenhangs, der für sich gesehen relativ unproblematisch ist, sondern bedenklich erscheint eher die neue Dimension, die darin liegt, daß sich über derartige Gruppenzusammenhänge weitere Möglichkeiten eröffnen, „das randständige Abseits von Außenseitern zu überwinden und die Massenhaftigkeit der Alternativen von rechts zu verdeutlichen" (Jaschke 1994: 126). Gerade mit der Ablehnung und Verweigerung, sich mit diesen Jugendlichen auseinanderzusetzen, wächst die Gefahr, einer „Protestform falsche Authentizität und Originali-

tät" zu geben, die den Bewegungscharakter des jugendlichen Rechtsextremismus nur noch verstärkt (siehe Jaschke 1994: 133).

So wie die Jugendlichen ihre Identitätsvergewisserung über die Zugehörigkeit zu einer Gruppe in Abgrenzung zu anderen Gruppen vornehmen, so
gestalten sie auch ihr Verhältnis zu Ausländern und „Fremden". „Die Auseinandersetzungen mit Ausländern", so *Loos*, „müssen zunächst auch unter
ihrer Funktionalität für Zugehörigkeit und Abgrenzung gesehen werden."
Damit kommt der Auseinandersetzung zwischen deutschen und ausländischen Jugendgruppen im Grunde keine andere oder spezifische Qualität zu,
da Gruppenauseinandersetzungen zwischen Jugendlichen immer schon das
Ziel hatten, sich von anderen Gruppen, den Eltern und der Gesellschaft
abzugrenzen. Zugehörigkeit und Stilelemente der jeweiligen Gruppe stehen
daher im Vordergrund der Orientierung, ohne daß zwangsläufig auf rechte
Ideologien oder übergeordnete Symbolsysteme zugleich Bezug genommen
wird.

Erst die Übernahme „rechter" Stilelemente durch Jugendliche, zu denen
Loos auch rechte Parolen zählt, dient einer stärkeren Abgrenzung. Diese
Stilelemente sind jedoch inhaltsleer und austauschbar und variieren mit der
jeweiligen politischen Ausrichtung der Gruppe. Problematisch werden die
Abgrenzungsbemühungen der Jugendlichen jedoch in jenen Fällen, in denen
Fremdinterpretationen wie „Nazi" in das Selbstbild des Jugendlichen über-
nommen werden und damit biographische Entwicklungen in Gang setzen.

Gewalt ist in diesen Auseinandersetzungen ein zentrales Mittel, um
„Distinktionsgewinne" - wie *Loos* es nennt - zu erzielen. Gewalterfahrungen
Jugendlicher sind Begleiter der Identitätsfindung und ein wesentlicher Be-
standteil ihrer Suche. In Aggressionen gegenüber Personen und Sachen
sowie Provokationen gegenüber der Erwachsenenwelt manifestiert sich einerseits Unmut gegenüber Routine und Langeweile des Alltags, sowie gegenüber Bevormundung und repressiver Sozialisation durch Eltern, Lehrer
und Erzieher. Andererseits drückt sich in Gewalt vielfach auch Unmut über
gesellschaftliche Zwänge, Tabus, Hoffnungslosigkeit und Fremdbestimmung
aus. In dem „umfassenden Gefühl der Fremdbestimmung" liegen jedoch
gemeinsame Erfahrungs- und Deutungsmuster von Erwachsenen- und Ju-
gendwelt, vor.

Es ist nicht die in sich geschlossene rechtsextreme Weltsicht, die *Loos* in
den Milieus von Arbeitern und Jugendlichen antrifft, sondern es sind Deutungsmuster der Alltagswirklichkeit, die in auffälliger Weise mit den Deu-
tungsangeboten rechter Gruppierungen und Parteien korrespondieren. So

sieht auch *Willems* die wesentliche Klammer zwischen den verschiedenen
(Täter-)Gruppen nicht in einer gemeinsamen politischen Identifikation und
Zugehörigkeit zu rechtsextremen Gruppen und Organisationen, sondern in
„eher diffusen Gefühlen und Vorstellungen von einer generellen Bedrohtheit
oder Benachteiligung 'der Deutschen' gegenüber 'den Ausländern'. „Mani-
fest wird Fremdenfeindlichkeit erst dann, wenn die Deutungsmuster eigener
Probleme subjektiv mit Fremdgruppen wie Ausländern oder Asylbewerbern
verknüpft werden. Das Vorurteil innerhalb der eigenen Gruppe wird damit
zur Ausgrenzung anderer Gruppen und deren Mitglieder verwandt. Es dient
der Konformität innerhalb der eigenen Gruppe und der Abgrenzung gegenüber Fremdgruppen (siehe Imhof 1993: 339f).

Nach *Willems* ist nun die Stigmatisierung gewaltbereiter und fremdenfeind-
lich agierender Gruppen durch die Gesellschaft und die Übernahme dieser
Stigmatisierung in die Selbstdefinition dieser Gruppen ein wesentliches
Merkmal der 80er Jahre. Die Pogrome der 90er Jahre basieren jedoch auf
einem neuen Selbstverständnis rechtsextremer und gewalttätiger Gruppen:
„Fremdenfeindliche und gewaltbereite Jugendliche machen nun die Erfahrung, daß ihre Gewaltbereitschaft nicht zur Ächtung, Stigmatisierung und
Sanktionierung führt, wenn sie gegen Ausländer und Asylbewerber ange-
wendet wird"(so *Willems* in diesem Band).

Die faktische Tolerierung (durch geringe Kontrolle und Sanktionswahr-
scheinlichkeit), die offen sichtbare Sympathie von Teilen der Bevölkerung
und die unklare Stellungnahme politisch Verantwortlicher und der Medien
schaffen die Voraussetzungen dafür, sich als „Vertreter allgemeiner Interessen" zu definieren, sich als „Kämpfer für deutsche Interessen" darzustellen
und sich damit „gesellschaftliche Bedeutung" zuzuschreiben (so *Willems* in
diesem Band).

5. Medieneinfluß und Rechtsextremismus

Medien können als „Animateure" der Jugendkultur betrachtet werden. Dort
wo herkömmliche Sozialisationsinstanzen relativ hilflos vor dem Problem-
feld „Jugend" stehen, finden Medien nahezu ungehinderten Eingang in die
Gruppenkulturen.

Die von *Hans W. Giessen* zitierten Beispiele aus der Pop-Musik, geben kulturelle Stile vor, implizieren Bewertungen und verleihen Jugendlichen Orientierung bei ihrer Suche nach Sinn, Deutung und Identität. Deshalb genießt
die Rock- und Pop-Szene im Leben von Jugendlichen hohe Priorität. Die

zahlreichen Varianten der Pop-Musik erlauben auch ebenso viele Differenzierungen von Jugendkulturen. Durch entsprechende Stilisierung werden, wie bereits oben beschrieben, Gruppenzusammenhänge und -identitäten hergestellt und Ausgrenzungen vorgenommen. Gruppenkulturen schaffen damit für den Einzelnen den Rahmen, den er für die Ausbildung seiner Identität benötigt, und sie fördern durch Absetzung der Gruppe von anderen Gruppen die entsprechende Binnensolidarität.

Das von *Giessen* gewählte Beispiel der Pop-Musik führt die Diskussion aus dem Dilemma heraus, ausschließlich historisch singuläre Ereignisse wie die Wiedervereinigung und die damit verbundenen Konsequenzen für die Lebensgewohnheiten der Menschen in den neuen Bundesländern für die Pogromstimmung der 90er Jahre als Erklärung anzuführen. Indem *Giessen* auf die lange Tradition rechtsextrem gefärbter Poptexte verweist, entlarvt er die Erklärung des neuen Rechtsradikalismus als Folge der Wiedervereinigung als Mythos. Daher plädiert *Giessen* dafür, die Herausbildung von Jugendkulturen und die Funktion von Medien im Kontext gesellschaftlicher Entwicklung von Jugend zu analysieren.

Betrachtet man die Musiktexte zu Beginn der 80er Jahre, so waren Provokationen, die bewußt gesellschaftliche Tabus verletzen sollten, durchaus üblich. Sie waren jedoch noch reiner Selbstzweck und brachten weder nationalsozialistische Sympathien zum Ausdruck noch waren sie zur Verbreitung rechtsextremen Gedankenguts geeignet. Die Rezeption dieser Texte jedoch, ihre offensichtlich bewußte Mißdeutung durch Jugendliche, öffnet, laut *Giessen*, Anfang der 90er Jahre den Markt für Texte, die weder unter besonderem Rechtfertigungszwang standen noch ihre Botschaften hinter verschlüsselten Formulierungen versteckten. Offen wird inzwischen mittels der Pop-Musik und einer eindeutig ideologischen Ausrichtung der Texte rechte Agitation betrieben. Wie *Giessen* betont, schafft diese Musik keine „neuen" rechte Bewegungen. Sie ist im Umfeld angesiedelt, wird rezipiert und entfaltet ihre Wirkung dort, wo Stimmungen bereits virulent oder im Entstehen sind. Damit wirkt sie offensichtlich als Verstärker bei jenen Jugendlichen, die im Begriff sind, ihre Identität mit der Identität „Nazi" zu verquicken (vgl. *Loos* in diesem Band).

Wie die Rezeptionsgeschichte zeigt, fungiert Pop-Musik oft als Anstifter. So erinnern wir uns noch gut an Ausschreitungen Jugendlicher während oder nach großen Rockkonzerten. Bereits in den 70er Jahren interpretierte man diese Ausschreitungen als manifeste Äußerungen latenten Unmuts mit Schule, Arbeitsstelle und Elternhaus. Wie Blues und Rock, so sind auch die diversen Varianten der Pop-Musik Ausdruck neuer Selbstwertgefühle. Pop-

Musik bringt musikalisch neue Lebensgefühle auf den Punkt und schafft Identifikationsmöglichkeiten für Individuen und Gruppen. Ob wir nun in die Anfänge der Pop-Musik zurückblicken oder ihre gegenwärtige Ausformung betrachten, es bleibt festzuhalten, daß die Wirkung und das Anliegen der Musik keineswegs verblaßt sind (vgl. Frith 1981: 209ff). Für die Gesellschaft - so *Giessen* - hat die Pop-Musik „Indikatorenfunktion", für die Rezipienten dagegen „Katalysatorenfunktion". Pop-Musik verleiht dem „neuen" Rechtsextremismus Ausdruck. Insofern kommt der Musik eine wichtige Funktion zu, da sie Antworten für Jugendliche bei ihrer Suche nach Ausdrucks- und Lebensmöglichkeiten bereitstellt.

Während die das Establishment provozierende Musik der Punks gesellschaftsfähig gemacht und in „New Wave"-Bewegungen der Kulturindustrie eingebunden wurde und damit für große Teile der Jugendlichen konforme Integrationsmöglichkeiten schuf, verweigert die Musikindustrie der Pop-Musik mit rechtsextremer Ausrichtung jede Form der Vermarktung. Die Verbreitung von Filmen, Videos, CDs und Schallplatten blieb somit auf kleine exklusive Kreise und Gruppen beschränkt. Indexierungen, Vertriebs- und Verkaufsverbote sowie selbstauferlegte Sendebeschränkungen der Rundfunk- und Fernsehsender verhinderten somit nicht nur eine massenhafte Verbreitung dieser Produkte, sondern wirkten einer hohen Publizität rechtsextremistischer Ideologie entgegen.

Diese Entschlossenheit in der Bekämpfung rechtsextremistischer Agitation und Propaganda ist jedoch nicht für alle Bereiche der Medienlandschaft kennzeichnend. Wie *Ohlemacher* und *Willems* zeigen, hatten die Massen-Medien auch einen wesentlichen Anteil an der Gewalteskalation in den 90er Jahren.

Thomas Ohlemacher nimmt in seinem Beitrag die These auf, daß die Berichterstattung der Printmedien über den Rechtsextremismus und Gewalttaten durch die mit dieser Berichterstattung verbundenen Bewertungen, rechtsextremistisches Handeln unterstützt hat.

Ohlemacher konstatiert zunächst eine auffällige Koinzidenz zwischen der Artikelhäufigkeit und der Häufigkeit von Gewalttaten in der zweiten Hälfte des Jahres 1992. Ins Zentrum seiner Analyse rückt er die Wechselwirkungen von Medienberichterstattung einerseits und Gewaltbereitschaft von Bevölkerungsgruppen andererseits. Wie *Ohlemacher* jedoch zurecht betont, kann nicht von einem direkten kausalen Zusammenhang zwischen den Gewalttaten von Rostock und Mölln und der Medienberichterstattung gesprochen werden. Im Zuge verstärkter öffentlicher Debatten kommt den Medien jedoch eine besondere Funktion zu. Durch die Herstellung eines spezifischen 'Meinungsklimas' gegenüber Fremden und Asylsuchenden, hat BILD laut *Ohlemacher* die „gesellschaftlichen Chancenstrukturen für gewaltsamen Protest" erhöht. *Willems* geht sogar noch einen Schritt weiter. Für ihn haben die Medien im Kontext der Gewalt gegenüber Ausländern wichtige „Koordinierungs- und Informationsfunktionen" übernommen, indem sie „eine Art 'Aufmerksamkeitsprämie' für Gewaltanwendungen" bereitstellen. *Willems* vermutet sogar, daß „Gewalthandlungen" möglicherweise „gezielt auf die mediale Berichterstattung hin inszeniert" worden sind. Die Aufmerksamkeit, die die Medien den Gewalthandlungen zukommen läßt, führt wiederum zur gesteigerten Bedeutsamkeit dieser Gewalthandlungen im öffentlichen Raum und trägt damit wesentlich zur Selbstdefinition und Identität dieser Gruppen bei. Erst Gegenbewegungen in Form von Lichterketten und Demonstrationen gegen Ausländerfeindlichkeit sowie die durch die Medienberichterstattung und eine verschärfte staatliche Verfolgung erzeugte Stimmungslage innerhalb der Bevölkerung haben den Gewalthandlungen breite öffentliche und staatliche Reaktionen entgegengesetzt.

6. Gesellschaftliche Ausgrenzung und Rechtsextremismus

Seit Ende 1992 werden Ausgrenzungen gegenüber dem Rechtsextremismus und gesellschaftliche Verurteilungen fremdenfeindlicher Übergriffe von der Mehrheit der Bevölkerung mitgetragen. Der Rückgang der Gewalttaten läßt keine Zweifel an der Richtigkeit des Handelns entstehen. Diese offensichtlich mehrheitlich getragene Reaktionsweise steht nach Horst-Eberhard Richter jedoch in dem Verdacht, daß es sich dabei um eine neue „Variante von Verdrängung" handeln könnte. Die besondere Qualität dieser Verdrängung besteht nach Richter darin, „daß sich hinter heftigem Abscheu in der Regel geheime Affinitäten zu den Verabscheuten verbirgt" (Richter 1994: 20).

Wie *Willems* bereits an den Eskalationswellen der Gewalt in den 90er Jahren gezeigt hat, können die Ziele gesellschaftlicher Stigmatisierung sehr unterschiedlich sein, da sie nicht nur Prozesse der Ab- und Ausgrenzung beinhalten, sondern auch solche der Sympathie und Solidarität. *Stallberg* geht es in seinem Beitrag nicht um die Probleme von Akzeptanz und Ablehnung in Etablierte-Außenseiter-Figurationen. Er fragt, warum der Rechtsextremismus soziologisch bisher nicht mit dem Stigmakonzept untersucht worden ist. Dieses Konzept erscheint keineswegs überlebt, konnte es doch bis in die 80er Jahre erfolgreich bei „underdogs" bis hin zu Terroristen wissenschaftlich gewinnbringend eingesetzt werden. *Stallberg* vermutet nun zunächst, daß die Gründe für die Nicht-Anwendung dieses Konzepts darin liegen, daß die gesellschaftliche Reaktion auf rechtsextremes Handeln einerseits nicht „die Merkmale von bzw. für Stigmatisierung erfüllt und andererseits rechtsextremes Handeln nicht als störende Abweichung angesehen wird, weil es selbstgewollt ist". Dieser Argumentation widersprechen jedoch zunächst Beobachtungen, daß Personen und Gruppen, die Fremde ausgrenzen oder auszugrenzen versuchen, als „rechtsextrem" etikettiert werden. Das Stigmakonzept erweist sich als durchaus tragfähig für die Analyse von Prozessen, in denen es der Mehrheit gegenüber Minderheiten gelingt, das Label „rechtsextrem" erfolgreich zuzuschreiben. Es gibt also eigentlich keine Zweifel, daß diese Vorgänge mit dem Stigmakonzept analysiert werden können. *Stallberg* hebt jedoch hervor, daß die Ausgrenzung Rechtsextremer eine „besondere Reaktionsweise" darstellt: Eine solche Reaktion werde offen gefordert und jegliche Anteilnahme mit Rechtsextremisten und ihren Handlungen werde rigoros abgelehnt. Nun hat diese Art von Reaktion häufig eine ungeplante Nebenfolge: Die Etikettierung schadet nicht, sondern sie verschafft den Etikettierten offensichtlich erhebliche „sekundäre Devianzgewinne", die nach *Kliche*, *Willems* und *Ohlemacher* in einer starken medialen Beachtung, der Einstufung der Verhaltens als Protest, der Zuschreibung von Stärke, Geschlossenheit und Drohpotential sowie in Status- und Identitätsgewinnen liegen, um hier die wichtigsten zu nennen. Mit der gesellschaftlichen Reaktion auf Rechtsextremismus vermindern sich also nicht zwangsläufig Stärke und Bedeutung des Rechtsextremismus. Es besteht sogar die „Gefahr" eines unerwünschten Statuswechsels: Aus rechtsextremistischen Gewalttätern werden gesellschaftlich stigmatisierte „Opfer".

Hierin sieht *Stallberg* eine der Hauptgefahren des Stigmakonzepts. Er plädiert deshalb für den Begriff der „Ächtung", um diese Art gesellschaftlich autorisierter Stigmatisierung analytisch zu fassen: „Eine Personengruppe zu ächten, bedeutet, sie hat nach übereinstimmendem öffentlichem Urteil jedes Verständnis für ihr Tun und jede Rücksichtnahme auf ihre Lebensumstände verwirkt" (*Stallberg* in diesem Band). Soziale Ächtung hat gravierende und irreversible Konsequenzen: Eine Rückkehr oder Wiederaufnahme des Geächteten in die Gemeinschaft ist nicht mehr möglich. Auch in derartigen Fällen bleibt zu fragen, ob hier nicht eine neue Qualität von Verdrängung auftritt. Wie Richter (1994) vermutet, wird die Ächtung in Fällen, in denen eine Abkehr von Rechtsextremismus vorliegt, aufrechterhalten. Man mag dies als „Beweis legitimen Mißtrauens oder eines angemessenen moralischen Anspruchs" ansehen, in Wahrheit sträubt man sich, „eine Sündenbock-Projektion zurückzuziehen".

Literatur

Benz, W., 1994: Rechtsextremismus in Deutschland. Ideologie. Tradition. Erscheinungsformen. S. 11 - 29 in: *W. Benz* (Hrsg.), Rechtsextremismus in Deutschland. Voraussetzungen, Zusammenhänge, Wirkungen, Frankfurt/Main: Fischer.

Döpfner, M.O.C./ Garms, Th., 1984: Neue Deutsche Welle. Kunst oder Mode? Frankfurt/Main, Berlin, Wien.

Elias, N., 1939: Über den Prozeß der Zivilisation. Soziogenetische und psychogenetische Untersuchungen. 2 Bände, Basel: Haus zum Falken.

Elias, N., 1970: Was ist Soziologie? Weinheim, München: Juventa (5. Auflage 1986).

Elias, N./Scotson, J.L., 1965: The Established and the Outsider: A Sociological Enquiry into Community Problems, London: Frank Cass & Co. (Deutsche Ausgabe 1990).

Estel, B., 1991: Grundaspekte der Nation. Eine begrifflich-systematische Untersuchung. Soziale Welt 42: 208 - 231.

Frith, S., 1981: Jugendkultur und Rockmusik. Soziologie der englischen Musikszene. Reinbek bei Hamburg: Rowohlt.

Imhof, K., 1993: Nationalismus, Nationalstaat und Minderheiten. Zu einer Soziologie der Minoritäten. Soziale Welt 44: 327 - 357.

Jaschke, H.-G., 1994: Rechtsextremismus und Fremdenfeindlichkeit. Begriffe, Positionen, Praxisfelder. Opladen: Westdeutscher Verlag.

Kowalsky, W./Schroeder, W., 1994: Einleitung: Rechtsextremismus. Begriff, Methode, Analyse, S. 7 - 20 in: *dies.* (Hrsg.), Rechtsextremismus. Einführung und Forschungsbilanz. Opladen: Westdeutscher Verlag.

Leggewie, C., 1994: Rechtsextremismus - eine soziale Bewegung?, S. 325 - 338 in: *W. Kowalsky/W. Schroeder* (Hrsg.), Rechtsextremismus. Einführung und Forschungsbilanz. Opladen: Westdeutscher Verlag.

Otto, H.-U./Merten, R., (Hrsg.), 1993: Rechtsradikale Gewalt im vereinigten Deutschland. Jugend im gesellschaftlichen Umbruch, Opladen: Leske+Budrich.

Radtke, F.-O., 1992: Multikulturalismus. Ein postmoderner Nachfahre des Nationalismus? in: Vorgänge, Bd. 31, Heft 117, S. 23 - 30.

Richter, H.-E., 1994: „Hinter Abscheu verbirgt sich die Anziehungskraft des Verabscheuten". Frankfurter Rundschau, Dokumentation, Nr. 231 v. 5. Oktober 1994, S. 20.

SINUS-Institut, 1981: 5 Millionen Deutsche: „Wir sollten wieder einen Führer haben". Die SINUS-Studie über rechtsextremistische Einstellungen bei den Deutschen, Reinbek: Rowohlt.

Wahl, K., 1995: Fremdenfeindlichkeit und Rechtsextremismus. Forschungsergebnisse und Erklärungsversuche. Kriminologisches Journal 27: 52 - 67.

Willems, H. zusammen mit Eckert, R./Würz, St./Steinmetz, L., 1993: Fremdenfeindliche Gewalt. Einstellungen, Täter, Konflikteskalation. Opladen: Leske+Budrich.

Helmut Willems

Kollektive Gewalt gegen Fremde

Entwickelt sich eine soziale Bewegung von rechts?[1]

1. Vorbemerkung

Die fremdenfeindlichen Krawalle und Mobilisierungswellen der frühen 90er Jahre haben die Experten in den Wissenschaften wie in der Praxis gleichermaßen überrascht. Selbst Verfassungsschützer und Kenner der rechtsextremistischen Parteien und Organisationen, die eine Zunahme von Mitgliedschaften und eine Ausdifferenzierung der rechtsextremen „Szene" seit Mitte der 80er Jahre notiert hatten, waren auf eine solche Entwicklung nicht vorbereitet. Zwar hatte es auch in der Vergangenheit verschiedentlich rechtsextremistische Mobilisierungserfolge gegeben. Doch für das Deutschland der Nachkriegszeit waren diese kollektiven Proteste und Gewalthandlungen gegen Ausländer bis hin zu Pogromen und öffentlichen Hetzjagden ein neues Phänomen. Entsprechend groß war die Verunsicherung, entsprechend hilflos die ersten Versuche der Erklärung. Sehr bald wurde deutlich, daß diese Eskalation nicht einfach als das Werk von „Rechtsextremisten" zu verstehen war. Auch der Hinweis auf einen neuen, „modernisierten" Rechtsextremismus mit größerer ideologischer wie organisatorischer Differenziertheit vermochte als Erklärung nicht recht zu überzeugen. Insbesondere die Tatsache, daß die fremdenfeindlichen und rechtsextremistischen Aktionen und Straftaten erhebliche Mobilisierungseffekte auch „jenseits der rechtsextremistischen Szene" hatten (vgl. Willems 1993), führte zu der Vermutung, daß sich hier möglicherweise eine neue, politisch rechts orientierte, ausländerfeindliche soziale Bewegung etablieren könne, die weit über den Bereich des etablierten und organisierten Rechtsextremismus hinausreicht. Der folgende Beitrag widmet sich daher der Frage, ob sich in den fremdenfeindlichen Angriffen gegen Ausländer und Asylbewerber in den 90er Jahren möglicherweise die Entwicklung einer neuen rechten, nationalen Bewegung ankündigt oder ob es sich hier nur um eine historische Episode handelt, die insbesondere als Reaktion auf einen starken Einwanderungsdruck in den

---

[1] Bei dem folgenden Beitrag handelt es sich um eine stark erweiterte und aktualisierte Version eines Aufsatzes, der erschienen ist in Bergman, W./Erb, R. (1994b).

starken Einwanderungsdruck in den Jahren 1989-1993 und eine handlungs-
unfähige Politik in diesem Bereich zu verstehen ist. Die soziologische Forschung zu sozialen Bewegungen, die hier als erstes hätte Auskunft geben
können, war lange nicht in der Lage, dieses neue Phänomen kollektiver
Mobilisierung gegen Fremde theoretisch zu begreifen. Dies lag zum einen
daran, daß sie sich lange Zeit nahezu ausschließlich mit jenen spezifischen
Erscheinungsformen sozialer Bewegungen beschäftigt hat (und zumindest in
ihren Anfängen auch eng damit verflochten war), die als „neue soziale Bewegungen" mit eher linkem, emanzipatorischem Wertekanon in den letzten
30 Jahren in nahezu allen westlichen Demokratien entstanden sind (z.B.
Studentenbewegung, Alternativbewegung, Friedensbewegung, Frauenbewegung, Ökologiebewegung); zum anderen lag es daran, daß eine systematische, den gesamten Gegenstandsbereich umfassende theoretische und kon-
zeptionelle Arbeit zu sozialen Bewegungen erst in den letzten Jahren erarbeitet wurde. Hier sind insbesondere die jüngeren Arbeiten von Neidhardt
und Rucht (Neidhardt/Rucht 1991, 1993) zu nennen. Sie haben ein mehre-
benenanalytisches „Modell der Entstehungs- und Stabilisierungsbedingungen sozialer Bewegungen" (Neidhardt/Rucht 1993: 306) erarbeitet,
das die Bedingungen der Genese und Stabilisierung von Bewegungen auf
den verschiedenen Ebenen (Struktur, kollektive Deutung, individuelle Erfahrung) analysiert. Mittlerweile liegen erste Versuche vor, die von Neidhardt und Rucht erarbeitete Systematik von Bedingungsfaktoren für die
Analyse der fremdenfeindlichen und rechtsextremistischen Szene fruchtbar
zu machen (Bergmann 1994). Eine solche Vorgehensweise ist für ein ad-
äquates Verständnis und die Interpretation des gegenwärtigen 'modernisierten' Rechtsextremismus und der „rechten Subkultur" (Bergmann/Erb
1994) notwendig und sinnvoll. Es birgt jedoch auch Gefahren, dann nämlich, wenn die Struktur- und Bedingungsmodelle als Prozeß- oder Stufen-
modelle mißverstanden werden, und wenn die dort aufgezeigten Beziehungen zwischen einzelnen Faktoren als kausal interpretiert werden.

Neidhardt und Rucht haben selbst deutlich vor diesen Fehlinterpretationen
gewarnt und darauf hingewiesen, daß die von ihnen aufgezeigten Variablen-
zusammenhänge eher als hochkomplexe und wechselseitige denn als kausale
verstanden werden müssen, und daß mit diesen Modellen keine Prozeßan-
nahmen im Sinne zielgerichteter oder aufeinander aufbauender Entwick-
lungsstufen verbunden sind. Ja mehr noch: sie weisen ausdrücklich darauf
hin, daß „Aufkommen und Gestalt sowie Art und Richtung bewegungsför-
miger Mobilisierungen (...) auch von Bedingungen (abhängen) (H.W.), die
sich in einem Strukturmodell sozialer Bewegungen nicht angemessen abbil-
den lassen" (vgl. Neidhardt/Rucht 1993: 322). Sie beziehen diese Ein-

schränkung in erster Linie auf die Tatsache, daß die „bewegungsförmige Deutung und 'ideologische Sicherung'" von strukturellen Faktoren wie Deprivationserfahrungen, strukturellen Spannungen, Gelegenheitsstrukturen und Mobilisierungschancen, „vom Auftreten und den Wirkungen bestimmter Akteure (Bewegungsunternehmer, Strategen, Agitatoren)" (ebd.: 322) abhängig ist, deren Auftreten und Erfolg jedoch nicht prognostizierbar sei - beschreiben damit letzlich jedoch die grundlegende Kontingenz, die kollektivem Handeln und sozialen Bewegungen eigen ist.

Diese Kontingenz bezieht sich freilich nicht nur auf die Bewegungsakteure selbst oder die von ihnen verwendeten „frames" oder Deutungsmuster, sondern insbesondere auch auf das bewegungsrelevante Umfeld (Parteien, politische Institutionen, Justiz, Polizei, Medien, Bevölkerung, Gegenbewegung etc.). Die Relevanz der Handlungen dieser Akteure im Umfeld von sozialen Bewegungen wird im Modell von Neidhardt und Rucht in erster Linie mit dem Hinweis auf die gesellschaftlichen Gelegenheitsstrukturen als einer relevanten Entwicklungsbedingung sozialer Bewegungen berücksichtigt, ist jedoch von fundamentaler Bedeutung für die anderen Bedingungsfaktoren anderer sozialer Bewegungen: Erfolgswahrnehmungen, Strategieprogramme, aber auch Skandalisierungsmuster sowie In-Group/Out-Groupkonzepte zur Sicherung eines Mindestmaßes an kollektiver Identität sind nicht Produkte bewegungsinterner autonomer Operationen, sondern beziehen sich immer schon auf Erfahrungen und Interpretationen der Interaktionen mit verschiedenen Umfeldakteuren. Eine Theorie sozialer Bewegungen muß daher Aspekte der gesellschaftlichen Reaktion als konstitutives Element integrieren, wenn sie in der Lage sein will, den Prozesscharakter sozialer Bewegungen adäquat zu erfassen und somit wenigstens die Randbedingungen benennen zu können, unter denen eine Prognose über diese oder jene Entwicklungsrichtung überhaupt nur sinnvoll ist. Für das Verständnis der Genese und der Dynamik kollektiven Handelns und insbesondere der Etablierung einer sozialen Bewegung sind daher die Interaktionen zwischen verschiedenen Akteursgruppen einerseits und verschiedenen anderen gesellschaftlichen Institutionen und Gruppen (Polizei, Justiz, Politik, Medien, Bevölkerung etc.) andererseits von entscheidender Bedeutung. Nur wenn wir die konkreten Interaktionen und situativen Kontexte und die in ihnen generierten Interpretationen und Erfahrungen aufarbeiten und erfassen können, wird es uns möglich sein, den Prozesscharakter und die Bedingungen der Eskalation fremdenfeindlicher Gewalt und der Mobilisierung, hier von rechtsradikalen und fremdenfeindlichen Potentialen, zu identifizieren. Die Analyse von Interaktionsprozessen zwischen Akteursgruppen und anderen gesellschaftlichen Gruppen, von Ausbreitungsmustern und Eskalationsdynamiken kollektiver Gewalthandlungen und ihrer Resonanzeffekte in der Bevölkerung werden jedoch in der empirischen Bewegungsforschung meist vernachlässigt und sind auch in die theoretische Diskussion bisher kaum eingegangen (anders: vgl. Willems 1992/1993, Ohlemacher 1993, Lüdemann 1995).

Eine theoretische Perspektive, die hier weiterhelfen kann, wurde von den Vertretern des symbolischen Interaktionismus entwickelt und in Ansätzen auch bereits als eine Theorie des kollektiven Handelns ausgearbeitet. Blumer (1969) beschreibt den Verlauf von Protestbewegungen und kollektivem Handeln generell als ein im Ergebnis kontingentes, d.h. offenes Produkt fortlaufender Interaktions-, Kommunikations- und Interpretationsprozesse. Diese Prozesse verlaufen nicht nur bewegungsintern, sondern gerade auch zwischen Bewegungen oder Protestgruppen einerseits und anderen gesellschaftlichen Gruppen, politischen Parteien und staatlichen Institutionen andererseits. In diesen Interaktionsprozessen werden neue Vorstellungen und normative Revisionen erzeugt (etwa vom unfähigen und schwachen Staat, oder von Ungerechtigkeit, von Erfolgschancen etc.), aus denen dann neue Handlungsbedürfnisse und Handlungsbereitschaften abgeleitet werden können (vgl. Eckert 1978). Erst in Interaktionsprozessen mit anderen gesellschaftlichen Gruppen kristallisieren sich daher oft unterschiedliche oder gar antagonistische Interessen und Ziele heraus, gewinnt kollektives Handeln seinen Charakter als soziale Protestbewegung oder als lediglich spontanes Krawallereignis ohne Anschlußmöglichkeit. Der Zyklus von Handlung, Kommunikation und Interpretation führt aber zu nicht notwendig vorhersehbaren Ergebnissen (Willems 1988, Willems/Eckert 1995).

Für die Diskussion um die Entstehung kollektiver Gewaltanwendung und sozialer Bewegungen bedeutet dies, daß es nicht ausreicht, an Hand von gesellschaftstheoretischen Deduktionen, empirischen Einstellungsuntersuchungen oder Tätertypologien und Milieubeschreibungen gesellschaftliche Konflikt- und Gewaltpotentiale zu identifizieren, sondern, daß darüber hinaus jene konkreten und historischen Bedingungen identifiziert werden müssen, unter denen es zur Entwicklung spezifischer Handlungsmuster (wie z.B. Aktionen gegen 'Fremde') gekommen ist. Dies betrifft sowohl soziale und kulturelle Aspekte der Gesellschaft als auch politische Bedingungen und historische Ereignisse und Gelegenheitsstrukturen. Vielleicht hilft ein Blick auf die Gewalteskalation und die Mobilisierungswellen im Kontext der Fremdenfeindlichkeit in den letzten 3 Jahren, um besser zu verstehen, welche Prozesse und Dynamiken solche Eskalations- und Mobilisierungswellen auslösen und welche Rolle die in vielfältigen Interaktionsprozessen gemachten Erfahrungen für die Eskalation und Mobilisierung gespielt haben. Ich will daher zunächst aktuelle Daten zur quantitativen Entwicklung fremdenfeindlicher Straftaten in den letzten Jahren auswerten (Punkt 2), als zweites (Punkt 3) einige Informationen zu den Tätergruppen und ihren soziodemographischen Merkmalen geben und (Punkt 4) anschließend auf die Bedingungen und Prozesse der Eskalation eingehen und hierbei insbesondere den gesellschaftlichen und politischen Gelegenheitsstrukturen meine Aufmerksamkeit widmen. Daraus dürften wichtige Hinweise für die Beantwortung der Frage nach der Genese einer neuen sozialen Bewegung von rechts (Punkt 5) abzuleiten sein.

2. Gewaltwellen und Mobilisierungseffekte zwischen 1991 und 1994

Sowohl für die Theorie der fremdenfeindlichen Gewalt und der Entwicklung einer sozialen Bewegung von rechts als auch für die politisch-praktischen Schlußfolgerungen sind präzise Zahlen über den Umfang der Gewalthandlungen und insbesondere über die Veränderung des Gewaltausmaßes im Zeitverlauf von besonderer Bedeutung.

Ich will daher hier einen Blick auf die polizeilich registrierte Entwicklung der fremdenfeindlichen Straf- und Gewalttaten werfen, weil an Hand dieser Zahlen bereits wichtige Hinweise zur Struktur und Dynamik fremdenfeindlicher Handlungen gewonnen und zugleich Bedingungen benannt werden können, die eine Eskalation und Diffusion der Gewalt fördern oder sie begrenzen. Die Untersuchungen, auf die ich hier zurückgreife[2] beziehen sich nicht ausschließlich auf Gewalttaten, sondern umfassen auch andere Delikte, sofern diese fremdenfeindliche Hintergründe haben: Insbesondere die Verbreitung von Propagandamitteln, Störung des öffentlichen Friedens, Bedrohungssachverhalte spielen hier eine wichtige Rolle.

Von entscheidender Bedeutung ist hier vor allem die Frage, was sich hinsichtlich der quantitativen Entwicklung der polizeilich registrierten frem-

---

[2] Gegenstand der Untersuchungen sind alle Tatverdächtigen, gegen die wegen fremdenfeindlicher Straftaten zwischen dem 1.1.1991 und dem 31.12.1993 polizeilich ermittelt wurde. Die erste Untersuchung basiert für den ersten Zeitraum vom 1.1.1991 bis 30.4.1992 auf einer Stichprobe von 9 Bundesländern, die zweite für den Zeitraum vom 1.5.1992 bis 31.12.1993 auf einer Vollerhebung aller Tatverdächtigen in allen 16 Bundesländern.

denfeindlichen Straf- und Gewalttaten in den letzten vier Jahren verändert hat?

Mit dem Jahr 1991 ist erstmals eine dramatische Erhöhung der Gesamtzahl der gemeldeten fremdenfeindlichen Straftaten festzustellen. Von durchschnittlich etwa 250 jährlich gemeldeten fremdenfeindlichen Straftaten in den Jahren 1987 bis 1990 schnellt die Zahl im Jahre 1991 auf 2.427 hoch, was eine Verzehnfachung der Durchschnittswerte für die vorangegangenen Jahre bedeutet[3]. Weitaus die meisten dieser 2.427 registrierten fremdenfeindlichen Straftaten, nämlich 1.852 (= ca. 76%), entfallen auf Verbreitung von Propagandamitteln, Störungen des öffentlichen Friedens, Sachbeschädigungen ohne Gewaltanwendung etc. Doch auch bei typischen Gewaltdelikten wie bei Angriffen gegen Personen mit 239 Fällen und bei Brandanschlägen mit 336 Fällen im Jahre 1991 ist ein dramatischer Zuwachs gegenüber den Vorjahren feststellbar (BKA 1992/Bundeslagebericht). Betrachtet man die monatliche Verteilung der fremdenfeindlichen Straftaten im Jahre 1991, so ergibt sich folgendes Bild: In den ersten sieben Monaten des Jahres 1991 wurden durchschnittlich etwa 50 fremdenfeindliche Straftaten pro Monat registriert, ohne daß deutliche Schwankungen zu verzeichnen sind. Im August steigen die Zahlen dann erstmals deutlich an, und zwar auf insgesamt über 100, im September dann auf 313 und im Oktober (nach dem ausländerfeindlichen Pogrom von Hoyerswerda) gar auf 964 Straftaten, davon alleine 148 Brandanschläge. Im November und Dezember 1991 ist dann wiederum ein deutlicher Rückgang der fremdenfeindlichen Straftaten feststellbar, jedoch nicht auf das gleiche Niveau wie vor der Eskalationswelle. Das Jahr _1991_ stellt also _eine deutliche Zäsur in der Entwicklung fremdenfeindlicher Straf- und Gewalttaten_ dar, die in dieser Größenordnung nicht als Resultat verstärkter und verbesserter polizeilicher Wahrnehmung, sondern als Ausdruck tatsächlicher Veränderungen gewertet werden muß.

Das Ausmaß an fremdenfeindlichen Straf- und Gewalttaten stabilisiert sich Ende des Jahres 1991 auf einem insgesamt deutlich höheren Niveau, und zwar bis Mitte 1992 mit leicht abnehmender Tendenz. Danach kommt es im _September 1992_ (v.a. nach den ausländerfeindlichen Krawallen in Rostock)

---

[3] Hier muß freilich berücksichtigt werden, daß eine flächendeckende und systematische statistische Erfassung fremdenfeindlicher Straf- und Gewalttaten vor 1991 nicht existierte, so daß ein entsprechender Vergleich nur unter Vorbehalt vorgenommen werden kann. Dies beeinflußt die Größenordnung der Steigerung im Jahre 1991, ändert jedoch nichts an der deutlichen Zäsur, die das Jahr 1991 hinsichtlich der Entwicklung fremdenfeindlicher Straftaten darstellt.

zu einem *erneuten dramatischen Anstieg fremdenfeindlicher Straf- und Gewalttaten* und zu einer *Stabilisierung auf einem erneut höheren Niveau*: Im September, sowie auch (nach dem Mordanschlag in Mölln) im November und Dezember 1992 wurden erstmals monatlich mehr als 1000 fremdenfeindliche Straftaten registriert. Für 1992 ist daher insgesamt erneut ein deutlicher Anstieg fremdenfeindlicher Gewalt- und Straftaten um mehr als 100% auf 6.336 (gegenüber 2.427 für das Jahr 1991) festgestellt worden.

Gegenüber Dezember 1992, in dem 1.030 fremdenfeindliche Straftaten registriert wurden, ist für die ersten fünf Monate des Jahres 1993 zunächst ein deutlicher Rückgang um bis zu 50% zu verzeichnen. Nach dem fremdenfeindlichen Brandanschlag in Solingen am 29.5.1993 zeigt sich dann jedoch für den nachfolgenden Monat Juni wiederum eine deutliche Zunahme der registrierten fremdenfeindlichen Straftaten: mit 1.307 ist es der bisher höchste Stand an monatlich registrierten Straftaten, eine Verdreifachung gegenüber dem Vormonat. Der Anstieg der fremdenfeindlichen Straf- und Gewalttaten betrifft, wie schon nach den Ereignissen von Hoyerswerda 1991 und Rostock 1992, sowohl Brandanschläge, als auch Angriffe auf Personen (versuchte und vollendete Tötungsdelikte), in besonderem Maße aber andere Straftaten wie z.B. Bedrohungssachverhalte und Propagandadelikte. Insgesamt ist für 1993 im Vergleich zum Vorjahr nochmals eine Steigerung der Gesamtzahl der registrierten Fälle von fremdenfeindlichen Straftaten um ca. 6% auf 6.721 Fälle festzustellen.

Für das Jahr 1994 ist im Vergleich zum Vorjahr eine kontinuierliche und deutliche Reduzierung der monatlichen Zahlen erkennbar. Anfang 1994 ist erstmals wieder das Straftatenaufkommen auf dem Niveau von Anfang 1992 (obwohl zweifelsfrei heute sensibler und entsprechend systematischer registriert und ermittelt wird und daher vergleichsweise mehr Taten registriert werden). Insgesamt liegen die polizeilich registrierten fremdenfeindlichen Straftaten des Jahres 1994 deutlich mit 3.491 (BKA Jahresbericht 1994) unter den Werten für 1993.

Was läßt sich aus diesen Ereignisdaten und ihrer Entwicklung in den letzten vier Jahren herauslesen?

1. Für den Zeitraum zwischen August 1991 und Juni 1993 ist insgesamt eine deutliche Zunahme an registrierten fremdenfeindlich motivierten Straf- und Gewalttaten festzustellen. Die Zunahme fremdenfeindlicher Straftaten betrifft (rechtsextremistische) Propagandadelikte, Gewaltdelikte gegen Personen und Brandstiftung an Asylbewerber- und Ausländerwohnheimen in nahezu gleichem Maße: Die Veränderung in den verschiedenen Delikt-

gruppen verlaufen fast synchron, wenngleich Brandanschläge und Gewaltdelikte gegen Personen in der Regel geringere Zuwachsraten aufweisen,
verglichen mit Propagandadelikten und Bedrohungssachverhalten. Pro-
portional betrachtet machen Brandanschläge (auf Ausländerwohnungen,
Asylbewerber- oder Aussiedlerunterkünfte) und Gewaltangriffe gegen Personen (Tötungsdelikte und Körperverletzung) zwischen 25% und 30% der
fremdenfeindlichen Straftaten aus. Ihr Anteil ist zwischen 1991 und 1993
mit ca 30% nahezu konstant geblieben. Der Rest, also etwa 70% aller re-
gistrierter fremdenfeindlicher Straftaten entfällt auf Propagandadelikte,
Bedrohungssachverhalte, Sachbeschädigung und Störungen des öffentlichen Friedens. Faßt man die Sachbeschädigung mit Gewaltanwendung
sowie Bedrohungsdelikte jedoch ebenfalls als Gewaltdelikte auf, so steigt
der Anteil der Gewalttaten an den fremdenfeindlichen Straftaten auf ca
50% an. Eine Phänomenologie der fremdenfeindlichen Handlungen würde
deutlich machen, daß wir es hier mit sehr unterschiedlichen Delikten zu
tun haben: Sie reichen von Beleidigungen und psychischer Beein-
trächtigung über direkte Drohungen (mit Gewalt) bis hin zu körperlichen
Angriffen gegen Personen und kollektiven Angriffen und Pogromen mit
Todesopfern und umfassen spontane, ungeplante Angriffe ebenso wie den
instrumentell kalkulierten Einsatz der Gewalt. Dies läßt darauf schließen,
daß hier heterogene Tätermilieus aktiv sind: Nicht nur politisch motivierte, strategisch kalkulierende rechtsextremistische Parteien und Gruppierungen, sondern auch gewaltorientierte, expressive, fremdenfeindliche
Jugendgruppen (vor allem Skinheads, Hooligans), und schließlich zunächst unpolitische Jugendliche und frustrierte Anwohner und Nachbarn
von Asylbewerberwohnheimen. Sie alle hatten zu Beginn der 90er Jahre
einen *gemeinsamen Konflikt- und Kristallisationspunkt* für ihren Rassismus, ihre Fremdenangst und ihre Unzufriedenheit in der Ablehnung von
Asylbewerber- und Aussiedlerunterkünften gefunden.

2. Die quantitative Eskalation und die dramatische Zunahme fremdenfeindlicher Ereignisse verlaufen nicht kontinuierlich, sondern in Sprüngen oder
Wellen. Einzelne dramatische Ereignisse, über die ausführlich in den
Medien berichtet wird, wirken als Auslöser von *Eskalations- und Mobilisierungswellen.* Die Welle der Gewalt erreicht ihren ersten Kulminations-
punkt unmittelbar *nach* den Angriffen auf die Ausländer- und Asylbewerberwohnheime Ende September 1991 in Hoyerswerda, die - wie bekannt -
mit der Verlegung aller Ausländer aus den betreffenden Unterkünften en-
deten, was von den Tätern als Erfolg interpretiert wurde. Die
„Erfolgserfahrungen' der Gewalttäter von Hoyerswerda stellt für die weitere Entwicklung der Gewalt- und Straftaten einen zentralen Mobilisie-

rungsfaktor dar: *Nachahmungsaktionen* in der ganzen Bundesrepublik lassen die Zahl der fremdenfeindlichen Straftaten und Gewaltdelikte im Anschluß daran auf Höchstwerte ansteigen und bewirken zugleich eine räumliche Diffusion der Gewalt, insbesondere durch Aktivierung von gewaltbereiten Gruppen andernorts. Der gleiche Mobilisierungs- und Rekrutierungseffekt kann auch nach den 'erfolgreichen' Krawallen in Rostock Ende August 1992 und sogar nach dem furchtbaren Brandanschlag in Solingen (29.5.1993) beobachtet werden. Die Existenz entsprechender fremdenfeindlicher und gewaltbereiter Gruppen und spezifischer Konfliktpotentiale vorausgesetzt, scheint die mediale Berichterstattung über entsprechende gewalttätige Aktionen, selbst wenn diese - wie in Solingen - furchtbare Menschenopfer gefordert haben, *neben Abschreckungswirkungen* immer auch erhebliche *Resonanz- und Nachahmungseffekte* zu haben.

3. Große Eskalations- und Mobilisierungswellen ebben nicht einfach wieder auf ein Voreskalationsniveau ab, sondern führen unter bestimmten Bedingungen für längere Zeit zu einer Stabilisierung von fremdenfeindlichen Straf- und Gewalttaten auf einem höherem Niveau. Für die Wochen nach Rostock konnten wir eine *Verstetigung* und *Veralltäglichung der Eskalation* über längere Zeit hinweg feststellen. Die Gründe dafür liegen zum einen in veränderten 'Erfolgserwartungen' für gewalttätiges und fremdenfeindliches Handeln aufgrund 'erfolgreicher' Vorgänger, zum anderen in *reduzierten Sanktionserwartungen* (z.B. aufgrund staatlicher Unterreaktionen). Diffuse Gewaltbereitschaften konkretisieren und verfestigen sich durch solche Erfahrungen. Die Ausweitung der Gewalt ist also in starkem Maße nicht nur von der Existenz sozialer Spannungen und gewalt- bzw. aktionsbereiter Gruppen, sondern auch von der Arbeit der Kontrollorgane abhängig.

4. Anders als Hoyerswerda, Rostock und Solingen markiert der Anschlag von Mölln nicht den Beginn einer Eskalation, sondern den Höhepunkt einer Eskalations- und Nachahmungswelle. Unmittelbar nach den Ereignissen von Mölln und insbesondere auch nach den *Gegendemonstrationen* und Lichterketten Ende 1992 war eine Reduzierung der tatsächlichen Gewalttaten (und auch der Gewalttoleranz und -bereitschaft in der Bevölkerung) festzustellen. Mit den Gegendemonstrationen hat sich die bis dahin *schweigende Mehrheit* zu Wort gemeldet. Dies hat auch den rechtsextremistischen, rassistischen und fremdenfeindlichen Gruppen deutlich gemacht, daß sie nach wie vor eine Minderheit sind, daß sie keineswegs von einem Großteil der Bevölkerung unterstützt werden, und daß sie in Zukunft wohl nicht mehr mit der gleichen Toleranz in der Bevölkerung

rechnen können, wie dies z.T. in den Jahren 1991/92 der Fall war. Diese
Veränderung in der Stimmung der Bevölkerung, ein entschiedeneres
staatliches Vorgehen gegen Rechtsextremisten und Gewalttäter und sicherlich auch die Wirkungen des Asylkompromisses haben die
'Erfolgserwartungen' und Risikostrukturen der Täter verändert. Diese
utilitaristische Erklärung macht die für 1994 deutlich erkennbare *Reduzierung fremdenfeindlicher Straftaten* verständlich. Eine Reduzierung von
Straf- und Gewalttaten selbst über viele Monate hinweg ist freilich daher
kein Indiz für eine Reduzierung der fremdenfeindlichen Gewaltpotentiale,
sondern verweist eher auf veränderte Gelegenheitsstrukturen, höhere
Sanktionserwartungen, geringere Resonanz im Umfeld sowie möglicherweise - besonders im Bereich des organisierten Rechtsextremismus - auf
veränderte Strategien. Dieser Rückgang der fremdenfeindlichen Gewalt
darf freilich nicht als Entwarnung verstanden werden. Der Rückgang ist
zunächst typisch für die Struktur und Dynamik kollektiver Gewalt, die
sich stets zyklisch in unsteten Wellenbewegungen äußert.

3. Täterstrukturen, soziale Milieus, Gruppenkontexte

Neben der Darstellung der Entwicklung von fremdenfeindlichen Handlungen und Gewaltaktionen gilt es in einem zweiten Schritt zu fragen, welches
die Akteure dieser manifesten ausländerfeindlichen Aktionen und Handlungen sind. Im folgenden will ich daher auf Ergebnisse von Untersuchungen
zu fremdenfeindlichen Straftätern zurückgreifen, die für die Jahre 1991/92
und 1992/93 durchgeführt wurden (siehe dazu ausführlich: Willems
1993; Willems/Würtz/Eckert 1994). Ziel dieser Täteranalysen war es

- Erkenntnisse über die soziodemographischen Strukturen und Gruppenzugehörigkeiten der gewaltbereiten, fremdenfeindlichen Tätergruppen zu
  gewinnen;

- Veränderungen der Zusammensetzung und Struktur der Tätergruppen
  zwischen dem Jahr 1991 und dem Jahr 1993 zu identifizieren;

- Rekrutierungs- und Mobilisierungseffekte der großen Eskalationswellen
  zu erkennen;

Die erste Untersuchung bezieht sich auf 1.398 fremdenfeindliche Straftäter
im Zeitraum zwischen dem 1.1.1991 und dem 30.4.1992 in 9 Bundesländern. Die zweite Untersuchung stellt die Fortschreibung der Täteranalyse für
die Jahre 1992/93 dar und konnte unter Beteiligung aller 16 Bundesländer

als Totalerhebung realisiert werden. Es ist somit die erste systematische und vollständige Analyse der im betreffenden Zeitraum (1.5.1992-31.12.1993) ermittelten fremdenfeindlichen Tatverdächtigen (insgesamt 5232). Die Daten über fremdenfeindliche Straftaten und über Tatverdächtige sind polizeilichen Ermittlungsakten entnommen. Sie sind somit nicht Ergebnis systematischer, wissenschaftlichen Methodenzwängen unterworfener Sammelarbeit, sondern Resultat polizeilicher Ermittlungspraxis. Sie basieren daher sowohl auf Bekenntnissen und freiwilligen Aussagen der Tatverdächtigen und objektiv feststellbaren Daten zur Person, als auch auf individuellen Einschätzungen, Selektionen und Interpretationen der Polizeibeamten, was zu systematischen Verzerrungen führen kann.

3.1 Täterstrukturen und soziale Milieus

Die überwiegende Mehrzahl fremdenfeindlicher Straf- und Gewalttäter sind junge *Männer*. Dies hat sich gegenüber der Vorstudie nicht verändert. Insbesondere die Gewalttaten gehen nahezu ausschließlich auf das Konto der Männer. Tatverdächtige Frauen stellen eine kleine Minderheit von ca. 5% dar. Sie sind zudem wesentlich seltener als männliche Tatverdächtige Mitglieder von rechtsextremistischen Gruppen oder der Skinheadsubkultur.

Die *Altersstruktur* der Tatverdächtigen entspricht weitgehend der für unpolitische Jugenddelinquenz und jugendliche Bandengewalt typischen Verteilung mit *einem* dominierenden Schwerpunkt bei den Altersgruppen zwischen 15 und 24 Jahren und ist daher für den Bereich der „politisch motivierten Straftäter" und auch im Vergleich zu rechtsextremistischen Straftätern der 70/80er Jahre eher untypisch. Im Vergleich zur Vorstudie ist freilich der Anteil der älteren Tatverdächtigen (über 25) seit Ende 1992 um ein mehrfaches gestiegen: von 8,3% auf mehr als 20%.

Aufgrund der Altersstruktur ist eine Vielzahl fremdenfeindlicher Straf- und Gewalttäter noch in der Schule oder in der Ausbildung (Lehre). Nur eine Minderheit bleibt ganz ohne *formalen Bildungsabschluß*. Höhere Bildungsabschlüsse sind nur bei einer kleinen Minderheit zu finden und liegen deutlich unter dem statistischen Erwartungswert. Die überwiegende Mehrzahl (75%-80%) hat einen niedrigen bis mittleren Bildungsabschluß (Hauptschul- und Realschulabschluß).

Der *Anteil der Arbeitslosen* an den fremdenfeindlichen Straftätern hat sich im Vergleich zur Vorstudie von 18% auf 21,4% erhöht und liegt nun erheblich über der Arbeitslosenquote der entsprechenden Altersgruppen insge-

samt. Dies ist vor allem auf eine stärkere Beteiligung älterer Tätergruppen
zwischen 25 und 45 Jahren zurückzuführen, die z.T. Arbeitslosenquoten von
über 40% aufweisen und in der Regel auch hohe Delinquenzraten bezüglich
sonstiger Straftaten haben. Dies bestätigt die These, daß auch bis dahin
unpolitische Gruppen von desintegrierten und gewaltbereiten, delinquenten
Jugendlichen und Erwachsenen im Kontext politischer Konflikte, hier um
die Immigration, zunehmend aktiv werden. Gleichwohl ist nach wie vor die
Mehrzahl (über 75%) der Tatverdächtigen entweder noch in der Ausbildung
(Schule, Lehre) oder aber bereits beruflich integriert.

Biographische Problemverdichtungen, Diskontinuitäten oder Defiziterfah-
rungen, die durch familiale Strukturveränderungen (Scheidung, Trennung,
Tod der Eltern) bedingt sein könnten, sind bei den fremdenfeindlichen Tatverdächtigen vermutlich nicht höher als im Durchschnitt der Bevölkerung.
Familiale Desintegrationserscheinungen im Sinne einer Auflösung der
Familie oder ihrer krisenhaften Veränderungen durch Vater- oder Mutter-
verlust können - soweit aus diesen Strukturdaten ablesbar - allenfalls für
eine Minderheit unter den Tatverdächtigen eine Rolle spielen.

Deutlicher wird die überwiegende *soziale Herkunft* der Mehrzahl der Tatverdächtigen aus dem Arbeitermilieu und Kleinbürgertum, in denen De-
klassierungsängste und Disprivilegierungserfahrungen stärker ausgeprägt
sein düften als tatsächliche berufliche Desintegration durch Arbeitslosigkeit.
Soziodemographisch gesehen hat sich somit hier in den 90er Jahren ein
politisch mobilisierbares Protest- und Gewaltpotential von insbesondere
Jugendlichen entwickelt, das sich - anders als die Protestgruppen der
70/80er Jahre - eher aus bildungsfernen Milieus rekrutiert.

3.2 Gruppenstruktur und rechtsextremistische Milieus

Die typische fremdenfeindliche Straf- und Gewalttat ist eine von Gruppen
oder aus Gruppen heraus begangene Tat. Einzeltäterschaften sind die Ausnahme, wenngleich sie anteilsmäßig ebenso zugenommen haben wie Hinweise auf rechtsextremistische Steuerungs- und Organisationsversuche.

Für die Mehrzahl der fremdenfeindlichen Straf- und Gewalttäter lassen sich
Affinitäten und Zugehörigkeiten zu offenen oder latent fremdenfeindlichen,
informellen Gruppen, Cliquen und jugendlichen Subkulturen feststellen. Es
sind bis dato politisch eher unauffällige Jugendliche und Ersttäter. Eine
Zugehörigkeit zu rechtsextremistischen Gruppen und zur Skinheadszene ist

auch nach der Folgeuntersuchung nur für eine starke Minderheit festgestellt
worden. Beide Anteile sind im Vergleich zur ersten Studie rückläufig. Dieser anteilsmäßige Rückgang einer Zugehörigkeit zu rechtsextremen Gruppen und insbesondere zu den Skinheads ist jedoch nicht durch eine quantitative Schrumpfung oder geringere Delinquenz dieser Gruppen selbst bedingt, sondern allein Ausdruck der anteilsmäßig stärkeren Beteiligung anderer Tätergruppen in den Hochphasen der Eskalation und Mobilisierung
zwischen 1992 und 1993.

Zugleich jedoch werden in starkem Maße auch Jugendliche aktiv, die wegen
sonstiger Straf- und Gewalttaten bereits vorbelastet sind. Von daher ist anzunehmen, daß eine bereits entwickelte Jugenddevianz und Bandengewalt
angesichts allgemeiner Fremdenfeindlichkeit ein neues Betätigungsfeld
gefunden hat. Daß diese Gruppen ein ernstzunehmendes Problem darstellen,
wird einerseits dadurch deutlich, daß hier zum Teil stabile Gewaltbereitschaften und entwickelte kriminelle Karrieren zu finden sind,
andererseits dadurch, daß bei diesen Gruppen, wie aus der Analyse der Gerichtsurteile in der Vorstudie deutlich wurde, auch berufliche Negativerfahrungen und private Beziehungsprobleme zusammenkommen, so daß einfache Integrationsangebote wenig erfolgversprechend scheinen.

3.3 Räumliche Verteilung

Hinsichtlich der räumlichen Verteilung der fremdenfeindlichen Straftaten
hat sich zwischen 1991/92 und 1993/94 eine bemerkenswerte Verschiebung
ergeben: Vor allem in den Großstädten haben fremdenfeindliche Straftaten
deutlich zugenommen. Ihr Anteil an den Straftaten ist von 22,3% auf 36,6%
gestiegen, während alle anderen Gemeindetypen nun weniger betroffen sind.
Jede dritte Tat wird heute in Großstädten verübt, im Jahr 1991 war es nur
jede fünfte Tat. Dies ist Ausdruck der Generalisierung der fremdenfeindlichen Aggression zumindest bei einem Teil der Tätergruppen: Waren es
zunächst v.a. Asylbewerber und ihre Unterkünfte, gegen die sich die fremdenfeindliche Aktion richtete, so sind mittlerweile auch alteingesessene
Minderheiten, insbesondere die Türken, die sich stärker in Großstädten
konzentrieren, Opfer von fremdenfeindlichen Straf- und Gewalttaten geworden.

3.4 Rekrutierungseffekte der Mobilisierungswellen

Im Laufe der Zeit hat sich die Alterszusammensetzung der Gruppe der
fremdenfeindlichen Straftäter erkennbar verändert. Während bis etwa Oktober 1992 (nach Rostock) stets mehr als 2/3 der Tatverdächtigen jünger als
20 Jahre alt waren, ist der Anteil dieser Altersgruppen nach den Ereignissen
von Mölln (November 1992) und insbesondere von Solingen (Mai 1993) um
ca. 20% auf unter 50% zurückgegangen. Zugleich zeigt sich, daß in diesem
Zeitraum vermehrt ältere Täter aktiv wurden. Waren 1991 in den Nachah-
mungswellen von Hoyerswerda noch lediglich 13% der Tatverdächtigen
über 25 Jahre alt, so lag ihr Anteil in der Mobilisierungswelle nach Solingen
1993 bei 35%. Dabei handelt es sich zum einen um Täter im Alter von 30-
45 Jahren, die z.T. besonders stark von Arbeitslosigkeit betroffen sind und
eine z.T. hohe Kriminalitätsbelastung aufweisen; zum anderen um Täter im
Alter von 45-60 Jahren und älter, bei denen stärkere Affinitäten zu rechtsextremistischen Organisationen und Einstellungen und entsprechende Mehr-
fachtäterschaften wegen politisch motivierter Straftaten zu finden sind.
Diese Rekrutierung älterer Tätergruppen betrifft insbesondere die alten
Bundesländer. Die Rechtsextremisten sind somit nicht nur in ihrer Funktion
als Hintermänner und Organisatoren, sondern vor allem auch als
'Trittbrettfahrer' der fremdenfeindlichen Eskalation zu analysieren.

3.5 Schlußfolgerungen für die verschiedenen Erklärungsansätze

Die Wellen der fremdenfeindlichen Straf- und Gewalttaten sind nur zu einem relativ geringen Teil das Werk von rechtsextremistischen und rechtsradikalen politischen Parteien, Gruppen und Organisationen. Ihr Anteil an
den Straftaten hat sich im Laufe der Jahre zwar leicht erhöht. Auch sind
Hinweise auf rechtsextremistische Hintergründe und Vernetzungen häufiger
zu finden. Dennoch bleibt festzumachen, daß die Mehrzahl der fremdenfeindlichen Straf- und Gewalttäter nicht dem rechtsextremistischen Milieu
entstammen. Fremdenfeindliche Einstellungen, Gewaltmotive und Handlungsbereitschaften reichen somit über den rechtsextremistischen politischen
Rand hinaus. Nicht gemeinsame politische Identifikationen, Zugehörigkeiten oder ideologische Überzeugungen, sondern eher diffuse Gefühle und Vorstellungen von einer generellen Bedrohung oder Benachteiligung 'der Deutschen' gegenüber 'den Ausländern' bilden offensichtlich die
Klammer zwischen den verschiedenen Tätergruppen. Latente Fremdenangst, ethnozentrische Stereotype und die Ablehnung von Fremden in Teilen
der Bevölkerung sind freilich in Konfliktsituationen auch für rechtsradikale

Parolen und Ideologien instrumentalisierbar und durch rechte Agitation mobilisierbar. Sie verbessern so die Rekrutierungsbasis und Aktionskapazität rechtsradikaler und rechtsextremistischer Gruppen, die eher als 'Trittbrettfahrer', denn als Organisatoren der kollektiven Gewalthandlungen angesehen werden müssen. Sie stellen somit ein mobilisierbares Potential für die Enwicklung einer rechten fremdenfeindlichen sozialen Bewegung dar.

Arbeitslosigkeit und damit zusammenhängende Desintegrationserfahrungen betreffen in unserer Gesellschaft mittlerweile einige Millionen Menschen und auch relativ große Gruppen Jugendlicher. Daß im Vergleich zu diesen großen Potentialen von 'Desintegrations'- oder 'Deklassierungsopfern' (vgl. Heitmeyer u.a.1992) nur relativ kleine Gruppen zu fremdenfeindlichen Straf- und Gewalttätern werden (und daß insbesondere die von Arbeitslosigkeit stärker betroffenen Mädchen und jungen Frauen deutlich weniger fremdenfeindliche und rechtsextremistische Einstellungen und Handlungen aufweisen), läßt erkennen, daß das Desintegrationskonzept nur begrenzt tauglich ist. Menschen reagieren auf konflikthafte, bedrohliche oder anomische Situationen nicht uniform, sondern je nach konkret verfügbaren Handlungsmöglichkeiten, individuellen Kompetenzen und Gelegenheitsstrukturen. Aus der Identifizierung von strukturellen Spannungen und Problemen in einer Gesellschaft lassen sich daher weder spezifische Protest-, Gewalt- und Delinquenzpotentiale noch deren jeweilige politische Ausrichtungen und Aktionsbereitschaften einfach deduzieren. Wir wissen aus vielen Einstellungsuntersuchungen, daß selbsterfahrene Arbeitslosigkeit nicht verstärkt zu ethnozentrischen oder fremdenfeindlichen Haltungen führt. Auch weisen die hier vorgelegten Täteranalysen daraufhin, daß persönliche Desintegrationserfahrungen v.a. in Form von Schulabbruch oder Arbeitslosigkeit nur für eine Minderheit der fremdenfeindlichen Straftäter kennzeichnend sind.

Wirtschaftlicher Problemdruck, Rezession und hohe Arbeitslosigkeit können dennoch im Zusammenspiel mit der Immigration neuer Bevölkerungsgruppen in die Gesellschaft zur Erklärung der fremdenfeindlichen Gewalt eine wichtige Rolle spielen. Denn durch wirtschaftliche Probleme und hohe Arbeitslosigkeit werden auch bei denjenigen Ängste geschürt, die heute noch nicht selbst davon betroffen sind, aber dies für die Zukunft für sich selbst oder aber für andere Bevölkerungsgruppen befürchten, mit denen sie sich solidarisieren. Auch dies kann Deprivationserfahrungen und Vorstellungen der Ungerechtigkeit produzieren. Der Zustrom von Aussiedlern und Asylbewerbern und die wohlfahrtsstaatliche Alimentierung dieser Gruppen wird insbesondere von vielen 'Unterprivilegierten' als unmittelbare Konkurrenz und Bedrohung um einen erhofften und angestrebten sozialen Status wahrgenommen, aber auch jenseits eigener und unmittelbarer Konkurrenzängste als ungerechtfertigt interpretiert. Nicht eigene Deklassierungs- und Desintegrationserfahrungen, sondern eher Vorstellungen von Verteilungs-Ungerechtigkeiten und einer als illegitim wahrgenommenen 'Privilegierung' ausländischer Bevölkerungsgruppen durch den Staat spielen daher bei diesem Phänomen relativer Deprivation eine wichtige Rolle (dies ist etwas anderes als Wohlstandschauvinismus!).

Die fremdenfeindlichen Straftäter sind auch nicht die *Kinder der 68er*. In unserer Analyse sind keine Hinweise auf größere Anteile von Tätern aus den bildungsbürgerlichen Milieus zu finden. Vielmehr verdeutlichen die Daten, daß die fremdenfeindlichen Jugendlichen stärker aus den Arbeiter- und Kleinbürgermilieus mit entsprechend niedrigem Bildungsniveau entstammen. Dies schließt freilich nicht aus, daß die Attraktivität rechter Gruppen und Ideologien für manche gerade in ihrem Provokationscharakter und Distinktionswert angesichts einer kulturellen Hegemonie links-liberaler Orientierungen in der Gesellschaft bestand.

4. Immigration, politisches Handeln und die Eskalation der Gewalt

Informationen über die tatsächlichen oder potentiellen Akteure fremdenfeindlicher und rechtsextremistischer Aktionen reichen freilich nicht aus, um zu verstehen, unter welchen Bedingungen eine oben beschriebene Eskalation überhaupt möglich war. Nur Analyse der Eskalationsprozesse selbst und der konkreten Interaktionen zwischen rechtsextremistischen Milieus, gewalttätigen jugendlichen Subkulturen und anderen Akteuren (Staat, Parteien, Justiz, Öffentlichkeit) kann Auskunft geben darüber, in welchem Maße die bisherige Entwicklung der Fremdenfeindlichkeit und des Rechtsextremismus von spezifischen politischen Lagen, von unbewältigten Problemen, von Ermutigungen und Bekräftigungen in den Beziehungen zwischen den radikalen Minderheiten und der Bevölkerungsmehrheit abhängig gewesen ist. Dies dürfte auch für die Beurteilung der weiteren Entwicklung der rechten/fremdenfeindlichen Milieus zu einer sozialen Bewegung von Bedeutung sein.

4.1 Immigration, Asylverfahrenspraxis und die Genese lokaler Konflikte

Durch die Asylverfahrenspraxis der letzten Jahre lag die Hauptlast der finanziellen wohnungspolitischen und sozialen Bewältigung der Aufnahme von Asylbewerbern weitgehend bei den Kommunen. Die bürokratische Praxis der Zuteilungsverfahren sah eine Mitbestimmung der Kommunen bei der Zuteilungsentscheidung und damit eine Berücksichtigung lokaler Bedingungen und Aufnahmekapazitäten nur begrenzt vor. Die Kommunen waren daher durch die Zuteilungsentscheidungen häufig völlig überlastet. ihre Handlungsspielräume etwa hinsichtlich der Suche nach geeigneten Unterbringungsmöglichkeiten waren entsprechend eingeschränkt. Sachzwänge bestimmten die Entscheidungen. Eine verantwortungsvolle Politik. die ihr Handeln auch an den möglichen Konsequenzen ausrichtet und sich daher um Akzeptanz bemüht. war in dieser Asylverfahrenspraxis kaum möglich.

Die Anwohner und Nachbarn von Asylunterkünften wurden mit Entscheidungen konfrontiert, an denen sie nicht beteiligt wurden und die schon aus diesen Gründen nur schwer zu akzeptieren waren. Die Interaktionen zwischen Asylbewerbern und einheimischer Bevölkerung waren daher oft von vornherein durch Ablehnung, Mißtrauen und Argwohn bestimmt, ohne daß man für diese Ablehnung schon fremdenfeindliche Motive oder Xenophobie annehmen müßte. Hinzu kommt. daß die Anwohner (zumindest ab einer bestimmten Konzentration von Asylbewerbern in ihrer Nachbarschaft) sich in ihrer gewohnten Ordnung und Lebensweise massiv gestört fühlten. Rassistische Vorurteile, ethnische Stereotype und fremdenfeindlich-nationalistische, politische Parolen, die von rechten Parteien und Organisationen ständig propagiert wurden, gewinnen für manche Bürger angesichts dieser realen Konflikte und Erfahrungen an Evidenz und Plausibilität.

Eine Analyse der Vorfeldereignisse ausländerfeindlicher Krawalle (Hoyerswerda. Rostock etc.) zeigt. daß den Krawallen meist erhebliche Spannungen zwischen Asylbewerbern und der ansässigen Bevölkerung vorausgingen, und daß sich der Protest und der Widerstand gegen die Asylbewerberwohnheime meist schon in Form von Petitionen, Unterschriftensammlungen etc. manifestiert hatte.

Die vorhandenen Spannungen und Empörungen wurden jedoch in der Regel nicht ernstgenommen oder unterschätzt. z.T. auch von vornherein als rassistisch stigmatisiert und tabuisiert. Versuche von kommunalpolitischer Seite. hier zu vermitteln. Gespräche aufzunehmen und über neue Lösungen nachzudenken, gab es nur selten. und wenn, dann kamen sie wie in Rostock-Lichtenhagen meist zu spät. Die Entwicklung fremdenfeindlicher Einstellungen bis hin zur Toleranz von und Bereitschaft zur Gewaltanwendung wurde also ganz erheblich durch politisches Handeln und Nicht-Handeln und die dadurch bedingten Lernerfahrungen beeinflußt.

Als Bedingungen der Eskalation ergeben sich:

a) eine politisch und bürokratisch nicht bewältigte Immigration führt zu neuen Konflikten und Spannungen in den Kommunen zwischen einheimischen Bürgern und Immigranten,

b) fehlende politische Artikulations- und Partizipationschancen der betroffenen Bürger, sowohl auf lokaler als auch auf überlokaler Ebene, erhöhen die Spannung und führen zum Legitimations- und Glaubwürdigkeitsverlust demokratischer Parteien und Institutionen.

4.2 Politische Gelegenheitsstrukturen und gewaltsame Lösungen

Es dürfte bereits deutlich geworden sein, welche Rolle das Handeln bzw. Nicht-Handeln zentraler politischer Akteure bei der Entwicklung von Konflikten (und hier speziell des Konfliktes um die Einwanderung) in einer Gesellschaft spielen kann: Es beeinflußt nicht nur die strukturellen Ursachen und Hintergründe für gesellschaftliche Konflikte, sondern auch die Entwicklung kollektiven Protestes und sozialer Bewegungen und derer möglichen Erfolge und Wirkungen. Tarrow hat dies in dem Konzept der politischen Gelegenheitsstrukturen zusammengefaßt (Tarrow 1991). Politische Gelegenheitsstrukturen sind „konsistente, jedoch nicht notwendig formale oder dauerhafte Parameter für soziale und politische Akteure, die ihre Aktionen entweder ermutigen oder entmutigen" (a.a.O. S.651). Schon von der Ökologie- und Frauenbewegung war zu lernen, daß aktive, parlamentarisch jedoch nicht-repräsentierte Gruppen auf das politische System und die politische Agenda einwirken können, wenn es ihnen gelingt, durch spektakuläre Aktionen und z.T. durch Gewaltanwendung zunächst die Aufmerksamkeit der Medien und dann auch weiterer Bevölkerungkreise zu gewinnen und so die öffentliche Problemdefinition zu beeinflussen. Wenn die öffentliche Meinung driftet, werden die politischen Parteien unter Druck gesetzt.

Der Streit um die Asylpolitik zwischen den großen Parteien hat für rechte politische Parteien und ausländerfeindliche Gruppen die Gelegenheit eröffnet, sich durch Forderungen und Gewaltaktionen Gehör und Einfluß zunächst auf die Medien und damit auch auf die öffentliche Meinung zu verschaffen. Dies wiederum hat die großen Parteien in Bewegung gebracht, die aus wahltaktischen Gründen ihre Programme anpaßten. Die Folge war, daß bis dahin tabuisierte und marginalisierte politische Themen und Forderungen (Angst vor Überfremdung; Einwanderungsstopp; Veränderungen des Art. 16 des Grundgesetzes) von den großen Parteien aufgegriffen wurden und sich auf der formalen politischen Agenda plazieren konnten. Damit wurden bestimmte Problemdefinition radikaler Minderheiten (Überfremdung; Ausnutzung des Asylrechts) politisch hoffähig gemacht und ausländerfeindliche Einstellungen und Gewaltbereitschaften unfreiwillig legitimiert. Gewalt als Mittel zum Zweck erscheint dann vielen sowohl als gerechtfertigt als auch erfolgversprechend hinsichtlich der Erzeugung von Aufmerksamkeit und politischer Einflußchancen.

Im Ergebnis lassen sich veränderte Gelegenheitsstrukturen in folgenden Bereichen ausmachen:

c) Die Handlungsblockade der demokratischen Parteien angesichts eines gestiegenen Handlungsbedarfs verbessert die politischen Gelegenheitsstrukturen für rechtsextremistische Gruppen.

Sie können

d) eine Veränderung der öffentlichen Meinung (in Teilen der Bevölkerung) bewirken, die sich

e) in einer Veränderung der politischen Agenda und der Problemsicht und Positionen demokratischer Parteien auswirken.

f) Gewalt als Strategie zur Artikulation von Problemen und zur Lösung lokaler Konflikte gewinnt damit an Effizienz und Legitimation.

4.3 Kosten- und Risikostruktur von Gewalt

Von entscheidender Bedeutung für die Eskalation fremdenfeindlicher Gewalt sind die Reaktionen der staatlichen Kontrollinstanzen angesichts der ersten kollektiven Gewaltaktion gegen 'Fremde' gewesen. Eine mangelnde Polizeipräsenz zu Beginn der fremdenfeindlichen Krawalle in Hoyerswerda und auch in Rostock und Fehler im Einsatz haben es gewaltbereiten Gruppen dort ermöglicht, risikofrei Gewalt gegen Asylbewerber und auch gegen die Polizei anzuwenden. Für die psychische Dynamik der Krawalle waren diese primären Erfolgserfahrungen von großer Bedeutung. Eine angesichts der Gewalt zurückschreckende Polizei führt bei gewalttätigen Gruppen zu einem euphorisch erlebten Machtgewinn und einer berauschenden und stimulierenden Anarchie- bzw. Anomieerfahrung, was für den weiteren Verlauf der Krawallereignisse von großer Bedeutung ist. Gewalt wird dann auch für viele bis dahin Unbeteiligte und Uninteressierte, Passanten und Zuschauer attraktiv, die weniger risikobereit sind und sich z.T. auch ohne feste politische und fremdenfeindliche Motive an der Randale beteiligen. Darüber hinaus machen die gewalttätigen Gruppen die Erfahrung, daß die massive Anwendung von Gewalt erfolgreich im Hinblick auf die Durchsetzung politischer Ziele ist: durch die Anwendung von Gewalt ist es in Hoyerswerda und Rostock gelungen, den Abtransport von Asylbewerbern zu erzwingen, die Stadt „ausländerfrei" zu machen, wie es im ausländerfeindlichen Jargon heißt. Diese Erfahrungen 'erfolgreicher' Gewaltanwendung sind von entscheidender Bedeutung für die Diffusion und Eskalation von Gewalt. In dem Moment, in dem relativ kleine gewalttätige Gruppen deutlich machen, was man mit Gewalt erreichen kann, wird die Gewaltanwendung auch für andere Gruppen attraktiv. Das Lernen am Erfolg bzw. am Modell hat gerade für die Erklärung einer wellenartigen Eskalation und Ausweitung von Gewaltaktionen nach spektakulären Einzelerfolgen eine große Bedeutung. Es erklärt die Vielzahl von Nachahmungstaten im Anschluß an die Krawalle von Hoyerswerda und Rostock. In der individualistischen Handlungstheorie sind solche Nachahmungsaktionen als Ergebnis veränderter Kosten-Nutzen-Kalkulationen recht einfach erklärbar. Spieltheoretisch betrachtet werden durch erfolgreiche Vorreiter Handlungsunsicherheiten und Risiken beseitigt und 'Gewißheitszirkel' erzeugt, durch die dann auch risikoscheue, gewaltbereite Gruppen mobilisiert werden können. Schließlich ist es auch möglich, daß durch erfolgreiche Gewaltanwendung entsprechende Einstellungen und Handlungsweisen auch bei anderen gesellschaftlichen Gruppen erzeugt werden, die bis dahin noch keine entsprechenden Bereitschaften aufwiesen (vgl. auch Erb 1993). Erfolgreiche Gewaltanwendung hätte dann nicht nur eine Mobilisierungsfunktion hinsichtlich vorhandener gewaltbereiter Gruppen und einen Ausbreitungseffekt in territorialer Hinsicht, sondern auch in sozialer Hinsicht: Erfolgreiches Gewalthandeln erzeugt die gewaltaffinen Einstellungen.

Es ergibt sich als eine weitere Bedingung von Eskalation:

g) eine fehlende oder ineffiziente soziale Kontrolle, die zur 'Etablierung' von Gewalt als einem erfolgreichen Mittel politischer Interessenartikulation und Problemlösung führt.

4.4 Resonanzeffekte zwischen Gewaltgruppen und Bevölkerung

Für die Eskalation der Gewalt spielen dann auch die Resonanzeffekte zwischen gewaltbereiten fremdenfeindlichen Gruppen und anderen Bevölkerungsgruppen eine wichtige Rolle. Die fremdenfeindliche Gewalt und Gewaltbereitschaft war während der 80er Jahre fast ausschließlich ein Merkmal von Gruppen, die eben deswegen ausgegrenzt (marginalisiert) und gesellschaftlich gebrandmarkt (stigmatisiert) wurden. Die Stigmatisierung durch die Gesellschaft war zentrales Element der Selbstdefinition dieser Gruppen. Mit dem Streit um die Asylpolitik, der Etablierung fremdenfeindlicher Problemdefinitionen auf der politischen Agenda und dem damit einhergehenden Legitimationsgewinn fremdenfeindlicher Einstellungen, Forderungen und Gewaltbereitschaften und nicht zuletzt aufgrund der Probleme vor Ort hat sich auch die öffentliche Meinung verändert. Verständnis und Toleranz für fremdenfeindliche Einstellungen und diesbezügliche Gewaltbereitschaften haben sich in der Bevölkerung deutlich verstärkt. Dies ist nun von entscheidender Bedeutung für die Selbstdefinition der rechtsradikalen und gewalttätigen Minderheiten und auch für die weitere Eskalation und Verstetigung fremdenfeindlicher Gewalttaten. Fremdenfeindliche und gewaltbereite Jugendliche machen nun die Erfahrung, daß ihre Gewaltbereitschaft nicht zur Ächtung, Stigmatisierung und Sanktionierung führt, wenn sie gegen Ausländer oder Asylbewerber angewendet wird. Sie erfahren vielmehr eine z.T. offene Unterstützung und Sympathie durch Teile der Bevölkerung und erfahren dadurch auch eine neue gesellschaftliche Definition und Bedeutung: Sie können sich zum ersten Mal als Vertreter allgemeiner Interessen definieren, sich als 'nationale Avantgarde' und Kämpfer für deutsche Interessen darstellen, und in dieser Rolle sich selbst gesellschaftliche, ja historische Bedeutung zuschreiben.

Ein weiterer eskalationsverstärkender Faktor liegt somit

h) in dem veränderten kollektiven Selbstverständnis rechter, gewaltbereiter Minderheiten durch die Resonanz und Unterstützung aus der Bevölkerung, und

i) in der Extrapolation dieser Erfahrungen als Trend für die Zukunft.

4.5 Eskalationsbeiträge der Medien

In bezug auf die Eskalation und Diffusion von fremdenfeindlicher Gewalt und anderen kollektiven Gewaltformen werden auch bestimmte Funktionen der Medien deutlich, die freilich unabhängig von den Intentionen derer sind, die verantwortlich zeichnen. Gleichwohl spielen sie für die Frage nach den Bedingungen der Genese einer sozialen Bewegung eine wichtige Rolle (Schmitt-Beck 1990).

Durch die flächendeckende Berichterstattung über spektakuläre Ereignisse und insbesondere über politisch motivierte Gewaltanwendungen und Brandstiftungen kommt den Medien im Kontext der fremdenfeindlichen Gewaltentwicklung (aber auch im Kontext der neuen sozialen Bewegungen der siebziger und achtziger Jahre) eine wichtige Koordinierungs- und Informationsfunktion zu. Der relativ geringe Grad organisatorischer Verfestigungen und infrastruktureller Vernetzung in den fremdenfeindlichen Subkulturen hat nicht zuletzt auch damit etwas zu tun, daß die Information und Mobilisierung von Gleichgesinnten und Unterstützern in der Regel durch die Berichterstattung in den Medien sichergestellt wird.

Durch spektakuläre Aktionen und insbesondere durch Gewaltanwendung können radikale Gruppen zudem die Aufmerksamkeit der Medien erlangen und eine Berichterstattung der Ereignisse, aber auch der Hintergründe und Absichten der Täter sicherstellen. Die Medien stellen also eine Art 'Aufmerksamkeitsprämie' für Gewaltanwendung bereit. Viele Gewaltereignisse im Kontext politischer Auseinandersetzungen und Konflikte sind möglicherweise auch gezielt auf die mediale Berichterstattung hin inszeniert. Für die Gewaltakteure gilt es daher auch immer als ein Kriterium des 'Erfolgs' ihrer Aktionen, wenn sie damit überlokal in den Medien präsent sind. Darüber hinaus hat die Berichterstattung über Gewalttätigkeit auch individuelle Belohnungseffekte: Für manchen jugendlichen Gewalttäter entwickelt sich aufgrund der medialen Aufmerksamkeit ein Gefühl kollektiver Bedeutsamkeit und eine entsprechende subkulturelle Aufwertung 'vom Schläger zum Kämpfer zum Helden' (Eckert 1993).

Festzuhalten ist hier:

j) die Berichterstattung in den Medien über 'erfolgreiche Gewaltanwendung' (etwa die erreichte Umquartierung von Asylbewerbern, oder auch nur die Krawalle mit der Polizei) erzeugt Nachahmungseffekte und vermag somit Mobilisierungswellen auszulösen.

4.6 Generalisierung der Feindbilder und Organisation von 'Gegengewalt'

Fremdenfeindliche und rechtsradikale Einstellungen und auch entsprechend motivierte Gewaltbereitschaften und Gewalttaten hat es in den letzten Jahrzehnten in Deutschland immer gegeben. Insbesondere rechtsradikale und rassistische Ideologien, ethnozentrische Vorurteile und ihre Verbreitung weit über den rechten Rand hinaus werden daher von manchen Autoren als Hintergrund auch für die gegenwärtig Fremdenfeindlichkeit vermutet: Diese grundlegenden Denkweisen und Bewußtseinsstrukturen seien in einer Phase der Rezession, der kollektiven Verunsicherung und der 'imaginierten' Bedrohung erworbenen Wohlstands bei vielen Bürgern als eine Art pathologische Angstreaktion wieder durchgebrochen. Insofern ist es durchaus berechtigt, wenn gelegentlich auf diese Kontinuität verwiesen wird. Dennoch gilt es auch hinsichtlich der fremdenfeindlichen Gewalt in den neunziger Jahren zunächst empirisch zu fragen, welche spezifischen historischen Bedingungen und Erfahrungen ihr zugrundeliegen, und auch, was sie von dem bekannten Phänomen der Fremdenfeindlichkeit unterscheidet. Auf eine Reihe von situativen Faktoren der Entwicklung und Eskalation der fremdenfeindlichen Gewalt in den neunziger Jahren habe ich bereits hingewiesen. Hier soll nun ein weiterer Aspekt hervorgehoben werden.

Die fremdenfeindliche Gewalt entwickelte sich diesmal gerade *nicht* auf Basis tradierter, im kollektiven Bewußtsein bereitgestellter gesellschaftlicher Feindbilder und Vorurteile des Rechtsradikalismus (Juden, Türken etc.), sondern hatte einen ganz spezifischen Kristallisationspunkt und - wenigstens am Anfang - ein klar umrissenes Feind- und Opferbild: die 'Asylanten' oder speziell noch die angeblichen 'Schein- oder Wirtschaftsflüchtlinge'. Dieses Feindbild vom 'Scheinasylanten', der nicht berechtigt sei, hier zu sein, dessen Versuch, hier zu bleiben, als kriminell eingestuft wurde und dessen Anwesenheit in der Nachbarschaft als Provokation empfunden wurde, hatte für die Entwicklung und Ausweitung der Fremdenfeindlichkeit wichtige Konsequenzen:

Man konnte den 'Scheinasylanten' ablehnen und bekämpfen, auch ohne in den Verdacht zu geraten, Rassist oder Rechtsradikaler zu sein: Die Rechtsprechung, die großen Parteien und nahezu alle bedeutenden gesellschaftlichen Institutionen und Organisationen waren sich hinsichtlich der Illegitimität und Ablehnung der 'Scheinasylanten' einig. Dies hat fremdenfeindliche Reflexe, Aversionen und Schuldzuweisungen etabliert, die dann auch jenseits der primären Feind- und Opfergruppen der 'Scheinasylanten' stets neue (sekundäre) Opfer- und Feindgruppen finden konnten: zunächst die Polen, 'Fidjis' in den neuen Bundesländern, dann auch die Linken, die

Schwulen, die Behinderten und schließlich auch die Türken. Und es hat jenen Mut gemacht und den Boden bereitet, die rassistischen Ideologien anhängen und für die der 'Asylant' nur stellvertretend für alle Fremden und alles 'Nicht-Völkische' und 'Nicht-Deutsche' steht.

Natürlich haben viele in der Bevölkerung diese Ausweitung der Feindbilder hin zu einer allgemeinen Fremdenfeindlichkeit nicht mitgemacht. Dieser Prozeß hat sich vielmehr weitgehend auf den Kern der fremdenfeindlichen, rechten und gewaltbereiten Gruppen beschränkt. Mit der Ausweitung der Opfergruppe auf alles Fremde, alles 'Undeutsche' und 'Unbekannte' geht daher einerseits eine mögliche ideologische Stabilisierung der rechten und fremdenfeindlichen Szene und eine Brutalisierung und Radikalisierung bestimmter Gruppen, möglicherweise bis hin zum Terrorismus einher, andererseits aber auch eine gesellschaftliche Gegenreaktion (Gegenbewegung), die von weiten Teilen der Bevölkerung sowie der öffentlichen Institutionen getragen wird, und zugleich auch die Organisation von 'Gegengewalt' mitbetrifft. Während sich die bisher vom Fremdenhaß in erster Linie betroffenen Asylbewerber lediglich in Notwehrsituationen gelegentlich zur Wehr setzten und allenfalls in den gewaltbereiten Autonomen und Antifa-Gruppen eine selbsternannte 'Gegenwehr' hatten, hat sich mit der Ausweitung der Opfergruppen auf die Türken die Basis für eine kontinuierliche und starke 'Gegengewalt' entwickelt. Hier sind die Bedingungen für eine neue Gewaltspirale zwischen 'Links' und 'Rechts', 'Faschisten' und 'Antifaschisten', Bewegung und Gegenbewegung vorhanden.

4.7 Schlußfolgerungen für die verschiedenen Erklärungsansätze

Unsere Ergebnisse lassen die Entwicklung und Ausbreitung fremdenfeindlicher Gewalt als Ausdruck eines neuen zentralen gesellschaftlichen Konfliktes verstehen. Vor dem Hintergrund lokaler Spannungen im Umfeld von Aussiedler- und Asylbewerberunterkünften und der zunächst ergebnislosen Asylverfahrensdiskussion der politischen Parteien wurden einerseits neue Gewaltbereitschaften erzeugt, andererseits bereits existierende unpolitische Gewaltbereitschaften politisch aufgeladen und legitimiert. Gewalt konnte in dieser Situation als 'effektives' und 'erfolgreiches' Mittel zur Erzeugung von Aufmerksamkeit und zur 'Lösung' lokaler Probleme angesehen werden. Nachdem das Risiko für die Gewalttäter aufgrund mangelnder Polizeipräsenz im Osten zunächst deutlich reduziert war, stellte die 'erfolgreiche' Gewaltanwendung - durch die Medienberichterstattung flächendeckend verbreitet - ein Signal für Nachahmungshandlungen in Ost und West dar.

Anders als bei einer Reihe von gewalttätigen Eskalationen in den Konflikten zwischen den neuen sozialen Bewegungen und dem Staat in den 70/80er Jahren ist die Serie fremdenfeindlicher Gewalttaten Anfang der 90er Jahre nicht durch staatliche Überreaktionen ausgelöst oder verstärkt worden, sondern im Gegenteil durch Unterreaktionen: Durch mangelnde polizeiliche Präsenz, fehlende Durchsetzungsfähigkeit und - wie manche glauben - auch durch fehlende Bereitschaft von Polizei und Justiz, gegen rechte Gewalt mit der gleichen Entschiedenheit vorzugehen wie gegen linke Gewalt. So kam es zu der rasanten Eskalation und räumlichen Diffusion fremdenfeindlicher Gewalttaten und zu Mobilisierungsgewinnen für rechtsextreme und fremdenfeindliche Gruppen in Teilen der Bevölkerung, die als Bedingung für die Genese und Stabilisierung einer sozialen Bewegung von rechts von Bedeutung sind.

5. Die Formation einer neuen sozialen Bewegung von rechts?

Eine solche Konfliktperspektive macht deutlich, daß es sich bei den fremdenfeindlichen und rechtsextremistischen Mobilisierungen der letzten Jahre weder um ein gesellschaftliches oder politisches Randproblem handelt noch um ein reines Jugendproblem. Die fremdenfeindlichen Aktionen haben als strukturellen Hintergrund vielmehr jenen neuen gesellschaftlichen Konflikt um die Einwanderung und ihre Folgen, der sich durch weite soziale Schichten und Gruppen der Gesellschaft zieht (auch wenn die fremdenfeindlichen Straf- und Gewalttäter gegenwärtig eher aus dem Arbeiter- und Kleinbürgermilieu stammen) und der als strukturelle Spannung den Kristallisations- und Ausgangspunkt auch für weitere spezifische Mobilisierungen bilden kann (Willems 1993, Eckert 1993; ähnlich auch Jaschke 1992).

Die Erfahrungen der letzten Jahre deuten darauf hin, daß mit fortschreitender Einwanderung Ethnizismus zu einer zentralen Dimension der Politik werden kann. Durch Einwanderung werden kulturelle Standards relativiert, Fremdheitserlebnisse erzeugt, Lebensgewohnheiten verändert und Konkurrenzsituationen (z.B. auf dem Wohnungsmarkt) verschärft. Dies kann einerseits zu neuen Konflikten auf Grund ethnisch-kultureller Divergenzen führen, andererseits zur Ethnisierung tradierter Konfliktlinien (z.B. der Verteilungskonflikte) (Esser 1988). Es führt in jedem Fall jedoch zu einem Konflikt um die Frage, in welchem Maße und in welcher Form eine Einwanderung (welcher Gruppen) ermöglicht werden sollte. Dieser Konflikt um die Einwanderung betrifft derzeit nicht nur Deutschland, sondern ist in einer Reihe von anderen europäischen Staaten existent und hat auch in anderen

Ländern (vgl. England, Frankreich etc.) bereits zu einer Stärkung rechtsradikaler Parteien und Gruppierungen, zu einer Aktivierung ethnozentristi-
scher Einstellungspotentiale und zu einem Anwachsen rechtsextremistischer
und fremdenfeindlicher Gewalttaten beigetragen. Er wird als Ausgangs- und
Kristallisationspunkt für fremdenfeindlich-nationalistische Agitation und
rechtsextremistische Mobilisierung wohl auch in Zukunft dienen können.
Hinzu kommt, daß eine Reihe von zusätzlichen Stabilisierungsbedingungen
sozialer Bewegungen (im Sinne von Neidhardt und Rucht 1993) als gegeben
angenommen werden müssen:

a) Die Auflösung von Nationalstaaten im Zuge der Europäisierung und der
   Globalisierung von Wirtschaft und Politik hat nicht zu einer Ausbreitung
   kosmopolitischer Einstellungen geführt, sondern neue Ängste und Unsicherheiten erzeugt und in vielen Ländern eine Wiederaufwertung nationaler Orientierungen bewirkt. Die zunehmenden Vorbehalte gegen eine
   Verlagerung nationaler Entscheidungsbefugnisse auf internationale politische Institutionen verändert mittel- und langfristig die politische Gelegenheitsstruktur   zugunsten   rechter,   national-orientierter   Parteien
   (strukturelle Spannungen).

b) Die Rezession und die Verschärfung von Verteilungskonflikten erzeugen
   in großen Teilen der Bevölkerung Angst vor Statusverlust und sozialen
   Deklassierungen (strukturelle Spannungen /Deprivationserfahrungen).

c) Deprivationserfahrungen verbinden sich mit generalisierten Überzeugungen z.B. in Form einer verbreiteten Vorstellung, daß die verschärfte Situation auf dem Wohnungs- und Arbeitsmarkt insbesondere durch die
   Immigration und durch „die Ausländer" bedingt sei. Fremdenangst und
   Fremdenfeindlichkeit finden hier gleichsam ihre Bestätigung und Rechtfertigung (Einwanderung/Ausländerfrage als Skandalisierungsmuster).

d) Zugleich existieren generalisierte Vorstellungen in Teilen der Bevölkerung, daß Asylbewerber und Aussiedler im Vergleich etwa zu deutschen
   Wohnungssuchenden oder Sozialhilfeempfängern von deutschen Behörden privilegiert behandelt werden (Verteilungsungerechtigkeit und Skandalisierungsmuster).

e) Rechte Parteien und Organisationen propagieren das Ausländerthema
   und sind in der Lage, politische Unzufriedenheit zu bündeln und politische Gelegenheitsstrukturen (Stichwort: Asyldebatte) zu nutzen
   (Mobilisierungsstrukturen).

f) Gewaltorientierte, fremdenfeindliche Subkulturen und Jugendgruppen können durch Anwendung von Gewalt gegen Fremde die Medienaufmerksamkeit erzeugen und damit rechte und fremdenfeindliche Themen in der Öffentlichkeit plazieren (Mobilisierungsstruktur, Erfolgserfahrungen).

Es gibt also gute Gründe für die Befürchtung, daß es angesichts der vorhandenen Probleme und Konflikte, der Unzufriedenheits- und Protestpotentiale in der Bevölkerung und den handlungsbereiten rechtsradikalen und rechtsextremistischen Organisationen und Parteien, deren zunehmende Vernetzung erkennbar ist (Uhrlau 1994), längerfristig zur Ausbildung und Stabilisierung einer rechten sozialen Bewegung kommen kann. Die hier rekonstruierten Eskalationsprozesse, Konflikthintergründe und Mobilisierungserfolge lassen erste Ansätze erkennen. Obwohl fremdenfeindliche oder gar rassistische Einstellungen sich in den letzten Jahren in unserer Gesellschaft insgesamt nicht weiter ausgebreitet haben (Willems 1993), hat sich außerhalb des organisierten Rechtsextremismus ein neues Konflikt- und Gewaltpotential gebildet, daß in bestimmten Situationen für bestimmte Aktionen mobilisierbar ist: es wird getragen insbesondere von Jugendlichen aus eher bildungsfernen Teilen der Bevölkerung, die auch generell (d.h. nicht nur in bezug auf politische Ziele) eine höhere Gewaltbereitschaft haben. Im Kontext des Einwanderungskonfliktes, der sich seit 1989/90 dramatisch zugespitzt hat, haben sie persönliche Anerkennung und z.T. auch politische Identität in einem gesellschaftlichen Umfeld gewonnen, das sich in der Konkurrenz um Wohnraum, Arbeitsplatz und Sozialhilfe sieht. Vor dem Hintergrund realer Konflikte und Ängste in der Bevölkerung angesichts eines starken Einwanderungsdrucks gelang es diesen fremdenfeindlichen und rechtsextremistischen Gruppen, sich als die eigentlichen Vertreter der Interessen der 'Einheimischen' zu etablieren und - wenigsten eine zeitlang - Sympathie und Unterstützung für ihre entsprechenden Forderungen und Parolen in weiteren Kreisen der Bevölkerung zu finden. Die großen Rekrutierungs- und Mobilisierungswellen der Jahre 1991 bis 1993 zeugen von dieser Resonanz rechter Parolen auch außerhalb der 'rechtsextremistischen Szene'.

Ob die rechtsextremistischen Parteien in der Lage sein werden, diese situative Kooperation und Unterstützung auch in eine dauerhafte Bindung oder gar politische Identifikation umzuwandeln, ist derzeit schwer zu prognostizieren. Gegenwärtig haben sich die Rekrutierungschancen rechtsextremistischer Parteien erst einmal verschlechtert, und zwar aus folgenden Gründen:

a) Ein entschiedenes polizeiliches und juristisches Vorgehen gegen fremdenfeindliche Straf- und Gewalttäter hat die Kosten- und Risikostruktur
fremdenfeindlicher Handlungen verändert. Insbesondere viele unpolitische Jugendliche und Mitläufer, die nicht fest in rechten, fremdenfeindlichen oder gewaltaffinen Gruppen und Organisationen eingebunden sind
und bis dahin noch keine typische Delinquenz- oder Radikalisierungskarriere entwickelt haben, werden dadurch abgeschreckt.

b) Der Einsatz von Gewalt gegen Fremde ist in seinen Wirkungen ambivalent. Gewalt hat sowohl Nachahmungs- als auch Abschreckungswirkungen. Abschreckende Wirkungen hat die Gewalt vor allem auf Sympathisanten und potentielle Unterstützer sowie auf jene Täterpotentiale, die
noch nicht politisch radikalisiert und daher für moralisch-ethische Fragen
noch nicht immunisiert sind. Dies betrifft vor allem jüngere Tatverdächtige, deren Anteil an den Tätern insgesamt - wie unsere Analysen zeigen
- nach den Mordtaten von Mölln und Solingen deutlich zurückgegangen
sind.

c) Mit der Entscheidung über die Änderung des Asylgesetzes ('Asylkompromiß') hat sich zum einen die offizielle Politik in der 'Ausländerfrage'
wieder als handlungs- und entscheidungsfähig dargestellt, und es ist zum
anderen die Zahl der Asylbewerber deutlich zurückgegangen. Dies reduziert die Ängste, Spannungen und Konflikte in den Kommunen und
nimmt dem zentralen Agitationsthema der rechten und fremdenfeindlichen Szenen, dem 'Ausländerproblem', seine unmittelbare radikalisierende, polarisierende und gewaltlegitimierende Wirkung. Von daher finden fremdenfeindliche und rechtsradikale Einstellungen und politische Parolen nicht mehr im gleichen Maße Resonanz in der Bevölkerung (also jenseits der rechtsradikalen und/oder gewalttätigen Cliquen
und Banden), wie dies in den vorausgegangenen Jahren z.T. der Fall war.

d) Der Rechtsextremismus und die Fremdenfeindlichkeit selbst sind mittlerweile zu einem zentralen öffentlichen Thema und Problem geworden.
Dies ruft Gegenmobilisierungen hervor und verändert die Erfolgserwartungen und Gelegenheitsstrukturen rechter und fremdenfeindlicher Gruppen. Konnten die rechtsradikalen Strategen in den Jahren 1991/92 noch
hoffen, wenigstens hinsichtlich der 'Ausländerfrage' größere Teile der
Bevölkerung beeinflussen zu können und wenn nicht kulturelle Hegemonie, so doch die Meinungsführerschaft in dieser Frage zu erringen, so haben die Lichterketten und Demonstrationen Ende 1992 und die veränderten Stimmungen in der Bevölkerung deutlich gemacht, daß sie wohl kei-

ne Chance haben, als nationale Avantgarde größere Anerkennung zu finden und eine 'rechts-nationalistische kulturelle Hegemonie' zu etablieren. Selbstverständlich werden die rechtsextremistischen Parteien auch weiterhin versuchen, politisch Einfluß zu nehmen, ihre Unterstützungsbasis auszuweiten. Ob sie freilich eine breiter angelegte rechte und nationale Bewegung aufbauen werden können, wird langfristig nicht nur von ihren Ressourcen und Strategien, sondern in starkem Maße von der weiteren Entwicklung der Zuwanderung und ihrer politisch-administrativen Bewältigung abhängig sein.

Literatur

Bergmann,W., 1994: Ein Versuch die extreme Rechte als soziale Bewegung zu beschreiben. In: *Bergmann, W./Erb, R.* 1994, a.a.O. S.183 f.

Bergmann,W./Erb,R., 1994a: Eine soziale Bewegung von rechts? Entwicklung und Vernetzung einer rechten Szene in den neuen Bundesländern. Forschungsjournal NSB 2/1994: 80-98.

Bergmann,W. /Erb,R., 1994b: Neo-Nazismus und rechte Subkultur. Berlin.

BKA Bundeslagebericht 1992,1993.

BKA Jahresbericht 1994.

Blumer, H.,1969: Social movements. S. 8-29 in: *McLaughlin, B.* (Hg.) (1969): Studies in social movements. New York.

Eckert, R., 1978: Terrorismus als Karriere. Einige Entstehungsbedingungen politisch motivierter Gewaltkriminalität. In: *Geißler, H.* (Hg.): Der Weg in die Gewalt. München/Wien.

Eckert, R , 1993: Vom 'Schläger' zum 'Kämpfer' - Jugendgewalt und Fremdenfeindlichkeit. Der Bürger im Staat 2/1993, S.135-142

Erb, R., 1993: Erzeugt das abweichende Verhalten die abweichenden Motive? Über Gruppen und ideologische Lernprozesse. In: *Otto, H.-U./Merten, R.* (1993): Rechtsradikale Gewalt im vereinigten Deutschland, Jugend im gesellschaftlichen Umbruch., Opladen.

Esser, H.,1988: Ethnische Differenzierung und moderne Gesellschaft. Zeitschrift für Soziologie. Jg. 17: .235-248.

Heitmeyer, W./Buhse, H., et al., 1992: Die Bielefelder Rechtsextremismus-Studie,Weinheim und München.

Jaschke, H.-G., 1992: Formiert sich eine neue soziale Bewegung von rechts? Folgen der Ethnisierung sozialer Konflikte. Blätter für deutsche und internationale Politik, 37: 1437f.

Lüdemann, C., 1995: Fremdenfeindliche Gewalt und Lichterketten. S. 355ff. in: *Lederer, G./Schmidt, P.* (Hg.): Autoritarismus und Gesellschaft. Trendanalysen und vergleichende Jugenduntersuchungen 1945-1993. Opladen.

Neidhardt, F./Rucht, D., 1991: The Analysis of Social Movements: The State of the Art and Some Perspective for Further Research. S.421-464 in: *Rucht, D.* (Hg.): Research on social movements. Frankfurt a.M./Boulder.

Neidhardt, F./Rucht, D., 1993: Auf dem Weg in die „Bewegungsgesellschaft"? Über die Stabilisierbarkeit sozialer Bewegungen. Soziale Welt, 45: 305-326.

Ohlemacher, Th., 1993: Bevölkerungsmeinung und Gewalt gegen Ausländer im wiedervereinigten Deutschland. Empirische Anmerkungen zu einem unklaren Verhältnis. Wissenschaftszentrum Berlin.

Schmitt-Beck, R., 1990: Über die Bedeutung der Massenmedien für soziale Bewegungen. Kölner Zeitschrift für Soziologie und Sozialpsychologie, 42: 642-662.

Tarrow, S., 1991: Kollektives Handeln und politische Gelegenheitsstruktur in Mobilisierungswellen: Theoretische Perspektiven. Kölner Zeitschrift für Soziologie und Sozialpsychologie, 43: 647-670.

Uhrlau, E., 1994: Vernetzungstendenzen im deutschen Rechtsextremismus. In: *Bergmann, W./Erb, R.* (1994), S.173 f.

Willems, H., 1988: Unruhen, Proteste, Soziale Bewegungen - Zur Dynamik in nicht-institutionalisierten Politischen Konflikten. Dissertation. Trier.

Willems, H., 1992: Zur Eskalation fremdenfeindlicher Gewalt: eine interaktionistische Interpretation kollektiven Verhaltens. In: *Schäfers, B.* (Hg.): Lebensverhältnisse und soziale Konflikte im neuen Europa. Verhandlungen des 26. Deutschen Soziologentages in Düsseldorf 1992. Frankfurt/New York.

Willems, H., (zusammen mit *Roland Eckert, Stefanie Würtz, Linda Steinmetz*), 1993: Fremdenfeindliche Gewalt. Einstellungen, Täter, Konflikteskalation. Opladen.

Willems, H./Würtz, S./Eckert, R., 1994: Analyse fremdenfeindlicher Straftäter. (Follow-up). In: Texte zur Inneren Sicherheit; hrsg. vom Bundesministerium des Innern, Bonn.

Willems, H./Eckert, R., 1995: Wandlungen politisch motivierter Gewalt in der Bundesrepublik. Gruppendynamik, 1/1995.

Thomas Kliche

Interventionen, Evaluationsmaßstäbe und Artefaktbildung

Zehn Thesen zur Konstruktion von Rechtsextremismus

Forschungsbilanzen sind meist sinnvoll und oft kränkend: Das Stochern in der scham- oder hilflosen Redundanz und engagierten Belanglosigkeit vieler Einlassungen fördert interdisziplinäre Selbstzweifel. Rechtsextremismus und Jugendgewalt sind seit Jahren sozialwissenschaftliche Boom-Branche - und nebenbei Flaggschiffe für die Relevanz von Fächern und Institutionen, deren Ruf nicht überall auf sicheren Fundamenten ruht. Die Debatte kann daher einige kritische Pointen recht gut vertragen.

1. Die Verführung zur additiven Allerklärung

Um die praxisrelevanten Erkenntnisfortschritte dieses heterogenen Feldes zu beurteilen, bediene ich mich einer rationalen Rekonstruktion: der Vereinfachung der Zugänge auf die bestimmenden Ursachenvermutungen. Das ist legitim, denn es unterstellt wohlwollend eine gegenstandskohärente, rationale Debatte, in der empirische Belege auf konsensuell und klar definierte Konzepte bezogen, gewichtet und kumuliert werden, um zu erfahrungsgestützten Problemlösungen zu gelangen. Optimistische Annahmen, wie sich erweisen wird.

Einen bunten Strauß gängiger Erklärungskonzepte bietet allein schon eine Taxonomie für den Bereich der Sozialpsychologie (Zick 1992). Weitere Vorschläge finden wir in Wahl (1993), Stöss (1994) und Hufer (1994). Wir können sie in drei Ansätzen zusammenfassen: Deprivations-, Widerspiegelungs- und Sozialcharakter-Modelle (alternative Ordnungsversuche bei den o.a. sowie Kohlstruck 1994). Diese nehmen je andere unabhängige Variablen an. Ohne Zweifel „besteht Übereinstimmung darin, daß sich die Existenzbedingungen des Rechtsextremismus nur multifaktoriell erklären lassen" (Stöss 1994, 40). Dennoch betrachten die Erklärungsmodelle sehr unterschiedliche Faktoren als bewirkende, vermittelnde oder verstärkende; sonst würde eine einfache Sammlung aller belegten Effekte letztlich jede weitere Diskussion erübrigen. Die Unterschiede sind drastisch - gerade für

Anwendungsempfehlungen. Aber schon die Forschungsdesigns stellen sehr verschiedene Lebenswelten und Verhaltensausschnitte in den Mittelpunkt empirischer Erhebungen.

1.1 Deprivations-Theoreme

Individualisierungsschübe haben für „Modernisierungsverlierer" sehr dunkle Seiten. Bezugsgruppen und Werte verfallen, rasch wechselnde neue Anforderungen lösen Ängste bis zur Anomie aus. Status, Sicherheit, Existenzen, Biographien und Überzeugungen sind bedroht. Diffuse Zukunftsängste (Umweltkrise) und die Konkurrenz kultureller Milieus und Lebensstile kommen hinzu. Diese Erfahrungen bündeln sich in Handlungsunsicherheiten, Ohnmachtserleben und Vereinsamung (Heitmeyer 1989, 1992).

Gegen solche Einbußen, Verletzungen und Ängste bietet Rechtsextremismus Trost (ebd.): Er personalisiert bedrohliche Aspekte sozialen Wandels. Er bestärkt Selbstwertgefühle vermittels biologistischer Identitätsmerkmale, die nicht enteignet werden können. Er entschuldigt sozialen Abstieg durch die Benachteiligung Deutscher als „Fremde im eigenen Land". Er heizt mit Gruppenerlebnissen Heimatgefühle an. Er überhöht ideologisch die alltäglich geforderten Machiavellismen, Freund-Feind-Schemata und das Recht des Stärkeren.

Diese Ableitung von Rechtsextremismus aus modernisierungsbedingten psychosozialen Deprivationen gibt einer Reihe ähnlicher Erklärungen den Rahmen, vor allem für die auffällige Homogenität von Alter und Geschlecht (zur Empirie: Wahl 1993: 13ff.; Willems u.a. 1993). Rechtsextremismus diene jugendlicher Erfahrungs- und Identitätssuche unter Bedingungen extremer Verunsicherung, mangelnder sozialer und kognitiver Kompetenzen und frustrierter Lebenschancen (vgl. z.B. Kube 1993, Sturzbecher u.a. 1992, Weidner 1993). Gewalt und extremistische Haltungen boten einen Weg sozialen Aufstiegs, weil sie Ansehen, Gruppenkohärenz, Körpergefühl und das Erlebnis von Selbstwirksamkeit verschafften.

Auf solchen Annahmen fußt das Interventionkonzept bedürfnisorientierter subkultureller Sozialarbeit (Bruner u.a. 1993, Hafeneger 1991: 150f., Heil u.a. 1993, Heim u.a. 1992, Höller 1991, Knode 1992, Krafeld u.a. 1992, 1993, Müller u.a. 1992, Kap. VII in Otto/Merten 1993). Ihre Interaktionsangebote sollen eingehen auf Bedürfnisse nach: Geborgenheit, Solidarität, klaren Strukturen, sinnlicher Erfahrung, Handlungs- und Lebensräumen, Identität, Gerechtigkeit, Selbstwertgefühl, kalkulierbaren Lebensplänen,

Normalbiographie, Arbeitsplatz und Wohnung (Baensch 1992: 6, 124ff., 134ff.). Gängige Mittel sind z.B. selbstgestaltete Begegnungsräume, Erlebnispädagogik (Übersichten: Bedacht u.a. 1992, Reiners 1992) und Hilfsangebote für auffällige Subkulturen in ihrer vertrauten Lebenswelt.

Die Devianz wird als Teil jugendlicher Lebensbewältigung betrachtet und zunächst toleriert, um sie über die gesamte Lebenssituation und Sozialökologie langfristig mittelbar zu beeinflussen; die Projekte verstehen sich als „Akzeptierende Jugendarbeit" (Beispiele auch in Busch 1992, Rajewski / Schmitz 1992). Die Intervention versteht sich als möglichst ehrlicher, authentischer Interaktionsprozeß. Die Cliquen werden als zentrale Sozialisationsinstanz anerkannt (Krafeld u.a. 1992: 131). Ziel nicht mehr die individuelle Korrektur, sondern die Beeinflussung der Werte und Rituale ganzer Gruppen, ja Szenen (Baensch 1992: 111).

Der Ansatz stößt auf beträchtliche Probleme: Kostenintensität, Fluktuation, Sozialisationsdefizite. Die Wirkung ist mehrdeutig: Die Cliquen werden möglicherweise nur schlauer, nicht menschlicher. Akzeptierende Jugendarbeit gerät leicht in Konkurrenz zu festen Einrichtungen, und die Cliquen bzw. rechtsextreme Drahtzieher spielen mitunter Träger gegeneinander aus (vgl. Baensch 1992: 113). Der Erfolg hängt auch von materieller Lebensverhältnissen ab - Arbeit, Wohnung, Infrastruktur des Quartiers. Protagonisten der Akzeptierenden Jugendarbeit fassen daher auch advokatorische „politische Einmischung", etwa in Stadt- und Infrastrukturplanung, ins Auge (Krafeld u.a. 1993: 46ff.); Jugendarbeit wird indes kaum gesamtgesellschaftliche Verteilungsmechanismen umkehren können.

Gesellschaftliche Vorgaben stellen akzeptierende Ansätze in ein weiteres Dilemma. „Akzeptieren" ist eine zielgerichtete Anstrengung, die die geängstigten, ja angeekelten MitarbeiterInnen oft beträchtliche Selbstüberwindung kostet (vgl. die Selbstberichte in Heim u.a. 1992: 21ff., Krafeld u.a. 1993); und es umfaßt eben nicht die ganze Person, sondern richtet sich auf partielle Korrekturen, für die die gesamte Lebensführung in neue Bahnen gelenkt werden soll. Das Mittel hierzu ist ein impliziter Deal: Zuwendung und Freizeitressourcen im Austausch gegen Interaktionschancen. Bedürfnisse der Klientel bilden nur den Zugang zur Prävention von Devianz, für die die Projekte auch ihr Geld bekommen. Hinter der Bescheidenheit verbirgt sich also eine um so eindringlichere und unauffälligere Pädagogisierung. Das organisatorische Spiegelbild dieser Projekte ist daher die ständige Beobachtung alter und neuer Brennpunkte; Monitoring und der mobile Arm der Sozialarbeit gewinnen an Bedeutung.

Eine ähnliche Erklärungsvariante knüpft an den „Männlichkeitskult" der
Subkultur an (Baensch 1992: 119). Die gewalthafte Ablehnung des Fremden
helfe Männern, sich ihrer verunsicherten Geschlechtsidentität zu versichern
(z.B. Holzkamp 1992, Möller 1993: 27; Nadig 1993: 98ff., Pilz 1992; Kap.
V in Otto/Merten 1993). Je mehr sie ihre Kultur als schmerzvoll und bela-
stend erlebten und ihre eigene Lebensweise heimlich anzweifelten, bemüh-
ten sich ängstliche und perspektivlose Menschen um die Abwehr möglicher
Alternativen und die rigide Erhaltung alter Fassaden (Bauriedl 1992, Kalpaka / Räthzel 1990, Kristeva 1990). Rechtsextremistische Anschauungen
und Gewaltrituale sichern der Fortgeltung eines überkommenen, patri-
archalen Männlichkeitsbildes - Stärke, Hierarchie, Ungleichheit der Menschen, Disziplin, klare Feind-, Selbst- und Weltsicht, Verachtung von
Schwäche und Gefühl usf.: eine Ausdrucksmöglichkeit für „reparatorische
Männlichkeitsbedürfnisse" (Nadig 1993 103).

Für Interventionen legt das ebenfalls die Logik der Bedürfnisorientierung
nahe. Wenn deren Angebote nicht verfangen, bleibt jedoch allenfalls Psychotherapie. Diese ist (a) teuer, (b) unter Zwang wenig wirksam, (c) daher
bei jenen am unwahrscheinlichsten, die sie nach der Theorie am nötigsten
hätten: Massenhafte Gründungen von Selbsthilfegruppen verunsicherter
Männer in rechten Jugendszenen sind derzeit eher unwahrscheinlich. Krea-
tive Praxisvorschläge dieses Ansatzes stehen daher noch aus.

Trotz solider Empirie, hohem Konzeptualisierungsstand und praxisfähigen
Vorschlägen weisen Deprivationsmodelle Schwierigkeiten auf. Sie identifizieren Rechtsextremismus und Ausschreitungen mit marginalisierungsbe-
drohten Gruppen und stigmatisieren diese zusätzlich. Sie erklären nicht,
warum die meisten Deprivierten andere Bewältigungsformen finden, und
warum mitunter absolute, mitunter relative und mitunter erwartete Deprivation in Devianz oder Rechtsextremismus führen. Sie stellen Gewalttäter
selbst als Opfer der anonymen Modernisierung hin (Rommelspacher 1991).
Und sie nehmen begrifflich aufgeweichte Vorstellungen von Modernisie-
rungskosten zu Hilfe, um zu begreifen, warum auch sog. Bessergestellte
autoritär und rassistisch denken.

1.2 Widerspiegelungs-Theoreme

Diese heben auf Dominanz als zentralen Wert unserer Gesellschaft ab und
sehen Rechtsextremismus, Minderheitenfeindlichkeit und Rassismus als
Reflex des allgegenwärtigen Dispositivs sozialdarwinistischer Über- und
Unterordnung, das Modernisierungsverlierer allenfalls ungeschickt nachah-

men (Holthusen/Jänecke 1992; Rommelspacher 1992; Nadig 1993: 103; zur Diskussion: Kap. V in Otto/Merten 1993). Die kapitalistische Wirtschaft und ihre Lebensverhältnisse erziehen zu rücksichtslosem Erfolgsstreben, Genußsucht und kurzsichtigem Vorteilsdenken (Möller 1993: 23). Gewaltakzeptanz entsteht durch Alltagserfahrung (Heitmeyer 1993: 5).

Auch der 'offizielle' politische Diskurs ist von Fremdenfeindlichkeit durchzogen, vor allem Metaphern vom Ansturm fremder Massen, die Chaos und Krankheit bringen und 'unsere' Kultur und Ordnung zerstören (Gredig 1994, Jäger / Jäger 1992; Jäger / Januschek 1992; Jäger u.a. 1992; van Dijk 1985, 1987). Rassistische, ethnozentrische und antisemitische Strömungen entspringen im kulturellen Unbewußten unserer Gesellschaft (Bergmann / Erb 1990, 1991, Braun / Heid 1990; Poliakov u.a. 1984; Stern 1991; Strauss u.a. 1985, 1990). Sie blieben als ungebrochener Traditionsstrom des NS erhalten, weil in beiden deutschen Staaten nie eine ernsthafte Auseinandersetzung mit dem nationalsozialistischen Erbe angestrengt worden sei (vgl. Rauschenbach 1992). Rechtsextremismus zieht daher auch existentiell gesicherte Mittelschichten an (Heitmeyer 1992, 1993, Hennig 1991, Leiprecht 1992, Pilz 1992). Die Rhetorik erfolgreicher Neuer Rechter vom schillernden Typ eines Jörg Haider (Goldmann u.a. 1992) formuliert einen arrivierten Wohlstandschauvinismus an: Sie protestiert nicht so sehr gegen Benachteiligung, sondern wehrt Ansprüche Schlechtergestellter ab (der Armen, Zuwanderer, Dritten Welt).

Gegenmaßnahmen müssen sich also vom Einzelfall lösen. „Diskurstaktik" (Jäger 1993) zielt darauf, kollektive Sprach- und Symbolregeln zu beeinflussen, meist in Form von „Kampagnen", d.h. dem massierten Einsatz von Symbolisierungsangeboten und Definitionsmacht (Ausstellungen, Anstekkern, Infoständen, Öffentlichkeitsarbeit, Plakaten, Flugblättern, Demonstrationen, Mahnwachen, Denkmalsenthüllungen, Podiumsdiskussionen, Leserbriefen, Petitionen, Lichterketten u.a. Medien; Beispiele in Argumente 1992, Baensch 1992: 85ff., Posselt/Schumacher 1989, Rajewsky/Schmitz 1992, Weusthoff/Zeimentz 1993).

Die Botschaft ist oft wenig verhaltensspezifisch, die Wirkung undeutlich; sie kann erst langfristig voll eintreten, wenn sich Wert- und Überzeugungssysteme großer Bevölkerungsteile verschieben. Kampagnen arbeiten mit positiven Vorbildern und kippen der Verständlichkeit halber leicht in Ethnokitsch um, der romantisierende Straßenfest-Stereotypen bestärkt. Auch Konformismus spielt mit - Sympathisanten sollen ermutigt, Gegner eingeschüchtert werden; Ressentiments verstummen deshalb eher, als daß sie verschwinden. Der Kontrast zu zentral verordneten Werten kann Minderheiten sogar noch Identitätsgewinne vermitteln. Betonen Kampagnen schichtspezifische Werte und Qualifikationen, so vertiefen sie die Entfremdung der Modernisierungsverlierer weiter (Beispiele: Ortwein 1993).

Manche dieser Schwierigkeiten entfallen, wenn die antirassistische Arbeit auf spezifische Zielgruppen ausgerichtet wird (vielseitige und intelligente Beispiele in Jäger 1994: Teil II); allerdings ähneln die praktischen Projekte dann sehr den üblichen in Sozialpädagogik und Politischer Bildung.

1.3 Sozialcharakter-Theoreme

Ein dritter Ansatz betrachtet Rechtsextremismus als Ausdruck eines verbreiteten Sozialcharakters: Verhaltensbereitschaften brechen durch, die durch kollektiv ähnliche Bedingungen der Primärsozialisation schon frühkindlich verinnerlicht wurden. Namentlich psychoanalytische Arbeiten thematisieren Feindseligkeit zwischen Gruppen als Abwehr verbotener, verdrängter und zensierter Triebimpulse durch Ich-schwache Persönlichkeiten (locus classicus: Freud 1964; z.B. Bauriedl 1992: 22ff., Kristeva 1990): Die Abspaltung und Projektion solcher Impulse auf 'Fremde' gestattet, die eigene Gruppe bzw. Identität als gut, geschlossen und gesichert zu erleben, und dämpft Ohnmachts- und Isolationsgefühle infolge unbewältigter Triebkonflikte. Soziale Widersprüche vereinfachen sich auf die Alternative Zuschlagen oder Fliehen. Vielfältigen Triebfrustrationen, die den Verinnerlichungszwängen des Zivilisationsprozesses (Elias) zunehmen, das „Unbehagen in der Kultur" (Freud) erhalten in den Sündenböcken ein projektives Ventil (Poliakov u.a. 1984: 158 ff.).

Genese, Konstellation und subjektive Funktionalität der spezifisch rechtsextremen Verhaltensbereitschaften und Ideologien werden indes sehr unterschiedlich diagnostiziert (vgl. neben den o.a. und u.a. Erdheim 1992, Heim 1992, Kristeva 1990, Maaz 1990, Wolf 1993). Einig sind sie sich allenfalls darin, daß vorbewußte intergenerationale Vermittlungsprozesse am Wirken sind (Empirie: Eckstaedt 1990, Hauer 1993, Hopf 1991).

Die Theorie der Autoritären Persönlichkeit (Adorno u.a. 1950, 1973; Maaz 1990, Stone u.a. 1993, sowie fünf Aufsätze in Otto/Merten 1993) führt faschistoide Persönlichkeitsmuster auf ein repressives Familienklima zurück, beherrscht vom unnahbar-strengen, furchterregenden Vater. Unterwerfung und Identifikation mit dem Aggressor und seinen eindeutigen Wertsetzungen erscheinen dem Kind als sicherste Überlebensstrategie und Angstbewältigung. Aus so eingeprägten Sicherheitsstrebungen und Projektionen

heraus urteilt es als Erwachsener mißtrauisch, zynisch, berechnend, ethno-
zentrisch, intolerant und rigide, sucht starke Führung und projiziert
Triebversagungen in stereotypisierte Minderheiten.

Die spießbürgerlich-brutale Kleinfamilie, Kernstück der Theorie, scheint
jedoch ein Auslaufmodell zu sein. Das Aufkommen postmaterialistisch-
hedonistischer Wertmuster und die Stärke individualistisch-demokratischer
Überzeugungssysteme lassen den Plausibilitätsbereich der Hypothese weiter
schrumpfen.

Seit Mitte der 70er Jahre wurde daher, angelehnt an Mitscherlichs Beobachtungen in der „Vaterlosen Gesellschaft", als „Neuer Sozialisationstypus"
eine Persönlichkeitsbildung diskutiert, die eher durch narzißtische Regressi-
on zur Abwehr ständiger Ich-Schwäche charakterisiert sei (Mehler 1994;
vgl. Bielicki 1993, Bohleber 1992, Moser 1993, Streeck-Fischer 1992). Der
Vater als Vertreter von Tradition, Autorität und gesellschaftlichen Normen
verblaßt unter der Last sozialen Wandels, die dadurch in der Familie domi-
nierende Mutter ist selbst tief verunsichert und sucht sich ihrerseits durch eine symbiotische Beziehung mit dem Kind zu stabilisieren. Diese Konstellation führt beim Kind zu einem narzißtisch aufgeladenen Selbstbild,
Allmachtsphantasien, dem Wunsch nach Wiederherstellung der ursprüng-
lichen Symbiose, Überempfindlichkeit, Wunschdenken und unzulänglich
ausdifferenziertem Gewissen und gleichzeitig unerträglichen und verdrängten Angst- und Schuldgefühlen.

Ein solcher Sozialcharakter ist für neonazistische Erlebnisangebote in verschiedener Hinsicht empfänglich. „Die Nation wird symbolisch zum 'Körper
der Mutter', deren Reinheit es zu verteidigen gilt. Bedroht wird sie vom
'Schmutz des Fremden'" (Moser 1993: 108). „Die rechtsextreme Gruppe
dient (...) als Elternersatz und Heimat" (ebd.: 109); auch der Bedarf nach
diese Gruppe stabilisierenden Gegnern trägt symbiotische Züge (ebd.: 112,
in Anlehnung an Bohleber 1992 und Streeck-Fischer 1992). Die kollektive
Selbstüberhöhung gestattet, narzißtische Selbstverherrlichungswünsche
auszuleben. Ressentiments verdichten Neid und Rachsucht für vermeintliche
Zurücksetzungen (Bielicki 1993, Hilgers 1993). Die Enttäuschung vom
schwachen Vater kompensiert eine „Identifikation mit Vorbildern, die ar-
chaische Macht ohne Einschränkungen repräsentieren (...) In den Gewalthandlungen (...) dokumentiert sich der Versuch, durch körperlich-sinnliche
Erlebnisse die Konturen eines labilen und beschädigten Selbstbilds zu rekonstruieren," (Mehler 1994: 47).

Auch diese neueren Beiträge übersetzen Familienkonstellationen nur unzulänglich in politische Verhaltensbereitschaften, da ein sehr kleiner Anteil der Autoritären bzw. Narzißten dem Rechtsextremismus verfällt. Eine enge Korrelation hätte auch früher Verhaltensauffälligkeiten gezeigt; in den 70er Jahren galt der „Neue Sozialisationstyp" hingegen sogar als genußsüchtig und apolitisch (Mehler 1994: 40). Umgekehrt läßt sich für die juridisch als gewalttätig aufgefallenen Rechtsextremen keine auf eindeutige, gleichgerichtete Weise zerstörte Familienstruktur zeigen (Willems u.a. 1993: 67). Die Annahme, alle Rechtsextremen wiesen dieselbe Persönlichkeitsstruktur auf, ist obendrein naiv, da es im rechtsextremismen Spektrum sehr unterschiedliche Identifikations- und Rollenangebote gibt. Die Erklärung erfaßt auch nicht die kulturelle Konstruktion der je gewählten Gruppengrenzen, von Reinheit und Bedrohung sowie die innergesellschaftliche Verteilung der Feindseligkeit.

Die Sozialcharakter-Deutungen ergänzen einander perfide. Finden wir nicht das alte, repressive, kleinbürgerliche Elternhaus in der Lebensgeschichte, das Autoritarismus hervorrufen sollte, so stoßen wir eben auf eine desintegrierte, vaterlose Familie, die Borderliner heranzieht. Die Hypothese vorbewußter Strukturen macht die Erklärung unabhängig von manifestem Verhalten und Zustimmung der Beforschten. Die klinischen Daten entstammen entweder freiwilligen Therapien - unter Neonazis bislang eher ungewöhnlich - oder Zwangseinweisungen, die eine Vertrauensbasis nicht fördern und ideographische Befunde extrem verzerren dürften. Die winzigen Datensätze sind schwer verallgemeinerungsfähig. (Die umfasenderen Autoritarismus-Fragebögen lassen meist die Diagnose komplexer Persönlichkeitsdimensionen auf eine einzige Frage schrumpfen; z.B. Scheepers u.a. 1992.) Sozialcharakter-Diagnosen vermögen sinnvolle Interventionsmöglichkeiten - außer massenhafter Psychotherapie - nicht anzubieten. Das illustriert auch die in den Medien nottnam kolportierte Maaz'sche Floskel, das ganze Volk gehöre auf die Couch. Der Ansatz leistet dabei der Stereotypisierung und Verkrankung von unerwünschten Gruppen und Orientierungen Vorschub (z.B. bei Lasswell 1935, Grossarth-Maticek 1975). Er ebnet soziokulturelle und sozioökonomische Konflikte ein.

Damit stehen wir vor dem ersten problematischen Zug des Rechtsextremismus-Diskurses, dem Theorienjahrmarkt: Nach den diversen Ansätzen können wir 'Rechtsextremismus' und 'Fremdenfeindlichkeit' wahlweise durch eine ganze Palette von Ursachen erklären. Alle Befunde sind auf ernstzunehmende, aber begrifflich wie methodisch kaum kommensurable Daten aus Klinik, Befragungen, Langzeitstudien, Feldforschungen, teilnehmenden

Beobachtungen, qualitativen Medien-Inhaltsanalysen usf. gestützt. Wir finden reichlich disparate Motive, Gruppen, Entwicklungsgänge, Gefühlsvalenzen, Identitäten, Bedürfnisse, Lebensentwürfe und Sinnwelten zusammengefaßt. Sie wären je unterschiedlich zu beurteilen und politisch-argumentativ wie therapeutisch-intervenierend anders anzusprechen.

Zusammengenommen, bieten uns die Deutungen eine Erklärung für jedwede politische Entwicklung - im Nachhinein: Ob Rechtsextremismus zu- oder abnimmt, ob er bei armen Absteigern oder saturierten Mittelschichten, in Ost- oder Westdeutschland, bei Jugendlichen oder Medien auftaucht, ob er sich gegen kapitalistische Modernisierung oder veralteten Sozialismus richtet, ob er sich als Soziale Bewegung bündelt, auf barbarische Gewaltakte beschränkt bleibt oder im Wahlverhalten verharrt - gleich welche Entwicklung, sie wird prognostiziert worden sein.

2. Der bequeme Schein der intervenierenden Faktoren

Die logische Rekonstruktion der Ansätze legt bloß, daß so manche Theorie sich um wesentliche Fragen herumdrückt, indem sie von vornherein auf dem Niveau von intervenierenden Variablen verbleibt. Das gilt namentlich für zwei in der Sozialpsychologie beliebte Erklärungsmuster, die eben keine echten sind:

1. Die Theorie sozialer Identität (Bergmann 1994; Klatetzki 1993; Mummendey 1993): Intergruppenkonflikte stehen ihr zufolge im Dienste der Selbstachtungssteigerung. Soziale Kategorisierung, Identifikation und Rangordnung sind als kollektive soziale Vergleichsprozesse zu verstehen. Die Gruppenidentität - und sei es eine aus fiktiven Merkmalen experimentell hergestellte - begründet Abkunft, Besonderheit und Überlegenheit der Gruppe, gestattet eine 'ökonomische' soziale Wahrnehmung und ein positives Selbstkonzept. Deshalb vereinheitlichten und stereotypisierten Menschen sich und andere Gruppen und verallgemeinerten von Gruppenzugehörigkeit auf Persönlichkeitsmerkmale, und umgekehrt.

Potentiell kann jede Gruppe mit dieser emotional-kognitiven Wertigkeit aufgeladen werden: Nation, Volk, Rasse, Avantgarde, Auserwählte usf. Verblassen sie, tritt Fremdenhaß an die Stelle einer positiven Identität (Heitmeyer 1992: 604; Weber 1993). Gegen diese kollektive Selbstaufwertung richten sich auch zahlreiche Interventionsvorschläge, vor allem im Bereich der Politischen Bildung, die allesamt auf Kompetenzen verbalen Konfliktaustrags durch Fähigkeit zum Perspektivenwechsel, De- und Rekategorisierung hinauslaufen (z.B. in Fritzsche 1992, Leiprecht 1992, Pilz 1993, Posselt/Schumacher 1993, Spreiter 1993).

Damit sind wir an den Erklärungsgrenzen der Theorie: Warum haben Gruppenidentitäten historische Konjunkturen, wodurch werden sie brüchig und wandeln sich? Warum werden manche Einteilungen gewaltsam ausgetragen, andere durch Diskriminierung, andere durch Verhandlungen? Hat die Neigung zu Gruppeneinteilung, Vereinheitlichung und Rangzuweisung Bedürfnis- oder Triebcharakter? Sind einige Gruppeneinteilungen daher immun gegen Aufklärung? Die Ethnologie bspw. schlägt vor, zugeschriebene, erlittene, fluktuierende und verborgene Identitäten zu unterscheiden (Streck 1993). Für die wichtigen Fragen werden wir also auf gesellschaftliche, historische, kulturelle und politische Faktoren verwiesen.

2. Ähnlich ließe sich der 'Sättigungsgrad' an Fremdheit rekonstruieren (Hofstätter 1957, Mummendey 1993, biologistische Begründung für Biologismus Flohr 1994; kritisch Dollase 1993). Er kann durch Konkurrenz, also erwartete Deprivation, sinken. Er spiegelt gesellschaftliche Konstruktionen dessen, was spontan und selbstverständlich als 'fremd' gilt. Und er kann als individuelles Vorurteil oder projektives Feindbild sozialisatorisch fixiert worden sein. Auch dieses Konzept ist also eher eine Metapher als eine Kausalerklärung.

3. Die Widersprüchlichkeit der Anwendungsempfehlungen

Umgekehrt: Die Theorie-Praxis-Verbindung ist beliebig; gleich welche Maßnahme, sie läßt sich begründen. Deprivations-Theoreme lenken unser Augenmerk auf die Behebung von Deprivationen sowie die sozialen, kulturellen und kognitiven Kompetenzen zu ihrer Bewältigung. Widerspiegelungs-Theoreme lassen eine Veränderung gesamtgesellschaftlicher Strukturen, Werte und Kommunikationsmuster notwendig erscheinen. Sozialcharakter-Theoreme legen Resozialisierung, ja Therapie nahe. Hier nur eine Skizze wichtiger Widerspruchsfelder zwischen den drei Zugriffen:

1. Die Aufstockung von Jugend-Etats mag den Zielgruppen Alternativen zu identitätsstiftenden Wehrsportübungen bieten, belohnt aber gleichzeitig auch Gewaltbereitschaft. Da bspw. Mädchen und Frauen nicht als gewalttätig auffällig sind, fließt das Geld meist an ihnen vorbei. An derlei 'Erfolgen' läßt sich auch erpresserische Nachahmung lernen, das Programm wird selbsterfüllend. Auch durch kontraproduktive, unfreiwillige

Komplizenschaften, die es stiftet: In der Jugendarbeit ist es längst ein offenes Geheimnis, daß Geld für (angeblich) gewaltbereite Cliquen derzeit leichter zu holen ist; entsprechend werden übertreibende Argumentationen gewählt.

2. Intensive Werteerziehung, um der als Deprivation erlebten Perspektivlosigkeit und diffusen Sinnkrise infolge unverarbeiteter Individualisierungsschübe vorzubeugen, fordert nicht nur Kanzler Kohl mit seiner albernen Kritik der 68er (vgl. Merten 1993). Die avisierten Maßnahmen (etwa einer auf Konformismus gerichteten Politischen Bildung) können nach dem Willen solcher Urheber sehr wohl autoritäre Unterwerfung und ideologische Gängelung einüben, auch wenn sie demokratische Werte im Wappen führen.

3. Kognitiv ausgerichtete Bildungs- und Austauschprogramme, die die Vielzahl denkbarer Gruppenzugehörigkeiten und Lebensstile in all ihrer Multikulti-Romantik oder ihren vielfältigen Konfliktkonstellationen farbig und prall ausmalen, dürften bei Verunsicherten und Entfremdeten eher die Selbstaufwertung rigide definierter Ethnizität vorantreiben und Wut schüren.

4. Pathologische Sozialcharaktere erfordern einerseits Therapie, andererseits eine harte legale Linie als Ersatz des unterentwickelten Gewissens und Realitätsprinzips (äußerst brutal: Bielicki 1993). Damit wird aber das alte, autoritär-hierarchische Weltbild der Devianten voll bestätigt, ihre Entfremdung i.S. der Deprivationshypothesen vertieft.

5. Soziale Kontrolle durch PR-Kampagnen aktualisiert das Entfremdungserlebnis der Modernisierungsverlierer gegenüber gesellschaftlichen Werten und Konfliktregeln und folglich Anomie, Protest- und Gewaltbereitschaft: Sie vermittelt meist eine idyllistische Mittelschicht-Perspektive auf die sozialen Konflikte der multikulturellen Gesellschaft (Ortwein 1993). Sie stellt Interkulturalität als neue Form sozialer Kompetenz dar, die zu entfalten Modernisierungsverlierer mangels kulturellen Kapitals (Spracherwerb, Bildung, positiv-geschützte Kontakterfahrungen, Austausch- und Begegnungsreisen usf.) keine Chance haben. Ähnlich werden Ausgrenzungen kultureller Embleme der Herkunftsmilieus („Glatze=Beschränktheit") ebenfalls Reaktanz auslösen.

6. Die Betonung hegemonialer Gegenwerte (Gewaltfreiheit, Toleranz, Liberalität, Multikulturalität) schwächt soziale Kategorisierungen nicht ab, sondern führt einen neuen Gegensatz ein: zwischen verständigungsfähigen, toleranten Personen und aggressiven Vorurteilsträgern. Auch die Sa-

lienzerhöhung anderer, mit ethnischen Identitäten konkurrierender
Merkmale (namentlich Leistung - vgl. z.B. die Forschungsübersicht in
Dollase 1993) kann mittelbar das Ausgrenzungserleben der Modernisierungsverlierer und darüber ihre sozialdarwinistische Weltsicht abstützen,
besonders wenn sie erzwungen und mit Konkurrenznachteilen verbunden
sind, was für alle institutionellen Maßnahmen (in Schulen, Betrieben usf.)
gilt.

7. Überzeugungsversuche mit breiter Verständlichkeit transportieren unter-
derhand kontra-intentionale Botschaften, da sie ihre Symbole nah an den
Interdiskurs anschließen müssen: Im glatzenfeindlichen Comic 'Leo
mischt mit' (Innenministerium 1992) treten Raben als Opfer auf; aus dar-
stellungs- und erzähltechnischen Zwängen grob vereinfacht, verdichten
sie Klischees von Zuwanderern und Fremdheit, während die Gewalt im
Medium des Comic irreal, gaghaft und konsequenzlos scheint.

4. Die Vereinheitlichungslücke; das Eisbergmodell

Über die Attribute des zu beschreibenden Gegenstands sind sich wissenschaftliche und gesellschaftliche Diskurse weitgehend einig - Gewalttätigkeit, Intoleranz, Aggressivität, Dogmatismus, Fremdenfeindlichkeit, Stärke-
und Männlichkeitskult, Bandenbildung. Doch diese Merkmale sind (a) wenig präzise und trennscharf; sie weisen (b) heterogene Ausprägungs- und
Verfestigungsgrade, soziale, kulturelle und persönliche Bedeutungen auf.
Der Gegenstand stellt sich (c) als sehr unberechenbar dar. Seine Ausmaße
wabern im Nebel vermuteter latenter Sympathien. Seine Subkulturen sind
heterogen und organisatorisch wie ideologisch (bislang) wenig effizient
verflochten (u.a. Wohnzimmerfaschismus saturierter Mittelschichten; expressive Aufsteiger-Aggressivität der Jörg-Haider-Anhänger; professionell-
technische Intelligenz in den Burschenschaften; Hooligans; Skins; organi-
siertes militantes Spektrum; Mitglieder der REPs oder DVU). Schicht-, si-
tuations- und zielspezifisch werden unterschiedliche Ausdrucks- und Akti-
onsformen gewählt (z.B. Wahl ebenso wie Protestwahl oder Wahlenthal-
tung). Zudem sind (d) die Ursachen umstritten (s.o.), so daß für jeden Ansatz andersartige Nebenformen und Vorstufen zur Genese des Explanan-
dums gehören.

Zwischen Phänotyp und Genotyp des Forschungsgegenstands klafft somit
eine weite Lücke. Sie muß geschlossen werden, um die Prämisse ein- und
desselben Gegenstandes (und damit den Begriff) aufrechtzuerhalten. Dazu
dienen interdiskursive Entdifferenzierungen, auf deren Selbstverständlich-

keit die „Deutungspolitiken" in Wissenschaft, Medien und Politik beruhen, namentlich Personalisierung, Relativierung und Lösungsmythen (Heitmeyer 1993: 3). Implizit beruhen sie auf einem 'Eisbergmodell', einer alltagstheoretischen Extremgruppenvalidierung. Drei augenfällige Merkmale definieren darin den Gipfel der Devianz: Jugend, Gewalt, Fremdenfeindlichkeit. Alle anderen Erscheinungen werden als Karrierestufen dahin bzw. (theoretisch) als partielle, unterdeterminierte Erklärungsbeiträge aufgefaßt (implizite oder explizite Karrieremodelle in Willems u.a. 1993, Stöss 1994: 31f.). Verborgen aber gefährlich, lauern vorbewußte Sympathien und Neigungen (Potentiale), auf denen diese Spitze ruht. Könnte man diese Latenzen erfassen und das wahre Ausmaß und die genaue Ausprägung der verdrängten und versteckten Überzeugungen überschauen, dann träte auch endlich die Geschlossenheit und Verbreitung 'des' Rechtsextremismus präzise hervor, die Einheit von Genotyp und Phänotyp würde deutlich.

Das Eisbergmodell hat einschneidende Implikationen für die Begründungsspielräume der Interventionsprogramme:

1. Pädagogisierung: Als Trägergruppen gelten jugendliche Subkulturen, Programme sind auf deren Devianz ausgerichtet (Möller 1993, 14f.; zu den Medienstereotypen Kliche 1993 a, zu historischen Vorläufern Bühler 1990, Dudek 1990, Hafeneger 1992).

2. 'Gewalt' wird nur mehr als unmittelbare, personale thematisiert; strukturelle wird unsichtbar (Dominikowski 1994). Eine gouvernemental-juridische Perspektive setzt sich damit hinterrücks auch in den leidenschaftlichsten Plädoyers für pädagogisches Handeln durch.

3. Die als 'rechtsextrem' bzw. 'fremdenfeindlich' zugeschriebenen Äußerungen erleiden eine Inflation, auch und gerade in den Händen der Fachleute: Das - oft unartikulierte - Selbstverständnis der Täter verliert jede Bedeutung. 'Rechtsextreme' in den neuen Bundesländern bezeichnen sich bspw. oft als Sozialisten, ja Linksextreme (Stöss 1994: 30); andere sind konsistenter verbaler Selbsterklärung kaum mächtig und käuen halbverdaute Floskeln wieder (Belege fast in der gesamten Literatur); oder sie stellen sich in Strafprozessen absichtsvoll als tumbe Saufnasen dar, um Strafmilderung zu erlangen (Schmidt 1993).

4. Folgerungen, die auf die Änderung gesellschaftlicher Strukturen und Institutionen hinauslaufen, versickern (etwa betriebliche Mitbestimmung oder Schuldemokratie; den möglichen Änderungshorizont verdeutlicht z.B. Pilz 1993: 110ff.).

Wie sähe ein alternatives Modell zum 'Eisberg' aus? Es bestünde nicht mehr aus präzisen Merkmalskonstellationen und -abfolgen, sondern nur mehr aus zufälligen, dispersen Überschneidungen sehr verschiedenartiger Kausalketten und Ausprägungen, und es enthielte als wesentliches Ursachenglied den Faktor Zufall (dazu in rechten Jugendcliquen u.a. die Feldforschungen von Farin/Seidel-Pielen): Es wäre ein Bruchpunktmodell. Eine solche Vorstellung ist mit Angst besetzt: Gewalt und Devianz treten uns als weitgehend unberechenbar gegenüber; Politik stellt sich plötzlich auch für die abgesicherten zwei Drittel der Zweidrittelgesellschaft als riskant dar. Es bedeutet daneben eine Degradierung der Wissenschaft, deren Theorien, Befunde und Rezepte eine Entgeneralisierung erleiden und damit lebensweltlichen Plausibilitätskriterien und Triftigkeitsprüfungen unterzogen werden müssen.

5. Das Problem der Gegenstandsidentität

Das Eisbergmodell faßt handlich disparate Motive, Gruppen, Verhalten, Entwicklungsgänge und Sinnentwürfe zusammen. Es ist die Bedingung der Möglichkeit, daß sich die verschiedenen Ansätze überhaupt desselben Begriffs bedienen können, ohne sich schon an der Gegenstandsbestimmung in unüberbrückbare Kontroversen zu verstricken. Schärfer ausgedrückt: Die Annahme der Gegenstandskohärenz ist überaus großzügig. Stöss (1994: 24) bezweifelt sie und konstatiert „völlige Unübersichtlichkeit" der Begriffe und ihrer Reichweite. Wir müssen daher mit einem weiten Rechtsextremismus-Verständnis arbeiten, etwa angelehnt an den einflußreichen Vorschlag Heitmeyers, darunter ein Zusammenspiel von Ungleichheits-Ideologie und Gewaltakzeptanz zu verstehen. Der Preis: Mit dem Eisberg-Modell übernimmt die Wissenschaft aus dem Interdiskurs eine Gegenstandskonstruktion, die ihre Entstehung möglicherweise wenig mehr als herrschaftsfunktionalen Verblendungen dankt. Damit stellt sich die Frage, ob es wissenschaftlich nicht sinnvoller wäre, das Konzept 'des' Rechtsextremismus zugunsten dadurch überzeugender zu erfassender 'Rechtsextremismen' aufzugeben.

6. Die Ungreifbarkeit der Evaluationsmaßstäbe

Die aus einer solchen Klangwolke ableitbaren, vagen bis widersprüchlichen Kriterien und Operationalisierungen des Interventionserfolgs machen es schwer, Maßnahmen vergleichend zu beurteilen. Denn:

Intervention und Artefaktbildung 71

1. Immer läßt sich geltend machen, die Intervention habe Schlimmeres verhütet.

2. Die langfristigen Folgen eines punktuellen Eingriffs (biographische Normalisierung oder kriminelle Karriere) sind von komplexen Lebensentwicklungen nicht zu unterscheiden. Kritische Lebensereignisse (Heirat, Berufseinstieg) ziehen ja oft konventionellere Wertüberzeugungen nach sich (für Postmaterialismus z.b. Dalton 1981). Das gilt erst recht für die kumulativen Breitenwirkungen diffuser Interventionen wie PR-Kampagnen.

3. Verschiebungen in andere Konfliktarenen lassen sich kaum dingfest machen. Ein Rückgang von Gewalt im Umfeld cliqueneigener Räume (Krafeld u.a. 1992: 133) ist deshalb kein hinreichender Erfolgsindikator: Die Gruppe kann den Stadtteil unter Kontrolle gebracht und ihre Aktivitäten in einen anderen oder auf Fußballstadien verlagert haben, oder sie geht gar - politisch extremisiert - in unauffälliger Kader- und Multiplikatorenarbeit auf. Die Argumentationsfigur eines „Potentials" läßt jeden Rückgang manifester Devianz oder sonst klar definierter Merkmale (Wahlverhalten!) als vorübergehende Geländegewinne dastehen.

4. Die Maßnahmen sind teils sehr unspezifisch (Bildungsangebote, Politischer Unterricht), teils extrem selektiv. Manche beruhen geradezu auf dem Ausschluß der Zielgruppen aus anderen Einrichtungen; Jugendhäuser erteilen z.b. notorischen Gewalttätern oder sich bekriegenden Cliquen Hausverbot, was diesen die Raumangebote der aufsuchenden Streetworker attraktiv macht. Die selektiven Maßnahmen werden i.d.R. erst angesetzt, wenn massive Gesetzesbrüche, Kosten und Proteste aufgetreten sind. Zwischen selektiven und ungerichteten Interventionen herrscht daher eine Art Arbeitsteilung.

5. Wichtige Daten zur Evaluation sind unbekannt. Wie viele verwertbare Reaktionen erbrachte bspw. der Aufruf im schon erwähnten Skin-Comic, „Conni Controletti" beim Landesamt für Verfassungsschutz anzurufen?

6. Die angezielten Wirkungen liegen z.T. in schwer greifbaren qualitativen Verschiebungen individueller Lebensentwürfe und subkultureller Gruppenstrukturen. Sie wären zu gewichten und gegen Nebeneffekte abzuwägen (z.B. Bestärkung von Gruppeneinteilungen, Stereotypen und Gesellschaftsbildern, Erfolgslernen unerwünschter Verhalten). So kann gerade Politische Bildung autoritäre Vorurteile auch verfeinern, immunisieren und stabilisieren (Vollebergh / Raajimakers 1994).

7. Die Ziele sind selten von vornherein klar umgrenzt und zwischen allen Akteuren unstrittig. Geldgeber versprechen sich u.U. Sofortwirkungen oder einfach nur ein Medienecho. ForscherInnen versprechen sich Stellen und Veröffentlichungen. Träger versprechen sich zusätzliche Mittel; usf.

8. Greifbare Kriterien sind nicht unbedingt valide: Fluktuation in einer Gruppe kann Erfolg der Maßnahme bedeuten (Baensch 1992: 119), ebenso aber Mißerfolg oder anderweitig verursachte Änderungen von Lebensplänen.

7. Der institutionelle Programmkonservatismus

Trotz der Vielfalt möglicher Praxisfolgerungen ist das Erscheinungsbild der Programme bislang infolge des institutionellen Trägheitsmoments recht monoton: Sie widmen schlicht konventionelle Sozialpädagogik und Politische Bildung auf eine neue Zielgruppe bzw. ein neues soziales Problem um. Sie sind als Reflex auf lokale Probleme entstanden, entworfen von vordem vorhandenen Organisationen - neben Schulen vor allem die Soziale Arbeit mit Randgruppen (Hooligans, Streetgangs, Skins; vgl. z.B. Baensch 1992: 120ff.).

Das Bildungswesen begnügt sich weitgehend damit, bestimmte Fächer für die brave Vermittlung einschlägigen Wissens verantwortlich zu machen, meist historische Fakten über den NS (ernüchternde Schilderung z.B. Hufer 1994: 342f.; vgl. Castner/Castner 1993, Koopmann 1993, Lauber 1992). Das geheime Curriculum schulischer Anpassung und Unterwürfigkeit, ein wirkungsvolles Trainingsprogramm in Alltagsmachiavellismus, bleibt unangetastet (Übersicht: Klaassen 1992).

Die zielgruppengerichteten Maßnahmen beschränken sich fast durchgehend auf die Reproduktionssphäre, Freizeit und Konsum. Betriebe, Bundeswehr, Krankenhäuser, Polizei u.ä. Schlüsselakteure sind nicht einbezogen. Projekte der Akzeptierenden Jugendarbeit überwiegen bei weitem - obwohl es sich nach wie vor um wenige Vorhaben mit allenfalls einigen Tausend Adressaten handelt (bis Herbst 1992 bundesweit ca. 60 Projekte: Krafeld/Möller/Müller 1993: 9). Ihre Etats dürften im Zeichen der gegenwärtigen Haushaltspolitik mittelfristig eher Umverteilungen als echte Steigerungen anzeigen.

Die Maßnahmen verlaufen unkoordiniert; allenfalls haben sich in einzelnen Stadtteilen informelle Netze Gutwilliger gebildet. Vergleichende Beobachtungen über Versuche qualitativer Selbstevaluation hinaus fehlen. Letztere steht obendrein unter Legitimationszwang und ist daher mit Vorsicht zu genießen (s.o. VI.).

Die Begründungen für Maßnahmen geraten zum Eiertanz: Denn ob Modernisierungsfolgen, gesamtgesellschaftlicher Interdiskurs oder 'eingefleischte' Sozialcharaktere - die Ursachen sind nicht rasch zu beseitigen. Die ursächlich oder intervenierend beteiligten Konflikt- und Motivlagen werden sich vielmehr absehbar verschärfen: wachsende Arbeitslosigkeit, Armut und beschleunigte Deklassierungsprozesse. Einerseits müssen Interventionen daher ihre Effizienz betonen, um Mittel zu erhalten. Andererseits können sie nicht versprechen, die Probleme auch nur annähernd in den Griff zu bekommen.

Sozial- und Jugendarbeit werden dadurch immer mehr zur Notbremse und Feuerwehr; einige Großstädte erproben bereits Vorformen Mobiler Einsatzkommandos für Street-Work. Sie übernehmen unhinterfragt die politischen Definitionen der unerwünschten Abweichung: Eisberg-Modell und Interventionsmaßnahmen ergänzen einander. Die Struktur der Institutionen und ihrer Etikettierungen gerät nicht in den Blick.

8. Das Gewicht sekundärer Devianzgewinne

Sozialwissenschaftlich begründete Interventionen tragen - wie alle Interaktionen - zur Selbstherstellung ihrer Kategorien bei. Die Ausgegrenzten können eine zunächst erlittene, negative Identität akzeptieren und aufzuwerten trachten, indem sie in Konkurrenz zur hegemonialen Gruppe treten, Stigmata umdefinieren oder den Vergleich mit Tieferstehenden suchen (Elias/Scotson 1990; Klatetzki 1993: 360). Auch beim Rechtsextremismus besteht diese Gefahr. Es gibt Hinweise, wie die diskursive Vereinheitlichung verschiedenster Spielarten von Terror, Protest, Randale und Ressentiment die Ideologisierung und Organisation der Rechtsextremen voranbringt.

Dieses label verschafft den Etikettierten nämlich beträchtliche sekundäre Devianzgewinne:

a) Überproportionale mediale Beachtung infolge des hohen Nachrichtenwerts von Gewalt (Dahlem 1989: 250; Hammer 1992: 4, Kepplinger 1989); Jugendliche haben das längst durchschaut (Dahlem 1989: 255, Farin/Seidel-Pielen 1993, Niewarra 1994: 36).

b) Bereitschaft, alle möglichen Verhaltensweisen als Protest zu entziffern, wenn nur provokative Symbole Verwendung finden.

c) Zuschreibung von Stärke, Geschlossenheit und Drohpotential (Erb 1992).

d) Rationalisierung und Ideologisierung des Selbstverständnisses: Außen-, besonders Medienkontakte fördern die soziale Differenzierung der Gruppen, z.B. die Ausbildung der Rolle des „Pressesprechers", filtern artikulationsfähige Mitglieder heraus, verbreiten ideologische Legitimationen und subkulturelle Habitusmodelle (Erb 1992).

e) Unmittelbare Statusgewinne: Geld für Ordnerdienste, steigende Tarife für Fernsehinszenierungen (Leif 1994), Mittel für Jugendarbeit, Sensibilität der Institutionen, Räumlichkeiten.

f) Identitäts- und kulturelle Distinktionsgewinne durch Angst, also negativen Respekt, aber auch positive Zuwendung (etwa in Form von Sozialberatung).

Allein die Selbstzuordnung zur Spitze des Eisbergmodells verschafft schon einen Teil dieser Belohnungen. Denn ihre Wirkung beruht auf kollektiven Vorstellungen von der devianten Gruppe (Kohlstruck 1994). Die sozialwissenschaftlichen Analysefiguren vergrößern diese sekundären Devianzgewinne. Mit der Überbrückung der Homogenisierungslücke legitimieren sie vermeintlich politische Sinn- und Identitätsangebote des Etiketts „rechts extrem". Mit dem Eisbergmodell konzentrieren sie die Wahrnehmung auf Jugend, bestimmte Formen von Gewalt und Devianz im Freizeitbereich. Mit der Vermutung eines „Potentials" flößen sie Furcht ein, geben den Etikettierten ein Drohmittel und ermöglichen die Dramatisierung einzelner Ereignisse zu Indizien und Vorzeichen.

9. Der Verfall des wissenschaftlichen Grenznutzens

Wir können inzwischen auf jede rechtsextreme Gewalttat mind. einen wissenschaftlichen Beitrag zum Thema rechnen (vgl. z.b. die Listen in Stöss 1993 oder Otto/Merten 1993). Und die meisten Veröffentlichungen geben uns, gutwillig um praktische Relevanz bemüht, auch gleich Anwendungsempfehlungen. Kurz, wir stehen vor einem Extremfall der Industrialisierung von Sozialwissenschaft.

Die ideologischen Funktionen dieser so erfreulich gefragten Wissensbestände werden kaum irgendwo mitreflektiert. Dies wird überdies immer schwieriger: Die Menge der Veröffentlichungen hat die wissenschaftsinternen Kritik- und Kontrollmechanismen längst hinter sich gelassen. Die konkurrierenden Erklärungen arbeiten nebeneinander und vernetzen sich eher nach Zwängen des Wissenschaftsmarketings als nach sachlichen Kontroversen. Selbst Neuentwicklungen im selben Fach bleiben anderen Subdisziplinen mitunter erschreckend fremd (deutlich etwa in der Psychologie zwischen Sozialpsychologie und Psychoanalyse, Autoritarismus- und Narzißmusforschern, Vorurteils- und Identitätstheorien).

10. Die Devianzgewinne der Gesellschaft

Nun beeinflussen Interventionsprogramme auch Anspruchsgrundlagen, Kategorisierungen und Regeln sozialer Beziehungen. Die Gesellschaft zieht darüber selbst einen qualitativ nicht unbedeutenden Gewinn aus Rechtsextremismus:

1. Die Benennung korrekturbedürftiger Defizite (an Modernität oder gelungener Sozialisation oder persönlichen Kompetenzen) bekräftigt eine Vorstellung von Normalität, die selbst eine zentrale Differenz für Ausgrenzung bildet (Foucault 1976, Link 1992). Interventionen führen wissenschaftliche Rationalität, politische Legitimität und professionelle Kompetenz, Handlungsbedarf, eindeutige Definitionen der Abweichung und des Wünschbaren vor: ein Innen und ein Außen.

2. Die Soziale Repräsentation eines Feindbilds mit klaren Merkmalen und Motiven wird verankert und naturalisiert. Sie schreibt ältere Feindbilder fort, die Widerstand gegen Modernisierung angriffen (zuvor stereotypisierten die Medien ironischerweise Zuwanderer und Ossis ganz ähnlich wie jetzt 'den' Rechtsextremismus: Kliche 1993a).

3. Mit den Gegenmaßnahmen wird ein Teil der Verantwortung für Bestimmung und Bewältigung an die befaßten Professionen delegiert, Politik entlastet. Die Programme legitimieren die sie tragenden Institutionen, verdeutlichen öffentlich ihre Kompetenz und Zuständigkeit. Während die Spielräume rational-politischer Steuerung immer fragürdiger werden, verbreitet das politisch-administrative System, Wissenschaft eingeschlossen, eine Kontrollillusion der harten Daten, des erklärten Problems, der durchschauten Motive, der wirksamen Eingriffe.

4. Der sozialwissenschaftliche Rechtsextremismus-Diskurs liefert Rechtfertigungen für erweiterte Formen sozialer Kontrolle - um so flexibler, je unklarer Gruppengrenzen, Begriffe und Interventionsgründe gefaßt sind. Diskursiviert (i.S.v. Foucault) wird zunächst Jugend, das Netzwerk gesellschaftlicher Regeln für den Umgang mit Lebenslagen gegenüber ihr also verfeinert und erweitert. Langfristig könnte die politische Indienstnahme aber hinauslaufen auf: 'Rechts begründen, links anwenden'. Dafür eignen sich besonders psychologische Konzepte (z.B. war das zur Persönlichkeitsdimension abstrahierte Autoritarismus-Konzept von Rokeach und Eysenck erheblich erfolgreicher als die kritische Urfassung; parallele Beispiele bot die Terrorismus-Debatte).

5. Die hinter der Devianz stehenden Ansprüche, Lebenswelten, Sinnkontexte und Probleme werden abgewertet. Mit den symbolischen Formen 'des' Rechtsextremismus sind Rudimente der Unterschichtkulturen weiter unter Druck geraten. Die Hegemonie systemfunktionaler, mittelschichtspezifischer Strategien der Modernisierungsbewältigung (durch Individualisierung, Akkumulation kulturellen Kapitals, offensive Konkurrenz, Verinnerlichung und Antizipation sozialer Kontrolle) wird kulturell abgesichert. Die Norm der Multikulturalität bietet den Mittelschichten neue Unterhaltungs- und Konsumchancen (Straßenfeste, Austauschprogramme, Lifestyle-Facetten von Kleidung über Tanz bis zu kulinarischen Kulisse), die Unterschichten verstummen. „Das Integrationsproblem ausländischer Bevölkerungsgruppen (...) soll von der Unterschicht konfliktfrei gelöst werden" (Baensch 1992: 114): Die diskursive Konstruktion von Rechtsextremismus ist auch die Fortsetzung von Disparitäten- und Verteilungskonflikten mit anderen Mitteln und wehrt Zugehörigkeits- und Solidaritätsansprüche der Modernisierungsverlierer ab.

6. Gesellschaftsstrukturelle Ursachen der unerwünschten Erscheinungen verblassen (Heitmeyer 1993). Extremformen und soziokulturelle Folgekosten des Erfolgskapitalismus, die häßliche Rückseite des Schönen Neuen Deutschland, werden einer Minderheit angelastet; ihre Zweckmäßigkeit

und Allgegegenwart in den Chefetagen stört nicht weiter (ähnlich Möller 1993: 13ff.): eine projektive Abspaltung von Alltagsrassismus und Struktureller Gewalt, wie die Sozialcharakter-Theoreme ihn bei den Rechtsextremen selbst vermuten!

7. 'Rechtsextremismus' übernimmt stellvertretend die Thematisierung und Durchsetzung neuer Werte und Normen im Zuge einer konservativen Kulturrevolution. Völkische Identitätsillusionen können die subjektive Last systemnotwendiger Destruktivität für Umwelt, Peripherien und menschliche Bindungen lindern; doch sind sie kulturell ambivalent und stellen Akteure vor Legitimationsprobleme. Eine Randgruppe, vom Eisbergmodell mit einem hinreichen großen 'Potential' ausgestattet, läßt es hingegen nachgerade als Verdienst an der Demokratie erscheinen, durch geschicktes Eingehen auf sie ihre weitere Ausbreitung zu unterbinden. Im Falle der Asyldebatte drängt sich daher - nicht erst seit ihren letzten Wahlergebnissen - der Verdacht auf, daß die REPs mitnichten durch ihre pure Existenz Politik zu bestimmen vermochten, sondern als Vorwand für eine langvorbereitete Politik selbst instrumentalisiert wurden.

Erfindet sich diese Gesellschaft also 'ihren' überaus funktionalen Rechtsextremismus gerade selbst - unter tatkräftiger Mitwirkung der sozialwissenschaftlichen Deutungsindustrie? Übt seine soziale Konstruktion, deren Teil die Interventionsprogramme bilden, uns in die Grundmuster einer Ethnisierung politischer Konflikte ein? Die offenkundigen Ungleichgewichte der überbordenden Literatur lassen kaum eine beschwichtigende Antwort zu. Manch jugendliche Subkultur erweist sich paradoxerweise als Aspirant auf die Spielregeln der Multikulturellen Gesellschaft, die sie selbst bekämpft...

Und wo bleibt das Positive? - Anderswo. Vielleicht in einigen älteren, eigentlich banalen Forderungen an wissenschaftliches Handeln: problemorientierte Evaluation (z.B. Dollase 1993), Ideologie-Selbst-Kritik, Behutsamkeit beim Etikettieren. Wovon man nicht reden könne, schlägt Wittgenstein vor, darüber möge man schweigen. Die Sozialwissenschaften sollten sich vielleicht überlegen, mit einigen Sachverhalten und Begriffen achtsamer und zurückhaltender umzugehen, über die man sehr ausgiebig reden kann.

Literatur

Adorno, T. W./Frenkel-Brunswick, E./Levinson, D.J./Sanford, N., 1950: The Authoritarian Personality. New York:Harper.

Argumente, 1992: Juso-Informationsdienst. Sondernummer: Ideen und Aktionengegen Rechts. Bonn: SPD-Parteivorstand.

Assheuer, H./Sarkowicz. H., 1992: Rechtsradikale in Deutschland. Die alte und die neue Rechte. München: Beck.

Baensch, Torsten, 1992: Jugendlichen Raum lassen? Maßnahmen und Projekte gegen nationalautoritäre Orientierungen und rechtsextremistische Tendenzen. Hamburg: Landeszentrale für Politische Bildung.

Bauriedl, Thea, 1992: Wege aus der Gewalt. Freiburg: Herder.

Bedacht, A./Dewald, W./Heckmair, B./Michl, W./Weis, K. (Hrsg.), 1992: Forums Erlebnispädagogik. München: FH, FB Sozialwesen.

Bergmann, W., 1994: Sozialpsychologische Hintergründe der Ausländerfeindlichkeit. S. 121-128 in: *Böhme, G./Chakraborty, R./Weiler, F.* (Hrsg.), Migration und Ausländerfeindlichkeit. Darmstadt: Wiss. Buchges.

Bergmann, W./Erb, R. (Hrsg.), 1990: Antisemitismus in der politischen Kultur nach 1945. Wiesbaden: Westdt. Verlag.

Bergmann, W./Erb, R., 1991: Antisemitismus in der Bundesrepublik Deutschland. Ergebnisse der empirischen Forschung von 1946-1989. Opladen: Leske + Budrich.

Bielicki, J.S., 1993: Der rechtsextreme Gewalttäter. Eine Psycho- Analyse. Hamburg: Rasch und Röhring.

Billing, W./Barz, A. / Wienk-Borgert, S. (Hrsg.), 1993: Rechtsextremismus in der Bundesrepublik Deutschland. Baden-Baden: Nomos.

Bohleber, W., 1992: Nationalismus, Fremdenhaß und Antisemitismus. Psychoanalytische Überlegungen. Psyche 46: 689-709.

Braun, C. von/Heid, L., 1990: Der ewige Judenhaß. Christlicher Antijudaismus, deutschnationale Judenfeindlichkeit, rassistischer Antisemitismus. Stuttgart, Bonn: Burg Verlag.

Bruner, C.F./Dannenbeck, C./Zeller-M.-C., 1993: Grenzenlose Jugendarbeit? Vom Umgang mit rechtsorientierten und gewalttätigen Jugendlichen. Ein Literaturbericht. S. 173-195 in *Deutsches Jugendinstitut* (Hrsg.), Gewalt gegen Fremde. Rechtsradikale, Skins und Mitläufer. München: DJI.

Bühler, J.C. von, 1990: Die gesellschaftliche Konstruktion des Jugendalters. Nur Entstehung der Jugendforschung am Beginn des 20. Jahrhunderts. Weinheim: Dt. Studien Verlag.

Busch, R., 1992, (Hrsg.), Streetwork im Bermuda-Dreieck. Rechtsextremismus in Berlin: Gegenstrategien. FU Berlin: Kooperationsstelle FU-DGB.

Butterwegge, C./Isola, H. (Hrsg.), 1991: Rechtsextremismus im vereinten Deutschland. Randerscheinungen oder Gefahr für die Demokratie ? Bremen: Steintor.

Castner, H./Castner, T., 1993: Rechtsextremistische Strömungen in der Schule und pädagogische Gegenmaßnahmen. S. 382-392 in: *Otto/Merten* (Hrsg.).

Dahlem, S., 1989: Politische Gewalt in den Massenmedien. S. 245-261 in: *Heitmeyer, W./Möller, K. /Sünker, H.* (Hrsg.), Jugend - Staat - Gewalt. Politische Sozialisation von Jugendlichen, Jugendpolitik und politische Bildung. Weinheim: Juventa.

Dalton, R .J. (1981), The Persistence of Values and Life Cycle Changes. S. 189-207 in *Klingemann, H.-D./Kaase, M., unter Mitarbeit von K. Horn* (Hrsg.), Politische Psychologie, Opladen: Westdt. Verlag.

Dollase, R., 1993: „Gleich zu gleich gesellt sich gern" - Zur Normalität und Pathologie soziometrischer Beziehungen in Gruppen mit steigender multikultureller Zusammensetzung. Universität Bielefeld: Ms.

Dominikowski, T., 1994: Wahrnehmungen, Verdrängungen und Konstrukte. Zur sozialen Konstruktion von Gewalt und den Folgen. In: *AK Frieden in Forschung und Lehre an Fachhochschulen* (Hrsg.), Jahrbuch 1994 (i.Dr.).

Dudek, P., 1990: Jugend als Objekt der Wissenschaften. Geschichte der Jugendforschung. In: Deutschland und Österreich 1890-1933. Opladen: Westdt. Verlag.

Eckstaedt, A., 1992: Nationalsozialismus in der 'zweiten Generation'. Psychoanalyse von Hörigkeitsverhältnissen. Frankfurt a.M.: Suhrkamp.

Elias, N./Scotson, J. L., 1990: Etablierte und Außenseiter. Frankfurt a.M.: Suhrkamp.

Erdheim, M., 1992: Das Eigene und das Fremde. Über ethnische Identität. Psyche 46: 730-744.

Farin, K./Seidel-Pielen, E., 1991: Krieg in den Städten. Berlin: Rotbuch.

Farin, K./Seidel-Pielen, E., 1991: Über die Mitverantwortung von Pädagogik und Jugendarbeit an der Rechtsorientierung Jugendlicher. S. 157-165 in : *Butterwegge, C./Isola, H.* (Hrsg.).

Farin, K./Seidel-Pielen, E., 1992: Rechtsruck. Rassismus im neuen Deutschland. Berlin: Rotbuch.

Flohr, A. K., 1994: Fremdenfeindlichkeit. Opladen: Westdt. Verlag.

Foucault, M., 1976: Überwachen und Strafen. Die Geburt des Gefängnisses. Frankfurt a.M.: Suhrkamp.

Freud, A., 1964: Das Ich und die Abwehrmechanismen. München: Kindler.

Fritzsche, K. P., 1992: Strategien gegen die Furcht vor den Fremden. Multiperspektivität - eine pädagogische Antwort auf die multikulturelle Gesellschaft und ihre fundamentalistische Herausforderung. Päd. extra 20 (11): 14-16.

Goldmann, H./Krall, H./Ottomeyer, K., 1992: Jörg Haider und sein Publikum. Eine sozialpsychologische Untersuchung. Klagenfurt: Drava.

Gredig, D., 1994: Dekadent und gefährlich. Eine Untersuchung zur Struktur von Stereotypen gegenüber sozialen Randgruppen. Weinheim: Dt. Studien Verlag.

Greß, F./Jaschke, H.-G. /Schönekäs, K., 1990: Neue Rechte und Rechtsextremismus in Europa. Bundesrepublik, Frankreich, Großbritannien. Opladen: Westdeutscher Verlag.

Grossarth-Maticek, R., 1975: Revolution der Gestörten? Heidelberg: Springer

Hafeneger, B., 1991: Rechtsextremismus: Herausforderung für Pädagogik, Jugendarbeit und Schule. S. 150-156 in: *Butterwegge/Isola* (Hrsg.).

Hafeneger, B., 1992: „Herumtreibend, halbstark, luxusverwahrlost". Zur Historisierung von Jugend und Gewalt. In: *Informationsstelle Wissenschaft & Frieden* (Hrsg.), Dossier Nr. 11, Jugend und Gewalt. Bonn: BdWi, XVI-XIX.

Hammer, W., 1992: Gewalt unter Jugendlichen. Bericht. Anlage zum Beschluß der Jugendministerkonferenz vom 10./11. Juni 1992 in Potsdam, „Gewalt unter Jugendlichen".

Hauer, N., 1993: Die Mitläufer oder Die Unfähigkeit zu fragen. Auswirkungen des Nationalsozialismus für die Demokratie von heute. Opladen: Leske + Budrich.

Heil, H./Perik, M./Wendt, P.-U. (Hrsg.), 1993: Jugend und Gewalt. Über den Umgang mit gewaltbereiten Jugendlichen. Marburg: Schüren.

Heim, G./Krafeld, F. J./Lutzebäck, E./Schaar, G./Storm, C./Welp, W. (Hrsg.), 1992: Akzeptierende Jugendarbeit mit rechten Jugendcliquen. Bremen: Steintor.

Heim, R., 1992: Fremdenhaß und Reinheit - die Aktualität einer Illusion. Sozialpsychologische und psychoanalytische Überlegungen. Psyche 46: 710-729.

Heitmeyer, W., 1989: Rechtsextremistische Orientierungen bei Jugendlichen. Empirische Ergebnisse und Erklärungsmuster einer Untersuchung zur politischen Sozialisation. Weinheim: Juventa (3. Aufl.).

Heitmeyer, W. u.a., 1992: Die Bielefelder Rechtsextremismus-Studie. Erste Langzeituntersuchung zur politischen Sozialisation männlicher Jugendlicher. Weinheim: Juventa.

Heitmeyer, W., 1993: Gesellschaftliche Desintegrationsprozesse als Ursachen von fremdenfeindlicher Gewalt und politischer Paralysierung. Aus Politik und Zeitgeschichte B2-3/1993: 3-13.

Hennig, E., in Zusammenarbeit mit *M. Kieserling und R. Kirchner*, 1991: Die Republikaner im Schatten Deutschlands. Zur Organisation der mentalen Provinz. Frankfurt a.M.: Suhrkamp.

Hilgers, M., 1993: Die Neuen Rechten. Gewalt aus Ressentiment und brennender Scham. Universitas 48: 755-765.

Hofstätter, P. R. (1957), Gruppendynamik. Kritik der Massenpsychologie. Reinbek: Rowohlt.

Höller Zessin, J. (Hrsg.), 1991: Wir sind für jeden Spaß zu haben. Hamburg: Verbund Lohbrügger Sozialeinrichtungen.

Holthusen, B./Jänecke, M., 1992: Erscheinungsformen und Ursachen des Rechtsextremismus in Berlin. S. 27-39 in: *Busch, R.* (Hrsg.), Streetwork im Bermuda-Dreieck. Rechtsextremismus in Berlin: Gegenstrategien. FU Berlin: Kooperationsstelle FU-DGB.

Holzkamp, C., 1992: Geschlechterverhältnis und Rechtsextremismus. S. 40-49 in:*Busch, R.* (Hrsg.), Streetwork im Bermuda-Dreieck. Rechtsextremismus in Berlin: Gegenstrategien. FU Berlin: Kooperationsstelle FU-DGB.

Hopf, W., 1991: Herkunftsfamilie und Rechtsextremismus von Jugendlichen. Sozialwissenschaftliche Informationen 20: 254-259.

Hufer, K.-P., 1994: Rechtsextremismus - Herausforderung für die politische Bildung. Geschichte Erziehung Politik 5: 342-352.

IDEEN-Redaktion (Hrsg.), 1993: Rechtsextreme Jugendliche. Göttingen: Lamuv.

Innenminister des Landes Mecklenburg-Vorpommern (Hrsg.), 1992: Leo mischt mit. Wiesbaden: Universum.

Jäger, M./Jäger, S., 1992: BrandSätze. Zur Rolle der Medien bei der Entstehung und Verfestigung rassistischer Alltags-Diskurse. Vortrag bei der Ferdinand-Tönnies-Gesellschaft, Kiel, 04.09.1992.

Jäger, S., 1993: Text- und Diskursanalyse. Eine Anleitung zur Analyse po litischer Texte. Duisburg: DISS (4. Aufl.).

Jäger, S./Januschek, F. (Hrsg.), 1992: Der Diskurs des Rassismus. Ergebnisse des DISS-Kolloquiums November 1991. Osnabrück: Osnabrücker Beiträge zur Sprachtheorie, März 1992.

Jäger, S. u.a., 1992: BrandSätze. Rassismus im Alltag. Duisburg: Duisburger Institut für Sprach- und Sozialforschung.

Jäger, S. (Hrsg.), 1994: Aus der Werkstatt: Anti-rassistische Praxen. Konzepte - Erfahrungen - Forschung. Duisburg: DISS.

Kalpaka, A./Räthzel, N. (Hrsg.), 1990: Die Schwierigkeit, nicht rassistisch zu sein. 2. überarb. Aufl. Leer: Mundo.

Kepplinger, H.M., 1989: Theorien der Nachrichtenauswahl als Theorien der Realität. Aus Politik und Zeitgeschichte B15/89: 3-15.

Klaassen, C., 1992: The latent initiation - Sources of unintentional political socialization in the schools. Politics and the Individual 2: 41-66.

Klatetzki, T., 1993: Intergruppenverhalten als Grundlagen sozialpädagogischen Handelns gegen Rassismus und Gewalt. S. 356-364 in : *Otto/Merten* (Hrsg.).

Klett, A., 1992: „Neue Jugendgewalt" und gesellschaftliche Vergeßlichkeit. In: *Informationsstelle Wissenschaft und Frieden* (Hrsg.), Dossier Nr. 11, Jugend und Gewalt. Bonn: BdWi, IV-V.

Kliche, T., 1993: Asylanten, Ossis, Neonazis - Modernität und Identität in massenmedialen Stereotypen. Beitrag zur Tagung „Fremde im eigenen Land. Die Ausländer- und Asylproblematik im Zusammenhang mit dem Vereinigungsprozeß in Deutschland am Beispiel einer westdeutschen Mittelstadt" des AK „Dt. Gegenwart, Vergangenheit und Zukunft" (Sektion PP, BDP) und der Stadt Heidenheim, 25.-27.6.1993.

Knode, L. (Hrsg.), 1992: Straßensozialarbeit in Hamburg. Hamburg: BAGS.

Kohlstruck, M., 1994: Rechtsextremismus und Jugendgewalt. Geschichte Erziehung Politik 5: 330-342

Koopmann, K., 1993: Schule und Rechtsextremismus. Zum schwierigen pädagogischen Umgang mit einem komplexen gesellschaftlichen Problem. Politisches Lernen Nr. 1 (Mai 1993): 61-67.

Krafeld, F. J./Möller, K./Müller, A., 1993: Jugendarbeit in rechten Szenen. Ansätze - Erfahrungen - Perspektiven. Bremen: Edition Temmen.

Kristeva, J., 1990: Fremde sind wir uns selbst. Frankfurt a.M.: Suhrkamp.

Kube, E., 1993: Kollektive Gewalt junger Menschen. Eine akute Herausforderung von Staat und Gesellschaft. Mut Nr. 305: 26-33.

Lasswell, H.D., 1951: Psychopathology and Politics. S. 1-282 in: The Political Writings of Harold D. Lasswell. Glencoe: The Free Press.

Lauber, H., 1992: Die Herausforderungen der politischen Bildung durch den Rechtsextremismus. S. 45-70 in: *Der Bundesminister des Innern* (Hrsg.), Extremismus und Fremdenfeindlichkeit. Bd. II. Bonn: BMI.

Leif, T., 1994: Medien und Rechtsextremismus: „Cash" für einen Hitlergruß. Das Parlament (15.4.94): S. 9.

Leiprecht, R. (Hrsg.). 1992: Rassismus und Jugendarbeit. Zur Entwicklung angemessener Begriffe und Ansätze für eine verändernde Praxis (nicht nur) in der Arbeit mit Jugendlichen. Duisburg: DISS.

Link, J., 1992: Normalismus - Konturen eines Konzepts. KultuRRevolution Nr. 27: 50-70.

Maaz, H.J., 1990: Der Gefühlsstau. Ein Psychogramm der DDR. Berlin: Argon.

Mehler, F., 1994: Zum Verhalten jugendlicher Neonazis: Welchen Beitrag kann die Theorie vom „neuen Sozialisationstyp" leisten? Journal f. Psychologie 2 (1): 40-48.

Merten, R., 1993: Erziehung - Rechtsextremismus - Gewalt. Zur politischen Sozialisation Jugendlicher. S. 126-146 in *Otto, H./Merten, R.* (Hrsg.).

Möller, K., 1993: Jugendarbeit und Rechtsextremismus - Gängige Verständnisse bröckeln weiter.. S. 11-33 in: *Krafeld/Möller/Müller.*

Moser, T., 1993: Rechtsextremismus aus tiefenpsychologischer Sicht. Der vergessene intergenerative Aspekt. S. 97-112 in: *Billing, W./Barz, A./Wienk-Borgert, S.* (Hrsg.), Rechtsextremismus in der Bundesrepublik Deutschland. Baden-Baden: Nomos.

Müller, A., 1992: Rechtsextremistische Anfälligkeiten von Jugendlichen - Ausgangspunkte für Bildungsarbeit mit Jugendlichen im Bereich der Fortbildung. S. 60-66 in: Baensch.

Mummendey, A., 1993: Psychologische Erklärungen von Fremdenfeindlichkeit. ZfPP 1: 305-317

Nadig, M., 1993: Die Ritualisierung von Haß und Gewalt im Rassismus. Feministische Studien 11: 96-109.

Niewarra, S., 1994: „Und dann is' Gewalt halt 'ne logische Schlußfolgerung". Subjektive Konflikt- und Gewalttheorien von Jugendgruppen in Ost-Berlin. Journal f. Psychologie 2 (1); 28-39.

Ortwein, L., 1993: Plakatkampagnen gegen Ausländerfeindlichkeit: Eine Untersuchung der Werbe-botschaft und der Werbewirkung. Bonn: 17. Kongreß f. Angewandte Psychologie des BDP, 23.-26.9.94, Ms.

Otto, H.-U./Merten, R. (Hrsg.), 1993: Rechtsradikale Gewalt im vereinigten Deutschland. Jugend im gesellschaftlichen Umbruch. Opladen: Leske + Budrich.

Pilz, G., 1992: Rechtsextremismus und jugendliche Gewaltbereitschaft. Zur gesellschaftlichen Bedingtheit. In: Informationsstelle Wissenschaft & Frieden (Hrsg.), Dossier Nr. 11, Jugend und Gewalt, Bonn: BdWi, VIII-XVI.

Pilz, G.A., 1993: Jugend, Gewalt und Rechtsextremismus. Möglichkeiten und Notwendigkeiten politischen, polizeilichen und (sozial-) pädagogischen Handelns. Hannover: Niedersächs. Landeszent. f. Pol. Bildung.

Poliakov, L./Delacampagne, C./Girard, P., 1984: Über den Rassismus. Sechzehn Kapitel zur Anatomie, Geschichte und Deutung des Rassenwahns. Frankfurt a.M.: Ullstein.

Posselt, R.-E./Schumacher, K., 1989: Projektehandbuch Rechtsextremismus. Handlungsorientierte Gegenstrategien und offensive, ausländerfreundliche Auseinandersetzungsformen mit rechtsextremistischen und rassistischen Tendenzen in der Jugendszene. Schwerte: Amt für Jugendarbeit der Evang. Kirche von Westfalen.

Rajewsky, C./Schmitz, A./Arbeitsstelle Neonazismus FH Düsseldorf, 1992: Wegzeichen. Initiativen gegen Rechtsextremismus und Ausländerfeindlichkeit. Tübingen: Verein für Friedenspädadogik.

Rauschenbach, B., 1992: Erinnern, Wiederholen, Durcharbeiten. Zur Psycho-Analyse deutscher Wenden. Berlin: Aufbau Taschenbuch Verlag.

Reiners, A., 1992: Praktische Erlebnispädagogik. Neue Sammlung motivierender Interaktionsspiele. München: FH, FB Sozialwesen (2. überarb. Aufl.).

Rommelspacher, B., 1991: Rechtsextreme als Opfer der Risikogesellschaft? Zur Täterentlastung in den Sozialwissenschaften. 1991: S. 75-85.

Sander, W., 1993: .....daß Auschwitz nicht sich wiederhole." Thesen zum Rechtsextremismus als Herausforderung für die politische Bildung. Politisches Lernen Nr. 1: 55-61.

Scheepers, P./Felling, A. / Peters, J., 1992: Anomie. Authoritarianism and Ethnocentrism: Update of a Classic Theme and an Empirical Test. Politics and the Individual 2: 43-59.

Spreiter, M. (Hrsg.), 1993: Waffenstillstand im Klassenzimmer. Vorschläge, Hilfestellungen, Prävention. Weinheim, Basel: Beltz.

Stern, F., 1991: Im Anfang war Auschwitz. Antisemitismus und Philosemitismus im deutschen Nachkrieg. Gerlingen: Bleicher.

Stöss, R., 1994: Forschungs- und Erklärungsansätze - ein Überblick. S. 23-66 in: *Kowalsky, W./Schroeder, W.* (Hrsg.), Rechtsextremismus. Einführung und Forschungsbilanz. Opladen: Westdt. Verlag.

Stone, W.F./Lederer, G./Christie, R. (Hrsg.), 1993: Strength and Weakness. The Authoritarian Personality Today. New York: Springer.

Strauss, H. A./Kampe, N. (Hrsg.) 1985: Antisemitismus. Von der Judenfeindschaft zum Holocaust. Frankfurt a.M., New York: Campus.

Strauss, H. A./Bergmann, W./Hoffmann, C. (Hrsg.), 1990: Der Antisemitismus der Gegenwart. Frankfurt a.M.: Campus.

Streeck-Fischer, A., 1992: „Geil auf Gewalt". Psychoanalytische Bemerkungen zu Adoleszenz und Rechtsextremismus. Psyche 46: 745-768.

Sturzbecher, D./Dietrich, P./Kohlstruck, M., 1992: Jugendszene und Jugendgewalt im Land Brandenburg (Forschungsbericht). Potsdam: Landeszent. f. Pol. Bildung.

van Dijk, T.A. (Hrsg.), 1985: Discourse and Communication: New Approaches to the Analysis of Mass Media Discourse and Communication. Berlin, New York: deGruyter.

van Dijk, T.A., 1987: Communicating Racism. Ethnic Prejudice in Thought and Talk. Newbury Park etc.: Sage.

Vollebergh, W./Raajimakers, O., 1994: The Sophistication of Political Ideology. Changes in autoritarianism as a result of changing educational levels in adolescence. Politics and the Individual 4: i.Dr.

Wahl, K., 1993: Fremdenfeindlichkeit, Rechtsextremismus, Gewalt. Eine Synopse wissenschaftlicher Untersuchungen und Erklärungen. S. 11-67 in: *Deutsches Jugendinstitut* (Hrsg.), Gewalt gegen Fremde. Rechtsradikale, Skins und Mitläufer. München: DJI.

Weber, K., 1993: „Der Fremde ist schlimmer als der Feind": Gespräche mit Rassisten. Psychologie und Gesellschaftskritik 17 (2): 61-71.

Weusthoff, A./Zeimentz, R., 1993: Aufsteh'n. Aktionen gegen Rechts. Ein Handbuch. Bonn: Vorwärts.

Willems, H./Würtz, S./Eckert, R., unter Mitarbeit von M. Lerch und L. Steinmetz, 1993: Fremdenfeindliche Gewalt: Eine Analyse von Täterstrukturen und Eskalationsprozessen. Forschungsbericht vorgelegt dem Bundesministerium für Frauen und Jugend und der DFG. Bonn: BMFJ, Pressereferat.

Wolf, M., 1993: Fehlt nur ein bißchen Glück? Was auf den Bildern zur Wiedervereinigung Deutschlands zu sehen ist. Eine psychoanalytische sozialpsychologische Medienanalyse, I+II. ZfPP 1: 35-63, 139-149.

Zick, A., 1992: „Fremdenfeindlichkeit" - Versuch einer Systematisierung der Debatte. Gruppendynamik 23: 353-373.

Peter Loos

Lebenslage und politische Einstellung

Hintergründe rechter Orientierungsmuster

1. Einleitung

Im folgenden Beitrag möchte ich diejenigen Phänomene, die gemeinhin als „rechtsextreme Einstellung", „geschlossenes rechtsextremes Weltbild", „rechte Ideologiefragmente" o. ä. bezeichnet werden, aus der Perspektive derer beschreiben, an denen sie festgemacht werden. Das heißt, ich rekonstruiere den Sinnzusammenhang, in dem „rechte" Orientierungen stehen und beschreibe ihre Funktionalität in bezug auf die lebensweltlichen Hintergründe derjeniger, die sie äußern.

Dabei geht es mir nicht um eine kausalgenetische Interpretation, also um die Identifizierung determinierender Faktoren für das Vorhandensein solcher Orientierungen, wie sie z. B. in sozialstrukturellen Analysen - nicht nur rechten - Wahlverhaltens vorgenommen werden (vgl. z. B. Hennig 1991; Roth 1989), sondern der Schwerpunkt liegt auf einer sinngenetischen und soziogenetischen Interpretation dieser Phänomene im Sinne K. Mannheims (1959; 1980), also um eine wissensoziologische Zuordnung von Orientierungen zu sozialen Lagen und Milieus.

Im Vergleich der Orientierungen von rechten Jugendlichen mit denen der Anhänger der Republikaner wird sich zeigen, daß, obwohl es sich um ähnliches „Material", also um gleiche oder ähnliche Inhalte handelt, diese Orientierungen jeweils aus unterschiedlichen Zusammenhängen, also lebensweltlichen Hintergründen heraus verstanden werden müssen.

Das Material, auf das ich mich beziehe, entstammt zum einen, bezogen auf die Anhänger der Republikaner, aus einer Fallstudie, die ich in einem Kreisverband der Republikaner durchgeführt habe (Loos 1991), und zum anderen einem größeren Forschungsvorhaben, das sich mit Ausgrenzungs- und Kriminalisierungserfahrungen Jugendlicher befaßt, und zur Zeit unter der Leitung von R. Bohnsack in Berlin durchgeführt wird (Bohnsack et al. 1995).

Als Erhebungsinstrumente wurden in beiden Fällen die Methoden der teilnehmenden Beobachtung, des Gruppendiskussionverfahrens und des narrativen biographischen Interviews eingesetzt.

2. Zu den Anhängern der Republikaner

Der Zugang zu den Republikanern gestaltete sich recht einfach. Das Büro des von mir untersuchten Kreisverbandes war im Nebenraum einer Kneipe untergebracht, deren Wirt der Vorsitzende dieses Kreisverbandes war. Dies hatte zur Folge, daß am Stammtisch dieser Kneipe sich Mitglieder des Kreisverbandes und Personen aus deren Umfeld mehr oder weniger täglich trafen, oder anders ausgedrückt, der Kreisverband selbst aus dieser Stammtischgruppe hervorgegangen ist. Zusätzlich war mir ein Mitglied dieser Stammtischgruppe schon vor dem ersten Feldkontakt bekannt: ich hatte ihn während eines Ferienjobs am Fließband kennengelernt. Er führte mich dann auch am Stammtisch ein.

In den Interpretationen der Texte - damit sind im folgenden sowohl Transkripte von Interviews, als auch Beobachtungsprotokolle gemeint - konnte immer wieder ein homologes Muster - neben anderen, auf die ich hier nicht eingehen kann (vgl. Loos 1991) -, also sozusagen ein „Leitthema" in den Erzählungen der Republikaner herausgearbeitet werden. Dies läßt sich grundlegend beschreiben als die Wahrnehmung einer Diskrepanz zwischen der eigenen Interpretation eines Sachverhaltes und der Interpretation des nämlichen Sachverhaltes durch andere.

Im folgenden Beispiel aus einem biographischen Interview geht es darum, daß C[1] in seiner Eigenschaft als Lehrlingsvertreter einem Kollegen vor Antritt seines Urlaubs einschärft, vom Firmeninhaber sowohl für sich selbst als auch für den Lehrling eine Kältezulage zu fordern, weil sie während eines harten Winters im Freien arbeiten müssen. Als er aus dem Urlaub zurückkehrt, stellt er fest, daß nur der Geselle eine Kältezulage erhalten hat:

---

[1] Eigennamen und Sprecher wurden in allen Transkripten und Beobachtungsprotokollen maskiert.

C: naja und dann bin ich vor (lacht) zum Chef hab i gsacht horch
   was isn da los (2) mei Stift kräicht a Kältezulage und n
   andern sei Stift den kräicht kana

Y: hm

C: aber der Gsell kräicht ans

Y: hm

C: ja wieso (3) naja er war der Chef ne könnt ja jeder komma
   Kältezulag verlanga

Y: hm

C: ne aber der war doch genauso draußen gstandn wie a jeder
   andere ob der jetz Gsell is oder was weis ich oder a Stift
   oder a sonst was

Y: hm

C: der steht in derselbn Kält und wenn ich des Geld für die
   Kält kriech also kriechts a jeder andere a ne bloß der ander
   der war zu feig daß der des n Chef sacht

Y: hm

C: ne und da gibts natürlich immer Ärger in an Betrieb ne (lacht)

Für C ist hier der Interpretationsrahmen, der zur Ermittlung des Anspruches
auf „Kältezulage" zur Anwendung kommen sollte, der des physiologischen
„Leids", also gleiches Geld für gleiches „Leid". Der Firmeninhaber interpretiert den Sachverhalt allerdings in einem ökonomischen Rahmen vor
dem Hintergrund der firmeninternen bzw. berufsspezifischen Hierarchie
(„könnt ja jeder komma"). Dies wiederum wird von C so verstanden, als
wolle der Firmeninhaber physikalische Gegebenheiten leugnen, bzw. um-
deuten („der steht in derselben Kält"). C setzt sich letztendlich zwar durch,
allerdings nur um den Preis, daß er berufliche Nachteile in Kauf nehmen
muß („da gibts natürlich immer Ärger in an Betrieb").

Das nächste Beispiel stammt aus der Gruppendiskussion. In dieser Passage
geht es um die Berichterstattung der Medien, speziell um die Berichterstattung über Parteitage der Republikaner:

D: gesacht nö w- wir glaum des ja sowieso net aber wir unsre
   Wähler glaum das ja zum Teil und müssen das ja glaum wall die
   denken bloß wir äh Republikaner ham uns abgewöhnt (.) wall
Y: └─hm─┘

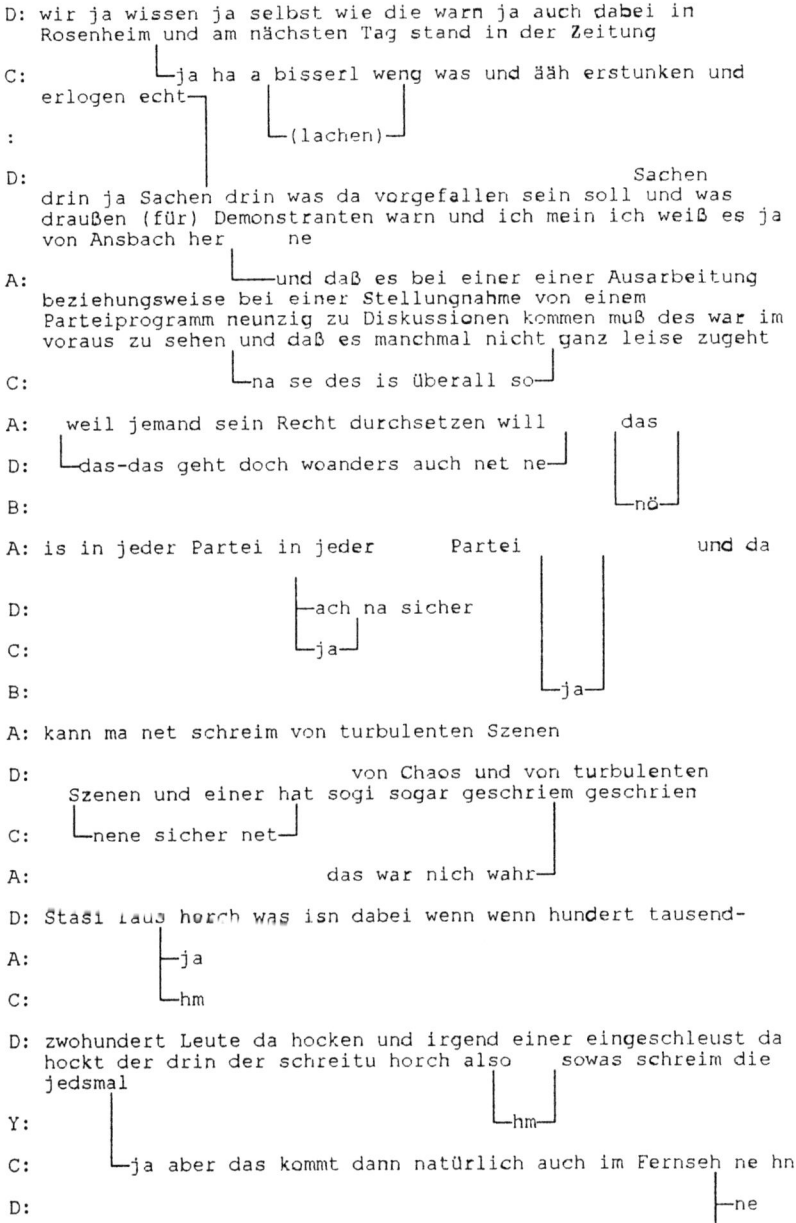

D: wir ja wissen ja selbst wie die warn ja auch dabei in
   Rosenheim und am nächsten Tag stand in der Zeitung

C: └─ja ha a bisserl weng was und ääh erstunken und
   erlogen echt─┐   │
:   └─(lachen)─┘

D: Sachen
   drin ja Sachen drin was da vorgefallen sein soll und was
   draußen (für) Demonstranten warn und ich mein ich weiß es ja
   von Ansbach her   ne

A: └──und daß es bei einer einer Ausarbeitung
   beziehungsweise bei einer Stellungnahme von einem
   Parteiprogramm neunzig zu Diskussionen kommen muß des war im
   voraus zu sehen und daß es manchmal nicht ganz leise zugeht

C: └─na se des is überall so─┘

A: weil jemand sein Recht durchsetzen will   das

D: └─das-das geht doch woanders auch net ne─┘

B: └─nö─┘

A: is in jeder Partei in jeder   Partei   und da

D: ┌─ach na sicher
C: └─ja─┘

B: └─ja─┘

A: kann ma net schreim von turbulenten Szenen

D: von Chaos und von turbulenten
   Szenen und einer hat sogi sogar geschriem geschrien

C: └─nene sicher net─┘   │

A: das war nich wahr─┘

D: Stasi laus horch was isn dabei wenn wenn hundert tausend-

A: ┌─ja
C: └─hm

D: zwohundert Leute da hocken und irgend einer eingeschleust da
   hockt der drin der schreitu horch also   sowas schreim die
   jedsmal

Y: │   └─hm─┘
C: └─ja aber das kommt dann natürlich auch im Fernseh ne hn

D: ┌─ne

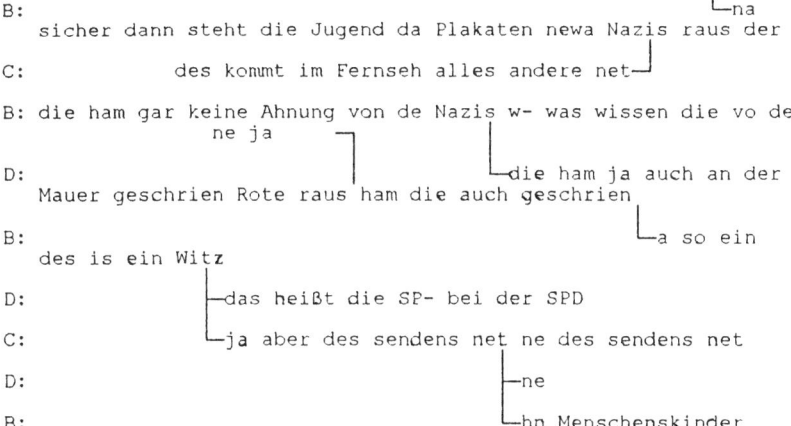

Der Sachverhalt, um den es hier geht, nämlich der Verlauf eines Parteitages der Republikaner, wird von ihnen selbst im Sinne eines ganz normalen Parteitages, wie dieser auch bei anderen Parteien verlaufen würde, gesehen („des is überall so"). Der Interpretationsrahmen der Medien ist in ihren Augen ein ganz anderer. Den Medien, die für sie im Dienste der SPD[2] stehen, geht es darum, die Republikaner in der Öffentlichkeit als unfähige, chaotische Partei von Anhängern des Nationalsozialismus darzustellen. Diese Diskreditierung gelingt den Medien auch, wie das Beispiel der „irregeleiteten" Demonstranten zeigt.

Im Vergleich der beiden Beispiele zeichnet sich ein gemeinsames Muster ab. Die Interpretation von Sachverhalten, also die der „Kältn" bzw. der Verlauf des Parteitages, wird durch die Republikaner als die „eine, unteilbare Wahrheit" wahrgenommen, die sich aus der direkten Anschauung ergibt („der steht in der selben Kältn", „weil die wissen ja selbst wie, die warn ja auch dabei"). Diese Wahrheit wird dann allerdings durch andere, im Zuge der Verfolgung deren eigener Interessen, „verdreht". Dabei sind die anderen zumeist solche Personen oder Personengruppen, die auf irgendeine Art Macht über die Republikaner bzw. über das Volk, als dessen Repräsentanten sich die Republikaner sehen, ausüben können (also z. B. der Vorgesetzte, die Medien). Das Volk selbst bzw. die Kollegen sind nicht in der Lage, sich

---

[2] Dabei steht die SPD nur als Chiffre für die "Mächtigen" allgemein. Hier wird also keine politische Gegnerschaft angesprochen, sondern der Gegensatz verläuft zwischen den "Mächtigen" und dem (unterdrückten) deutschen Volk.

dagegen zu wehren, das „deutsche Volk ist zu labil", wie sie an anderer
Stelle sagen. Stellvertretend für das Volk übernehmen nun die Republikaner
die Aufgabe, für die eine Wahrheit zu kämpfen: „wir glaum des ja sowieso
net, aber wir, unsere Wähler glaum des ja zum Teil, und müssen des ja
glaum, wall die denken, bloß wir Republikaner ham uns abgewöhnt". Die
Republikaner sind zwar auch ein Teil des deutschen Volkes und müßten
daher auch vor dem Phänomen der „verdrehten Wahrheit" kapitulieren.
Weil sie sich selbst aber als „Avantgarde" des deutschen Volkes betrachten,
sind sie in der Lage, für die „eine Wahrheit" zu kämpfen, genauso wie nur C
im vorherigen Beispiel in der Lage war, den Anspruch auf „Kältezulage"
durchzusetzen, die anderen Kollegen waren „zu feig" dazu.

Diese Deutungen kulminieren in dem Orientierungsmuster der *Fremdbe-
stimmung*: die Republikaner bzw. das deutsche Volk erkennen die „eine
Wahrheit", die allerdings durch mächtige andere eine konsequenzenreiche
Umdeutung erfährt. Dieses Orientierungsmuster findet sich nun in der
Wahrnehmung der meisten gesellschaflichen Phänomene durch die Repu-
blikaner:

– So erzählt C im biographischen Interview, daß er unter anderem deshalb
  die Realschule verlassen mußte, weil er sich verbotenerweise immer wieder im Mädchentrakt aufhielt. Dieses Sich-Hingezogen-Fühlen zum anderen Geschlecht in einer getrenntgeschlechtlich geführten Schule wird ihm
  durch die Lehrer als Insubordination und Aufsässigkeit ausgelegt und
  nicht als selbstverständlicher Ausdruck der Tatsache, daß der Mensch ein
  geschlechtliches Wesen ist.

– Die Wahrnehmung bestimmter Verhaltensweisen von Ausländern als
  störend (z. B., daß deren Kinder „Sand in den Hausflur schmeißen") kann
  nicht öffentlich angesprochen werden, weil dies nicht als Ausdruck eines
  legitimen Ordnungs- und Sauberkeitsbedürfnisses, sondern als Ausländerfeindlichkeit interpretiert werden würde. Über solche Dinge kann man nur
  im Kreise der Republikaner reden, wodurch die Partei „DIE REPUBLI-
  KANER" quasi zur Hüterin der „einen Wahrheit" wird.

– Die im Familienkreis immer wieder erzählten Erlebnisse des Leidens
  während der Vertreibung aus dem Osten Europas stehen gegen die gesamtgesellschaftliche Interpretation der Ereignisse des 2. Weltkrieges vor
  dem Hintergrund der deutschen Verbrechen. Diese Diskrepanz führt zum
  Zweifel an dem Wahrheitsgehalt der gesamtgesellschaftlichen Geschichtsschreibung.

Letztendlich wird daher auch der Wahrheitsgehalt der Berichte über die Konzentrationslager angezweifelt. Auch sie werden als Verdrehungen der Wahrheit durch interessierte andere angesehen:

```
D:                    └─gut sicher es ist was geschehen aber man
    solls nich immer wieder aufwühln          (1)
                         │                                  │
C:                   └─sollerst amal kaufen mußt amal lesen─┘

D: und zu bestimmten Zeiten wern immer wieder die Filme ho-
       │            │
B:   └─jedenfalls is─┘

D: hochgeholt Holocaust und wie se alle heißen wenns wieder
                                         │
B:                            └─no no der Krampf da des
                                 w- na oh Mann no no ─┐
                                                      │
D: um das Zahlen geht (.) horch wenns wieder ans Zahlen geht
     │                             │
C: └─ja Holocaust is a Krampf─┘  ┌─nja─┐
                                 │     │
D:                         ne     jaja sag ich ja wenn
    wir wieder mal an Israel zahlen sollen dann holn se die Filme
    wieder raus
```

Für dieses Orientierungsmuster der Fremdbestimmung mit seinen Elementen: die eine, unteilbare Wahrheit, deren evidente, einzigmögliche Interpretation durch das deutsche Volk respektive die Republikaner und die interessengeleitete „verdrehte Interpretation" durch andere finden sich nun zahlreiche Zitationen in der „Ideologie" der Republikaner. Und es sind eben nicht Zitationen, die sich auf eine ausgearbeitete Programmatik einer rechtsextremen Partei beziehen, sondern solche, die das umfassende Gefühl der Fremdbestimmung thematisieren. Die folgenden Beispiele stammen aus denen im Literaturverzeichnis aufgeführten Quellen und sind exemplarisch zu verstehen[3]:

– „Schafe haben nur eine Freiheit· Dem Schlächter die Kehle darzubieten. Doch wir sind keine Schafe." (DER REPUBLIKANER, 11/89: 3) Das sind diejenigen, die bisher unter der Fremdbestimmung gelitten haben und sich nun mit Hilfe der Republikaner dagegen wehren können.

– „Der Rußlandkrieg - photographiert von Soldaten [...] der Marsch nach Osten in unverzerrter Wahrheit". (Aus der Rubrik: „Bücher für den Ga-

---

[3] Für die Interpretation eines ganzen von Schönhuber verfaßten Artikels, der sich auf der manifesten Textebene mit Wirtschaftshilfen für Polen befaßt vgl. Loos (1991: 116ff.).

bentisch". Ankündigung des Buches „Unternehmen Barbarossa im Bild"
von Paul Carell in: DER REPUBLIKANER 11/89: 12). Das ist die eine
unteilbare Wahrheit, die sich aus der direkten Anschauung ergibt.

– „Die Medien [...] haben einen Informations-, Bildungs- und Unterhal-
tungsauftrag. Er verlangt von ihnen Gemeinsinn, Selbstverantwortung
und Wahrheitsstreben" (Wahlprogramm 1987). Das ist die Forderung
nach der Abschaffung der „einseitigen Pressefreiheit", wie die Republikaner die oben geschilderte Berichterstattungspraxis der Medien bezeichnen
und die Ansicht, daß die Medien der Verbreitung der „einen, unteilbaren
Wahrheit" verpflichtet sind.

Entscheidend ist hier, daß sich diese Aussagen aus Publikationen der Republikaner nicht in ihrem manifesten Gehalt erschöpfen, sondern sich
„tieferliegenden" Orientierungsmuster artikulieren, oder wie Dm es aus-
drückt, der sich im folgenden Zitat auf die Zeitung „DER
REPUBLIKANER" bezieht: „also das hat übereingestimmt mit dem, was
wir uns am Stammtisch immer schon, nicht erst seit vier fünf Jahren, sondern auch früher gedacht haben."

Das heißt, die „Ideologie" der Republikaner hat nicht primär die Funktion,
rechtsextremes Gedankengut oder rechtsextreme Programmatik vor- oder
auszuformulieren, sondern sie liefert Deutungen für die eigene Biographie
und Lebenslage im Sinne des oben angeführten Orientierungsmusters der
Fremdbestimmung. Insofern ist es auch nicht verwunderlich, daß die Wähler
der Republikaner hauptsächlich aus solchen Milieus stammen, in denen
Fremdbestimmung tatsächlich häufig erfahren wird, also aus einem Milieu,
das eher durch niedrigere Bildungsabschlüsse gekennzeichnet ist, und damit
einhergehend durch eher niedrigere Positionen in gesellschaftlichen Hierar-
chien (vgl. z. B. Hennig 1991; Roth 1989). Erst in einem zweiten Schritt
werden diese Deutungen ausgedehnt und es erscheint nicht nur das deutsche
Volk, sondern auch die deutsche Geschichte unter dem Aspekt der Fremdbestimmung.

3. Zu den rechten Jugendlichen

Der Zugang zu den Jugendlichen verlief entweder über MitarbeiterInnen von Jugendzentren, die uns den Kontakt zu den Jugendlichen vermittelten oder auf informellen Wege, indem wir Orte aufsuchten, von denen wir wußten, daß sich dort Jugendlichen aufhielten (vgl. dazu auch Bohnsack et al. 1995).

Ich möchte zunächst eine etwas längere Passage aus einem biographischen Interview anführen:

```
B: Det war 10. Klasse dann einfach kurz noch nee doch vor Zehn-
   in der 10. Klasse war et jewesen wo ich denn nachher so n
   bißchen Zoff jehabt habe mit meiner Lehrerin. Äh-äh wußt ich
   noch jar nich so richtich wat Nazis sind. Ich hab bloß
   jehört hohe Stiefel und Bomberjacke und so wat. Hab ick mir
   denn so ne Arbeiterschuhe jeholt die dann wirklich so hoch
   waren. Die hast urs selten jekriecht. Naja so n'bißchen
   anders sah ich aus. Obwohl ick mehr oder weniger aussah wie
   n Punk. War janz seltsam jewesen. Wo ich damals meine langen
   Haare hatte von der Heavy-Zeit.    Naja dann war Prüfungszeit
                                     |
Y:                                   └ Mhm

B: jewesen dann waren Ferien jewesen. Hatten wer unjefähr drei
   Monate Ferien durch die Prüfung. Hatten wer noch ewig Zeit
   jehabt danach. Ja phh mit so'n People aus meiner alten
   Klasse also aus meiner Schulzeit noch. Dann hab ick
   anjefangen meine Haare barbarisch kurz zu tragen. Det war ne
   bestimmte Gruppe war et jewesen. Na jedenfalls gloobe
   Depeche Mode oder sowat. Anjefangen erstmal kürzere Haare zu
   tragen. Und denn immer kürzer immer kürzer. Dann waren se
           |
Y:         └ Mhm

B: jedenfalls barbarisch kurz jewesen und dann bin ick oh so
   langsam in die Kreise rinjekommen. Aber wie weeß ick och
   nich mehr so jenau. Ach ja siehste da hab ick den People da
   aus meiner Lehre kennenjelernt und der war in so ner Disco
   jewesen Adlers- ne quatsch AE und dann bin ick da mal
   mitjegangen. Hab ick den People da aus meiner Schulzeit noch
   mitjenommen. Und der is aber Fascho oder war damals zu-
           |
Y:         └ Mhm

   mindest Fascho. Und dann so langsam immer tiefer rinjekommen
   immer tiefer. Denn hab ick die Leute da kennegelernt da und
   da bin ick WS-Ecke gegangen det waren nachher unjefähr 35
   Glatzen aber allet ältere als icke. Naja zwee bis sieben
                                     |
Y:                                   └ Mhm

B: Jahre älter waren die alle jewesen. Und mit denen war et
   eigentlich och janz lustig jewesen. Na so richtige Nazis.
   Weeß nich Nazi war ick gar nich jewesen. Ick meine zwar
   immer rumjeflitzt mit Glatze aber so richtich überzeugt
```

```
davon war ick auch nie jewesen. War damals halt bloß so ne
Modeerscheinung. Weeßte da hat bißchen eher anjefangen als
die andern Hotten. Nach und nach war'n immer mehr jewesen.
Damals war eben die Zeit. Entweder biste Linker oder
n'Rechter. Naja ick war dann halt Rechter jewesen.
```

Es wird hier deutlich, daß die Zugehörigkeit Bs zu den „Glatzen", also zu
den Skinheads, sich eher mit Kategorien der Jugendsoziologie als mit solchen einer „Soziologie des Rechtsextremismus" fassen läßt. Seine Zugehörigkeit zu den Skinheads fällt in die Phase des Überganges von der Schule in
den Beruf („Hatten wir unjefähr drei Monate Ferien durch die Prüfung"),
also in die Phase des Heraustretens aus der Herkunftsfamilie in die ortsge-
sellschaftliche Öffentlichkeit, in der die peer-group eine zentrale Rolle in
der Identitätsfindung spielt. Dabei verläuft die jeweils aktuelle Identitätsvergewisserung über die Zugehörigkeit zu einer Gruppe in Abgrenzung zu
anderen Gruppen („Damals war eben die Zeit. Entweder biste Linker oder 'n
Rechter. Naja, ick war dann halt Rechter jewesen."), wobei die Zugehörigkeit zu einer bestimmten Gruppe von Faktoren der sozialräumlichen Verortung (also Schule, Wohnort) bestimmt wird. Die Zugehörigkeit und die
Darstellung der Zugehörigkeit bestimmt sich dann über die Übernahme
bestimmter Elemente eines Stils („wußt ich noch jar nich so richtig, was
Nazis sind. Ick hab bloß jehört, hohe Stiefel und Bomberjacke und so wat"),
ohne daß die Bedeutung dieser Stilelemente und Abgrenzungsbemühungen
in anderen Kontexten antizipiert wird, also daß bspw. nicht antizipiert wird,
daß sie kriminalisierungsfähiges Handeln darstellen:

```
B: Naja äh phh. (1) Wir ham manchmal Parties jeschmissen am
   Kiessee unten Mk. Kommste mit de S-Bahn kommste jut ran. Und
   da ham mer paar Kästen Bier mitjehabt und allet so Skinheads
   jewesen) und da warn nachher noch n paar Dorfhotten jewesen.
   Aber det war'n Linke jewesen. Naja und phh den ihre
   Klamotten ick meine die warn da mit Zelt da jewesen. Da ham
   er det Zelt abjerissen und ins Wasser rinjeschmissen. Phh
   und denn nachts schallt det ja immer urs weeßte. Da ham wer
   ss-ss-äh komische Nazilieder jesungen. Von damals noch von-
   von Adolf sein Zeiten und so. Und naja kam nachher die
Y:                                          ⌐ Hm
B: Bullen an und dann ham se uns alle mitjenommen. Hab ja so
   und so jestaunt. 35 Mann warn wer jewesen.
```

Das: „Hab ja so und so jestaunt" bezieht sich nicht nur auf die Tatsache, daß
die Polizei 35 Skinheads verhaftet, sondern auch auf die Realisierung dessen, daß sie auf Grund ihrer Handlungen überhaupt verhaftet werden.

B ist dann später zu den Hooligans übergewechselt, weil er sich, nachdem er von Punks und Hooligans verprügelt wurde, dacht: „det bringt ja nachher och nich, wenn de dich da für solche Hotten den Kopf einschlagen läßt". Zum Zeitpunkt des Interviews rechnet er sich selbst zu den „Linken", wobei er anführt, daß er von einem „Kumpel" (A) dazu gebracht wurde:

```
B:                 Ach nee durch A hab ick immer meine meine
        janze Meinung jeändert jehabt. Na der freut sich wie
                                       ⌐
  Y:                                    L Hm

  B: Schneekönig daß ich nich mehr so rechts bin. Wat hat er
        neulich jesacht? „Bin ja richtich stolz uff mich, daß ich et
        jeschafft daß du nich mehr so'n rechter Idiot bist" und so
        wat. Obwohl der damals och mit Bomberjacke und Doc Martins
        und kurze Haare durch die Jegend jeflitzt ist und jesacht
        hat „Deutschland den Deutschen". Bloß bei ihm siehts
        n'bißchen merkwürdig aus. Wa?
                                       ⌐
  Y:                                    L Hm

  B: So war immer janz lustig jewesen. Ach man mußte irgendwie
        mit dabei sein. Wenn de nich dann warste irgendwie so n'
        Idiot.
```

Der Kumpel Bs, der ihm das Rechts-Sein ausgeredet hat, lief früher selbst mit „Bomberjacke", „Doc Martins" und dem Ruf „Deutschland den Deutschen" auf den Lippen herum, obwohl er einen irakischen Vater hat und deshalb häufig für einen Türken gehalten wird. B wirft ihm hier aber nicht etwa seine ehemalige politische Haltung vor, sondern seine Inauthentizität in der Stilentfaltung („Bloß bei ihm siehts n' bißchen merkwürdig aus. Wa?"). Auch hier wird noch einmal deutlich, daß die Zugehörigkeit zu den „Nazis", „Faschos" oder „Glatzen" für die Jugendlichen primär nichts mit politischen Inhalten oder Ideologien zu tun hat, sondern es steht für sie auf der selben Stufe, wie z. B. ein Anhänger der Popgruppe „Depeche Mode" zu sein und entsprechendes Outfit zu tragen: es ist - wie B selbst in der Retrospektive sagt - eine „Modeerscheinung". Die Enthaltung von einer Gruppenzugehörigkeit war ihm auch nicht möglich, sonst wäre er „irgendwie so 'n Idiot" gewesen[4].

---

[4] Was es bedeutet, ein "Idiot" zu sein und sich weder den "Rechten" noch den "Linken" zuzurechnen, wird bei den Jugendlichen deutlich, die sich selbst als "Stinos", also "Stinknormale" bezeichnen. Sie geraten sozusagen zwischen die Fronten und in Auseinandersetzungen sowohl mit "linken" als auch "rechten" Gruppen. Um diesen Auseinandersetzungen zu entgehen (bzw. sie zu provozieren), haben die Jugendlichen (nicht nur diejenigen, die sich als "Stinos" bezeichnen) einige Strategien entwickelt. So überlegen sie sich beispielsweise, welche Kleidung sie tragen, bevor

Die Auseinandersetzungen mit Ausländern müssen zunächst auch unter
ihrer Funktionalität für Zugehörigkeit und Abgrenzung gesehen werden.
Wobei hier, auf Grund der Segregierung der Wohnquartiere, noch die Auseinandersetzung um die Besetzung von sozialen Räumen, symbolisiert durch
zentrale Plätze („S-Straße)"hinzukommt:

```
B: (Sag ick ma), wat man ja jetzt unbedingt noch rinbringen
   könnte wär`n jewisset Thema äh Ausländer un-(       ) und
   weil it ja heißt (   ) Hooligans und allet äh national äh
   Faschisten und-und-und, sag ick mir einfach so
                                                    L
A:                                                   L Sind wa nich.
                                                                    L
D:
   Nee.
      L
A:      L (lacht)
               L
B:              L Dazu-dazu sag ick wieder (          )
                                          L
D:                                         L (          )

B: die hier wohnen und arbeiten für-für äh dit Land und-und-
   und, na die können hier auch janz jut leben (eigentlich),
   bloß dit Einzige, wat-wat mich ankotzt sind einfach nur die
   jewissen (.) Zwölf- bis Fünfundzwanzigjährigen,
                    L                            L
?:                   L (         )                L
                                                 L
D:                                                L Ja, die
   Jugendlichen, dit is ja dit Schlimme.

B: die auf der Straße rumlaufen (hier so) ihre Gangsession
   haben und-und-und und du läufst irgendwo die Straße entlang
   und uff eenmal mein` se nach dem Motto:`Man (du gib ma bitte
   `n bißchen Jeld'), weißt du, (`ich will jetzt haben) und
                                L
Y:                              L Hm.
                                 L
?:                                L (          )

B: wenn du jetzt hier langlaufen (willst)`, aber sonst hast du
   irgend so`n Messer im Hals, naja nu und dit is it ebend (
   ) weil-weil it mich nu-nur noch ankotzt (.) Ick mein (
   )                                                      L
A:                                                         L Ja bloß dit liegt
   ja och- dit liegt ja och in unserem Ermessen. Ick sage, wir
```

sie in bestimmte Stadtviertel fahren, wenn sie diese Viertel nicht sowieso meiden. Für Fahrten, die
sowohl durch "linke" als auch durch "rechte" Viertel führen, gibt es einen speziellen Haarschnitt:
lange Deckhaare und an den Seiten und am Hinterkopf kurz rasiert. Die langen Haare ermöglichen es, ein "Linker" zu sein und bei Aufenthalten in "rechten" Vierteln werden sie einfach unter
die "Basecap" gesteckt, was die Wahrscheinlichkeit erhöht, nicht als "Linker" identifiziert zu werden (s. a. Bohnsack et al. 1995).

```
      haben uns- wir haben uns jegründet 1986 Fanclub Spaß Berlin
      und, wie wa dit Thema schon hatten, wir hatten Deutschland-
      Shirts mit hinten unserem Enblem druff und so, also wir
      sahen, wirklich, sah genial aus. Wenn dreißig Leute
                                               ⌐
  C:                                           └ ( )?
                                               ⌐
  A:  uff de Straße jeloofen sind, haben alle die S-straße
      jewechselt (zieht Luft ein) und wir haben dit zum Schluß
      dann so jemacht, wir haben einfach (.) wir hatten die
      Yellows und die-, wie hießen die anderen Türkenknaller da?
                                                              ⌐
  D:                                                          └
      Cats. (    )
            ⌐
  A:        └ Ja, irgend- wir hat- also wir hatten da zwee-drei
      so`ne Türkentruppen in ZS-stadtbezirk, die da `n Tiroler
                                          ⌐
  C:                                      └ Roots.
  A:  jemacht haben, ja Roots, und da hab`n wa einfach jesagt,
      jetzt hab`n wa die Schnauze voll, jetzt nehmen wa die uns
      und schlagen die kaputt. Und wir *haben wirklich* die Leute da
      *wegjeblasen*
```

Die Auseinandersetzungen finden zwischen den „Yellows", „Cats", „Roots" und dem „Fanclub Spaß Berlin", also zwischen deutschen und türkischen Jugendbanden statt und sind nicht gegen Ausländer im allgemeinen gerichtet: „die hier wohnen und arbeiten für dit Land ... die können hier janz jut leben ... wat mich ankotzt sind einfach nur die jewissen zwölf- bis fünfundzwanzigjährigen. Ja die Jugendlichen, dit is ja dit Schlimme.". Die mit den Auseinandersetzungen einhergehende Etikettierung der Hooligans, zu denen sich diese Gruppe zurechnet, als „national" und „faschistisch" durch die Öffentlichkeit lehnen sie ab.

Politisch und zu einem Politikum werden diese Mechanismen erst dort, wo durch andere, also nicht durch die Jugendlichen selbst, eine verlaufskurvenförmige Entwicklung in Gang gesetzt wird, die Jugendlichen sozusagen in eine Falle tappen. Dies geschieht zum einen dann, wenn durch die Fremdinterpretation, also durch Etikettierung, die übernommenen Stilelemente eine höhere Wirksamkeit erhalten bzw. dann, wenn die Fremdinterpretation gar als Selbstinterpretation übernommen wird:

```
  A:  wenn man für'n vereintet Deutschland war war man schon
      für die n Nazi gewesen und die haben auch mehrmals
      offiziell gesagt naja sie sind nich in der FDJ und so ick
      meine nö na wer nich für uns is der is jegen uns also
      müssen se halt die Härte äh des Gesetzes hier ertragen
      wa, wenn se nich mit uns machen wollen dann sind wa
      halt gegen den Staat und so und denn war icke hab denn später
      spätestens bei der zweeten Gerichtsverhandlung sagt man
```

```
sich denn na bitte ihr nennt mich Nazi ich bin einer wat
wollt ihr denn ? um um einfach die ganzen Leute da
abzuschocken wie se da gesessen haben
```

Die Titulierung als „Nazi" wird übernommen, weil diese Identität besonders geeignet ist, sich gegenüber dem Staat, also im weiteren Sinne der Gesellschaft, abzugrenzen, („um einfach die ganzen Leute da abzuschocken").

Eine andere Falle erwartet die Jugendlichen dort, wo sie im Sinne einer Doppelmoral, wegen bestimmter Verhaltensweisen einerseits etikettiert werden („Faschisten"), sie aber andererseits mit diesen Verhaltensweisen sozusagen den Willen der ortsgesellschaftlichen Öffentlichkeit exekutieren und deshalb einen Platz in dieser Öffentlichkeit und damit Identität zugewiesen bekommen:

```
A:        und ick muß janz ehrlich sagen Hut ab, wenn ick

?:                                              └ (Wo is  n
    der) ((Nebengespräch)) (Flaschenklirren)

A: freitags mein Fan-Club-Shirt anhatte, mich haben alte Leute
   uff der Straße anjesprochen: 'Ey, seitdem ihr hier seit, is
   dit hier viel ruhiger', gerade so (zu) am A-Platz und so
   die Umjebung, du die haben uns uff die Schulter jekloppt,
   dit war n-dit war n Jefühl, du warst uff eenmal der Chef
   (uff der Alm). Du hattest dein blaues Shirt an, die Leute

?:         └ (     )

C:                                              └ Blue-man.

B:                                                  └ Blue-
   an.

A: haben dich anjesprochen im Bus, in der U-Bahn überall, die
   haben jesagt: 'Ey, wat ihr da jemacht hat', weil die haben
   ja, is ja klar, Ausländerg-gruppen, die machen da 'n Tiroler
   Handtaschenraub und allet so ne Scheiße, wir haben die
   weggelattet und die war'n weg, und da sind die Leute echt
   rumjeloofen (        )
```

4. Funktionalitätsbezug von „rechten Orientierungen" bei den Republikanern und bei rechten Jugendlichen

Sowohl bei den Republikanern als auch bei den rechten Jugendlichen kann man primär nicht von einer Ausrichtung an einem programmatisch-ideologischen Rechtsextremismus ausgehen. Beide Gruppen setzten sich nicht aus solchen Personen zusammen, die speziell dazu disponiert wären, eine „Ideologie der Ungleichheit und Gewaltakzeptanz" (Heitmeyer et al.

1992: 470) anzunehmen. Die als „rechtsextrem" bezeichneten Orientierungen stehen allerdings in einem Funktionalitätsbezug zu bestimmten Lebenslagen.

Bei den Republikanern ist der Funktionalitätsbezug der Orientierungen ein inhaltlicher. Das Deutungsmuster der Fremdbestimmung macht sowohl die eigene Lebenslage, als auch höhersymbolische Sinnsysteme, wie z. B. die „Lage des deutschen Volkes" oder die „deutsche Geschichte" interpretierbar. Man kann hier von einer Affinität der Lebenslage und dem, was als „rechte Ideologie" bezeichnet wird, sprechen.

Bei den Jugendlichen haben die Inhalte der Orientierungen nur einen indirekten Funktionalitätsbezug. Sie stehen im Dienste der Abgrenzung von anderen Gruppen, der Elterngeneration und der Gesamtgesellschaft, bieten also die Möglichkeit von Distinktionsgewinnen[5]. Dabei werden solche Stilelemente oder Emblematiken herangezogen, die eine große Wirksamkeit entfalten. Dies sind solche, die der Gesamtgesellschaft und vor allem der Elterngeneration als Identitätsmarkierer dienen, es werden also dieselben Identitätsmarkierer verwendet, nur mit umgekehrten Vorzeichen (z. B. Rassist, Antirassist). Und dies sind vor dem Hintergrund der je unterschiedlich unvollständigen Vergangenheitsbewältigung der ehemaligen deutschen Teilstaaten solche, die sich auf die nationalsozialistische Vergangenheit beziehen.

Literatur

Bohnsack, R., 1991: Rekonstruktive Sozialforschung. Opladen: Leske+Budrich.

Bohnsack, R./Loos, P./Schäffer, B./Städtler, K/Wild, B., 1995: Die Suche nach Gemeinsamkeit und die Gewalt der Gruppe. Opladen: Leske+Budrich (im Erscheinen).

Heitmeyer, W./Buhse, H./Liebe-Freund, J/Möller, K./Müller J./Ritz, H./Siller, G./Vossen, J. 1992: Die Bielefelder Rechtsextremismus-Studie. Erste Langzeituntersuchung zur politischen Sozialisation männlicher Jugendlicher. Weinheim/München: Juventa.

Hennig, E., 1991: Die Republikaner im Schatten Deutschlands. Zur Organisation der mentalen Provinz. Frankfurt/M.: Suhrkamp.

Loos, P., 1991: Lebensweltliche Hintergründe politischer Präferenzen. Eine empirische Studie unter Mitgliedern und Sympathisanten der Republikaner. Erlangen: unv. Abschlußarbeit.

---

[5] Für eine genauere Ausführung des Zusammenhangs zwischen Zugehörigkeit, Abgrenzung und Gewalt der Gruppe vergl. Bohnsack et al. (1995).

Loos, P., 1994: Zur Lebenswelt der Mitglieder und Sympathisanten der „Republikaner", S. 43-60 in: *D. Käsler/Th. Kliche/H. Moser* (Hrsg.), Aushandeln und (proto-)politische Kommunikation, Hamburg: Universitätsdruck.

Mannheim, K., 1959: Wissenssoziologie. S. 659-680 in: *A. Vierkandt* (Hrsg.), Handwörterbuch der Soziologie, Stuttgart: Enke.

Mannheim, K., 1980: Strukturen des Denkens. Frankfurt/M.: Suhrkamp.

Otto, H.-U./Merten, R. (Hrsg.), 1993: Rechtsradikale Gewalt im vereinigten Deutschland. Jugend im gesellschaftlichen Umbruch. Opladen: Leske+Budrich.

Roth, D., 1989: Sind die Republikaner die fünfte Partei? Aus Politik und Zeitgeschichte B41-42: 10-20.

SINUS, 1981: 5 Millionen Deutsche: „Wir sollten wieder einen Führer haben". Reinbek bei Hamburg: Rowohlt.

SPD, 1989: „Weder verharmlosen noch dämonisieren". Sozialwissenschaftliche Befunde über die Wählerschaft rechtsextremer Gruppierungen und die politischen und gesellschaftlichen Bedingungen des parlamentarischen Aufkommens der Partei „Die Republikaner". Bonn: interner Informationsdienst der SPD, hektographiertes Manuskript.

Quellen

DER REPUBLIKANER, Nr. 11/89.

DER REPUBLIKANER, Sonderausgabe II/89.

Parteiprogramm der Republikaner 1987.

Flugblatt der Republikaner: „Einigkeit und Recht und Freiheit für alle Deutschen".

Friedrich W. Stallberg

Stigma und Ächtung

Zur soziologischen Interpretation des Rechtsextremismus

I.

Mein Beitrag setzt an der Beobachtung an, daß rechtsextremes Handeln in der deutschen Sozialwissenschaft so gut wie nie als Fall sozialer Abweichung angesehen wird. Dies betrifft auch die Bedingungs- und Motivationsseite, weit mehr aber noch den Prozeß der Reaktion und Kontrolle. Die seit den 70er Jahren auch hierzulande populären Einsichten der interaktionistischen Devianzforschung mit der Betonung der Stabilisierungsfunktion negativer Sanktionen für den Verlauf gesellschaftlich abgelehnten Verhaltens bleiben im Bereich der Extremismusanalyse durchweg ungenutzt. Schon die Bezeichnung der öffentlichen Reaktion auf Rechtsextremismus mit den einschlägigen Kategorien der Devianz- und Randgruppensoziologie wie Stigmatisierung, Kontrolle, abweichende Karriere, Diskriminierung ist eher ungewöhnlich und bei der Aufzählung aktueller Randgruppen und Subkulturen finden (möglicherweise) marginalisierte Rechtsextreme keine Erwähnung. So ist es nur folgerichtig, daß empirische Untersuchungen zu den Folgen der politischen Grenzverletzung für die Lebensläufe rechtsextrem organisierter und auffälliger Personen mit der Analyse etwa von Identitäts- und Handlungschancenveränderung, der eventuellen Verfestigung abweichender Motivationen und Weltbilder und der Verewigung von Mitgliedschaften und Loyalitäten nicht unternommen werden. Zur Einschätzung von Wirkungsfragen genügen der Forschung bislang Daten über die rückläufig gewünschte Entwicklung von Organisation, Einfluß, Beachtung, Aktivität und Wählergunst;in diesem Sinne zeigt der devianztheoretisch ganz zwiespältige Rückzug harter Rechtsextremer auf ein isoliertes Leben in sektenähnlichen Gemeinschaften erfolgreiche Bekämpfung an, sofern sich die jeweiligen Partei- und Szenenüberbleibsel nur gesetzeskonform verhalten.

Der regelmäßige Verzicht auf die Analyse des rechten Extremismus aus der Perspektive der neueren Devianz- und Stigmatheorie muß nun nicht weiter stören und erst recht nicht betroffen machen, ich halte ihn aber für zumindest interessant und darüber hinaus auch für erklärungswürdig. Auf keinen

Fall nämlich versteht er sich von den zu interpretierenden Vorgängen her von selbst.

So gibt es zum einen vielversprechende Beispiele dafür, daß auch oder sogar gerade politischer Radikalismus als soziale Abweichung interpretierbar ist, und es liegen deutliche Hinweise dafür vor, daß er sich in engem Zusammenhang mit der staatlichen Reaktion entwickelt, genauer, daß repressives Handeln ihn eher verstärkt als verhindert.Verwiesen sei hier auf den programmatischen Aufsatz von Horowitz und Liebowitz (1972), auf die Weathermen-Analyse von Paul Walton (1973) und vor allem auch auf die devianztheoretisch inspirierten Studien zum deutschen Terrorismus von Sack/ Steinert (1984) und Karstedt-Henke (1980) - alles Arbeiten, die leider wenig Nachahmung erlangt haben.

Es gibt zum zweiten zumindest in den sozial- und/oder institutionenkritisch eingestimmten Teilen der Sozialwissenschaft eher einen Trend dahin, jedwede öffentliche Zuschreibung von devianten Handlungen und Eigenschaften auch als nachweisbaren Fall von Stigmatisierung oder zumindest stark generalisierungsträchtig einzuschätzen und mit der Stigmakategorie alles andere als zurückhaltend umzugehen.

Es finden sich zum dritten in der aktuellen Rechtsextremismusforschung Äußerungen prominenter Autoren, die zu erkennen geben, daß man unterhalb der Schwelle begrifflich-theoretischer Überlegungen natürlich von dem Faktum Ausgrenzung und gelegentlich auch von seinen Folgeproblemen weiß. Dazu einige Beispiele: Wolfgang Kowalsky (1992: 47ff.) äußert in einem kritischen Überblick über die verschiedenen Abwehrstrategien gegen den Rechtsextremismus die Befürchtung, mit der „Ausgrenzung und Ächtung von als unkurierbar gedachten Rechtsextremisten" (62), die er an anderer Stelle auch Stigmatisierung nennt, werde eher harter Neonazismus produziert.

Eike Hennig spricht in seiner Studie über die Republikaner (1991) kurz von der Barriere der Stigmatisierung, die zu vermeiden bzw. zu überspringen seiner Meinung nach ein fortwährendes Problem der rechtsextremen Parteien darstelle.

In einem gerade erschienenen Beitrag über die Reaktion des etablierten Parteiensystems auf die rechtsextremistische Herausforderung unterscheidet der Politologe Eckart Wiesendahl (1994) zwischen Schließung und Öffnung als den gängigen Umgangsformen. Dabei rechnet er zur organisationspolitischen Schließung vor allem den „strikten Kontakt - und Kooperationsbann, mit dem die etablierten Kräfte sie (die Rechtsextremen, F.S.) wie Parias behandeln und aus dem Politikbereich auszugrenzen versuchen" (: 129).

Schließlich konstatiert auch der derzeitige Champion unter den sozialwissenschaftlichen Fremdenfeindlichkeit-und-Gewalt-Forschern W. Heitmeyer eine staatliche Umdeutung des Extremismusproblems auch in Richtung Personalisierung und Pathologisierung (1994: 11ff.) - Prozesse, die sich mit dem Stigmakonzept verbinden lassen.

Bei diesen und noch anderen Thematisierungen der Aus- und Abgrenzung von Rechtsextremisten richtet sich das Interesse zumeist auf die politische Wirksamkeit der gewählten Reaktionsformen. Sofern diese als rechtsradikal beeinflußte Jugendliche gelten, zeigt sich freilich auch Besorgnis über deren Entwicklung - eine Anteilnahme, die anderen Autoren schon wieder zu weit geht und als Verwischung des Täter-Opfer-Kontrastes empfunden wird.

Ein letzter Punkt gibt zu denken. In der tagespolitischen Auseinandersetzung wird mit hoher Selbstverständlichkeit und schon routinemäßig für die Ausgrenzung, ja Ächtung des Rechtsextremismus und seiner Vertreter plädiert, der rechtsextreme Funktionär verachtet und der rechtsextrem Wählende zumindest beschämt. Daß sich die für effiziente Extremismusbekämpfung eintretenden demokratischen Politiker, Verfassungsschützer oder Medienmacher nicht weiter darum sorgen, was die gewünschte Ausgrenzung für sozialen Status und psychische Befindlichkeit der Gebannten bedeutet, ist wohl legitim. Zu überlegen bleibt aber, was die sozialwissenschaftlichen Interpreten des politischen Geschehens davon abhält, die öffentliche Geringschätzung des rechten Radikalismus wenigstens versuchsweise als Prozeß der Stigmabildung und -durchsetzung zu beschreiben. Warum sollte nur im Fall der Reaktion auf Rechtsextremismus soziale Kontrolle ausschließlich gut und von unintendierten Auswirkungen frei sein?

II.

Was ist es nun, was der Soziologie des demokratischen Rechtsstaats Grund gibt, in den organisierten Rechtsextremisten keine stigmatisierte Personengruppe zu sehen und stattdessen nur Entstehungsbedingungen und Tatmotive zu klären?

Am nächstliegenden ist, anzunehmen, daß die gesellschaftliche Reaktion auf rechtsextremes Handeln die Merkmale von und für Stigmatisierung doch nicht erfüllt, von daher dieses Konzept keinen analytischen Nutzen bringen würde. Zwar läßt sich sicher nicht die Einschätzung rechtsextremen Engagements als störende Abweichung bestreiten, aber sie könnte ja eindeutig selbstgewollt oder nur als das dargestellt sein, was sie wirklich ist, um mal zwei Argumente für eine Unangemessenheit der Stigmakategorie zu nennen.

Ich werde gleich zu prüfen versuchen, ob der gegenwärtige Umgang mit Rechtsextremisten im Sinne der Stigmatheorie ein Stigmatisierungsprozeß ist oder nicht. Dies müßte auf einer begrifflichen Ebene möglich sein, wenngleich sich ja über Forschungsergebnisse über Ausgrenzungsverläufe und -folgen nicht verfügen läßt. Sollte sich nun aber zeigen, daß der in Frage stehende Zuschreibungsvorgang nur insofern anders als die soziologisch anerkannten ist als es über die Legitimität oder gar Notwendigkeit des Ausschlusses weithin Konsens gibt, er also kein soziales Problem markiert, dann wären die Gründe für die Stigma-Abstinenz anderswo zu suchen.

In den Blick treten dann Handlungsmotive, die auf das Selbstverständnis der Soziologie und ihre politische Funktion verweisen. Soziologen wollen Bewertungsprozesse wahrscheinlich dann nicht als Stigmatisierung fassen, wenn sie die Betroffenen nicht auch in einer Opferposition sehen, Leiden und Diskriminierungsfolgen erkennen und mit deren Nachweis auch eine praktische Absicht verfolgen. Das heißt, hinter der Einführung und vor allem der Anwendung des Konzepts Stigmatisierung stehen, wenngleich unausgesprochen, Verständnis für bis hin zur Identifikation mit Außensertertum und ein Interesse nicht nur an umfassender Erkenntnis, sondern auch an Kritik und Veränderung. An dieser Absicht, die Situation Ausgegrenzter als problematisch bekannt zu machen, fehlt es im Falle des Rechtsextremismus völlig. Den Randgruppen-Soziologen liegt hier jede Solidarität mit dem Underdog fern, ihre außerwissenschaftliche Haltung gegenüber (erwachsenen) rechten Extremisten dürfte vielmehr von Abneigung, Distanz, Bedrohtheit, Verachtung geprägt sein.

Wäre der Unwille, den „guten" Stigmabegriff für Unanständiges, Verachtenswertes heranzuziehen, nun noch nicht Motiv genug, ihn den Rechten auch deskriptiv vorzuenthalten, gäbe es zusätzlich eindeutig politische Verzichtgründe. In Zeiten des geforderten Zusammenstehens gegen Demokratiefeinde, des Kontakt- und Beachtungsverbotes zumindest in der Öffentlichkeit mag es auch für die Soziologie fast schon eine Pflicht zur Neutralitätsverletzung geben, ist darüber hinaus ein Druck spürbar, Achtungsentzug nicht zu beschreiben, sondern selbst zur Diskreditierung beizutragen. Die Frage nach dem Gesagten ist also, kann die Soziologie der Abweichung die Ausgrenzung Rechtsextremer nicht Stigmatisierung nennen, will sie es nicht oder darf sie es nicht?

III.

Die Konzepte Stigma und Stigmatisierung sind seit mindestens zwei Jahrzehnten in der Soziologie abweichenden Verhaltens und sozialer Kontrolle einschlägig. Besonders bewährt haben sie sich augenscheinlich bei der Erforschung der Lebenslage einzelner Randgruppen wie der Behinderten, der Obdachlosen und der Straffälligen. Erving Goffman, der eigentliche soziologische Erfinder der Begriffe, hat sie in den Zusammenhang der Interaktion zwischen potentiell Auffälligen und ihrer Umwelt gestellt und vor allem untersucht, wie diese Personen Identitätskonflikte durch Formen von Spannungsmanagement und Informationskontrolle zu bewältigen versuchen (Goffman 1967). Für Goffman sind Stigmata individuelle Merkmale, auf die gesellschaftlich mit Diskreditierung reagiert wird. Von den drei Typen von Stigmata, zwischen denen er unterscheidet, ist ein Typ für uns ganz interessant. Es handelt sich um als „Willensschwäche, beherrschende oder unnatürliche Leidenschaften, tückische und starre Meinungen und Unehrenhaftigkeit" (Goffman 1967: 13) wahrgenommene Charakterfehler. Sie können nach Goffman auch aus radikalem politischen Verhalten hergeleitet werden.

Thematisiert Goffman vor allem den individuellen Umgang Betroffener mit Stigmaeffekten, konzentrieren sich nachfolgende Autoren auf den Vorgang der Ausgrenzung des Normverletzers. Stigmatisierung gilt hier als die entscheidende Bedingung für den Umschlag von primärer zu sekundärer Devianz, d.h. von einem eher unproblematischen Regelverstoß zu stabilisierter, den sozialen Status und die innere Verfassung des jeweiligen Akteurs weitgehend verändernder Abweichung. Dabei ist es unerheblich bzw. sind es nur für die gesellschaftliche Reaktion zählende Umstände, was die abweichende Person zu ihrem Handeln bewegt, wie oft und wie lange sie abweicht und welcher Bedeutung die verletzten Normalitätsvorstellungen sind. Prominent vertreten ist diese Position durch Edwin M. Lemert. Ihn interessieren, so sagt er, die „Prozesse, die das Stigma schaffen, aufrechterhalten und intensivieren" (Lemert 1975: 434) und zur Wiederholung von Abweichung führen. Stigmatisierung definiert Lemert als den Vorgang „in dem bestimmte Personen sichtbar als moralisch minderwertig gebrandmarkt werden, wie etwa durch gehässige Bezeichnungen und Bewertungen oder durch öffentlich verbreitete Informationen" (1975: 436).

Die von den frühen labeling-Theoretikern wie Lemert nur benannten politisch-gesellschaftlichen Aspekte von Stigmatisierung sind von anderen mehr makrosoziologisch orientierten Autoren analysiert worden. Insbesondere E.M. Schur öffnet sich für die Frage der Entstehung und Durchsetzung von öffentlichen Stereotypen über Abweichung und Abweichler. Er beschreibt

Stigmabildung als einen Prozeß, der von heftigen Konflikten um die angemessene Definition auffälligen Verhaltens geprägt ist und in dem die letztlich Stigmatisierten den Stigmatisierern einfach an Macht unterlegen sind (Schur 1980). Dieses Ungleichheitsverhältnis kann sich freilich wandeln und damit auch das zuvor Illegitime zum Legitimen aufsteigen.

In der deutschen Sozialwissenschaft wird das Stigmatisierungskonzept zwar im Anschluß an die nordamerikanische Diskussion, aber doch mit einigen Besonderheiten verwandt. So bezeichnet Jürgen Hohmeier in einem einflußreichen Beitrag Stigmata als einen Sonderfall des sozialen Vorurteils, mit dem bestimmte Personen oder Gruppen negative Eigenschaften zugeschrieben werden (Hohmeier 1975: 7). Dieser Versuch einer Kontaktnahme mit dem klassischen Vorurteilsbegriff ist freilich recht mißverständlich. Die interaktionistische Stigmaforschung beruht nämlich eher auf einem Bruch mit der traditionell objektivistischen Vorurteilsanalyse, insofern sie verläßliche Erkennbarkeit der Wirklichkeit von außen und damit die sichere Chance der Unterscheidung richtiger und falscher Feststellungen über Merkmale von Personen bestreitet. In diesem Sinne genügt es, Stigmata als negative Urteile zu verstehen und müssen die Fragen, ob sie auch unwahr oder verzerrt genug und immun gegenüber Erfahrung sind, nicht vorab bejaht werden. Auch in Hohmeiers begrifflichen Überlegungen wird deutlich, daß - unabhängig von ihrer jeweiligen Realitätsbasis - allein zählt, daß negative Zuschreibungen vorliegen. Die Übereinstimmung von Stigmata mit Vorurteilen besteht wohl nur in der logischen Struktur. Hier wie dort finden sich kognitive Aussagen über Eigenschaften der bezeichneten Personen oder Gruppen, dann Bewertungen dieser Eigenschaften und schließlich Anweisungen dafür, wie mit ihnen umgegangen werden soll.

In einem zweiten Punkt noch weicht Hohmeier und mit ihm ein Teil der deutschen Stigma-Interpreten (vgl. u.a. Frey 1983) von den Ideen Goffmans und Lemerts ab. Stigmatisierung wird nicht mehr als der Vorgang des Brandmarkens selbst verstanden, sondern als das verbale oder auch nonverbale Verhalten, welches sich gegen bereits negativ bezeichnete Personen richtet. In dieser Frage gibt es überhaupt noch viel Unklarheit. Ist Stigmatisierung Definition oder Verhalten, meint sie Erzeugung von Stereotypen über Außenseiter, die Subsumtion von Personen unter ein vorhandenes Stigma oder schon ihre konkrete Identifizierung in der sozialen Interaktion; schließlich, wie ist das Verhältnis von Stigmatisierung zu sozialer Kontrolle, Kriminalisierung, Diskriminierung, Ausgrenzung; umfaßt sie all diese Prozesse, ist sie im Gegenteil nur eine Variante von ihnen oder hat sie als reiner Bewertungsvorgang Sanktionierungsprozesse erst zur Folge?

Diese Unsicherheiten sind wohl ein Produkt der raschen Expansion der Stigmatheorie, bei der Begriffsklärung mit dem Tempo immer neuer Anwendungen nicht Schritt halten konnte. Sie lassen sich hier nicht auflösen, ich will sie aber in meinem Begriffsvorschlag ein wenig neutralisieren.

Ob Rechtsextreme als stigmatisiert zu gelten haben oder nicht, wird auf der folgenden Grundlage beurteilt:

1. Stigmata sind in Gesellschaften in Umlauf befindliche Wissensbestände über Personen und Personengruppen, von denen angenommen wird, von den gerade geltenden Normalitätsvorstellungen in einer nicht mehr tolerierbaren, persönlich anzulastenden Weise abzuweichen. Diese Bündel von Normen, Informationen und Urteilen sind zumeist über einen langen Zeitraum entstanden, sind relativ konstant und den meisten Gesellschaftsmitgliedern bekannt. Ihre Übernahme ist üblich und an keine besondere Entscheidung gebunden. Sie lassen sich als Strategie der jeweiligen Mehrheit zur Absicherung von Machtpositionen und Interessenlagen deuten (Karstedt 1975), entspringen gewiß auch individuellen Unsicherheits- und Bedrohtheitsgefühlen angesichts tiefgreifender Wandlungsprozesse

2. Stigmata enthalten zunächst einmal negative Einschätzungen eines Merkmals oder Verhaltens, seiner Gründe und seiner Wirkungen. Diese Definitionen treten in Form von Stereotypen und Klischees auf und machen eine differenziertere und möglicherweise positive Sicht unmöglich. Sie schreiben zusätzlich diskreditierende Eigenschaften zu, die mit der abgelehnten Sache nicht zwingend verbunden sind.

3. Als Stigmatisierung bezeichne ich die Übertragung eines gesellschaftlich entwickelten Stigmas auf eine Personengruppe (kollektives Stigma) oder seltener eine Person (individuelles Stigma). Im Rahmen dieses Vorgangs wird entschieden, daß bestimmte Personen die negativ bewerteten Merkmale aufweisen oder repräsentieren. Sie werden zu einer Kategorie zusammengefaßt und in gleicher oder ähnlicher Art typisiert. Diese Typisierung ist wiederum stark verallgemeinernd, d.h. von den kategorisierten Personen wird vermutet, daß sie über die ihnen gemeinsame Auffälligkeit hinaus jeweils noch andere negative Merkmale besitzen.

4. Mit der und durch die Stigmatisierung einer Personenkategorie stellt sich soziale Distanz im Sinne von Interaktionsverweigerung her. Diese kann sich zu Abgrenzungs- und Diskriminierungsbereitschaft verstärken und ein Verlangen nach behördlicher Intervention oder zusätzlichen Kontrollmaßnahmen hervorrufen.

5. Ob Individuen, die sich einer stigmatisierten Gruppe zurechnen lassen, nun auch im sozialen Geschehen als Stigmaträger identifiziert werden, ist zunächst offen. Es muß im Sinne von L. Vaskovics (1978) zwischen der strukturellen Ausgrenzung von negativ typisierten Personenkategorien und der Besetzung der als randständig ausgewiesenen Positionen durch einzelne Personen unterschieden werden. Diskreditierbare Personen werden jeweils für sich stigmatisiert und in den etablierten Abweichlerstatus eingewiesen, wenn sie mit ihrer Normverletzung hinreichend auffallen, d.h. trotz aller Verheimlichungs- und Täuschungsversuche erkannt werden, sich öffentlich exponieren oder sogar beim Regelverstoß ertappt werden. Mit ihrer Identifizierung ändert sich das Verhältnis der Umwelt ihnen gegenüber. Ihr Auftreten wird fortan im Sinne des Stigmas interpretiert, negative Annahmen und Urteile begleiten ihre Aktivität, der persönliche Aufwand für die Stigma-Abwehr wird größer, Ausschluß, Rollenverlust und sonstige Nachteile sind nicht unwahrscheinlich, die persönliche Identität ist bedroht, die zugeschriebene Abweichung kann sich zur Lebensform entwickeln.

IV.

Wie verhält es sich nun mit den Rechtsextremisten in der BRD (gemeint sind jetzt nur die vielleicht 80.000-100.000 in Parteien und sonstigen Zusammenschlüssen organisierten, nicht Personen mit Einstellungen, die von Forschern für autoritär oder sonstiges gehalten werden, nicht ohne politisches Motiv fremdenfeindlich Agierende, nicht Wähler, die ihre Ressentiments in der Wahlentscheidung und vielleicht nur dort ausdrücken), inwieweit läßt sich die ihnen gegenüber übliche Einschätzung als Stigmatisierung beschreiben?

1. Zweifellos gilt Rechtsextremismus, sofern er sich organisiert und öffentlich präsentiert, als klarer Fall von (politischer) Abweichung. Verstoßen wird zwar nicht gegen die für Ausgrenzung sonst zentralen Normen des Leistungsverhaltens, des Aussehens, der Reproduktion und Kommunikation, auch nicht prinzipiell gegen solche des Strafrechts, sondern nur gegen Vorstellungen von legitimer politischer Gesinnung. Dieser Korrektheitsverstoß begründet aber eine der schwersten Abweichungen, über deren Verdammungswürdigkeit öffentlich eine Einigkeit, wie vielleicht nur bei Kapitalverbrechen, besteht. Extremismus erscheint als gewolltes, persönlich anzulastendes, unverzeihliches Handeln; als gefährliche, schwer kontrollierbare, potentiell verführbare Personenkreise leicht an-

steckende Abweichung; weiter als irrationale, gewaltträchtige, desintegrierende, unklare Verhältnisse stiftende, die Gesamtgesellschaft beschämende (international bloßstellende) Art von Normbruch. Er stellt in der BRD offenkundig ein großes Ärgernis dar, welches man sich permanent wegwünscht und mit aller Macht einzudämmen sucht. Seine Bewertung und die seiner Vertreter ist so eindeutig und stark negativ, die Urteile sind so pauschal und so unumstößlich, daß zu dem sonst Stigma Genannten vielleicht schon nichts mehr fehlt.

2. Die negative Definition des Rechtsextremismus beinhaltet mehr als nur die Feststellung einer nonkonformen Position im Sinn einer politischen Verortung. Von den Überzeugungen, Haltungen und Forderungen des rechten Extremismus wird angenommen, daß sie antidemokratisch, verfassungsfeindlich, nicht nur am Rande der Legalität, sondern tendenziell illegal, faschistisch, rassistisch, militant seien. Mit der öffentlichen Identifizierung einer politischen Gesinnung als rechtsextrem ist diese auch vollständig diskreditiert, anrüchig, ein Risiko für diejenigen, die sie haben und äußern. Eine Chance auf erfolgreiche Gegenwehr gibt es, wenn Gesinnung und organisatorische Zugehörigkeit auseinanderfallen, jemand etwa für rechtsextrem Gehaltenes äußert, aber in einer etablierten Partei engagiert ist. Wird aber eine außerhalb des konventionellen Organisationsspektrums befindliche, neu auftretende oder abgefallene Gruppierung als rechtsextrem bewertet, bedeutet dies eine endgültige Standortzuweisung mit all seinen Zusatzannahmen. Alle Legitimations- und Abgenzungsaktivitäten, alle vorgezeigten Konformitäts- und Opportunitätsbeweise können daran nichts ändern, gelten eher als Anzeichen besonderer Gefährlichkeit oder indirektes Schuldbekenntnis.

3. Die negative Bewertung der rechten Extremisten ist ein offener und öffentlicher Vorgang. Er erfolgt bei jeder sich bietenden Gelegenheit, gilt als angemessen und sogar vonnöten, stößt nur bei den Betroffenen nicht auf Zustimmung. Je nach Prominenz des Beurteilers und der Bedeutung des aktuellen Bewertungsanlasses nehmen das ganze Land, eine Stadt, eine Institution an ihm teil. Inzwischen hat sich die situationsspezifische Bewertung auf dem Hintergrund der generell gültigen Urteilsregeln längst standardisiert. Es steht einfach fest: über rechtsextreme Akteure ist, solange es geht, distanziert zu schweigen; ihre unvermeidbaren Worte läßt man disqualifizierend wirken; über die Tatsache ihres politischen Auftretens ist man spürbar unangenehm berührt; über die Auswirkungen ihres Tuns äußert man sich besorgt; über ihr Scheitern befriedigt; über etwaige (Wahl-) Erfolge entsetzt, über ihre Gegenwart in öffentlichen Situationen ist man

zunächst empört, dann aber bereit zur nötigen Abwertung und Abrechnung.

4. Zur öffentlichen Definition einzelner Rechtsextremer oder abgrenzbarer Gruppen von Rechtsextremen gehört zunächst der Prozeß des Verbindens von Ideologie, Organisation und Person. Darüber hinaus werden aber den als Repräsentanten der generellen Extremismusmerkmale Erkannten weitere negative Urteile zuteil. Es heißt von ihnen ziemlich gleichmäßig, sie seien für erlangte politische Funktionen unqualifiziert, unfähig oder zu faul zur Gremienarbeit, zum illegitimen Gebrauch ihrer Mandate und Gelder neigend, im Umgang miteinander querulatorisch, rücksichtslos, in ständigem Streit und konfliktunfähig, in der Außendarstellung unsachlich, lügnerisch, aufhetzend, demagogisch. Der rechtsextreme Politiker gilt als jemand mit sowohl unredlicher, wahnhafter Gesinnung als auch mit eklatanten charakterlichen Mängeln und nachweisbaren Kompetenzdefiziten, also geradezu als Gegentypus zum anerkannten demokratischen Politiker. Ist er bekannt genug, mag sich diese Beurteilung zu einem persönlichen Stigma fortentwickeln.

5. Die negative Bewertung der Rechtsextremisten beschränkt sich nicht auf Urteile und Stellungnahmen, sie regelt im Sinne eines entwickelten Stigmas auch die politische Beziehung zu ihnen. Es ist für konforme Organisationen und ihre Vertreter geboten, zu Rechtsextremisten ein ausschließlich negatives Verhältnis einzugehen. Dazu gehört, ihnen die Legitimität unablässig zu bestreiten, Respekt grundsätzlich zu verweigern, persönliche Integrität auszuschließen. Kontakt und Kooperation mit ihnen sollen auf keinen Fall stattfinden, auch nur informelle Beziehungen bringen sicher in ein schlechtes Licht. Bezugnahmen geschehen immer so, daß sie als Nicht-Beziehung ausgewiesen sind, d.h. ihr Beitrag zum Handlungsziel Isolierung erkennbar ist. Auf ungewollte, peinliche Begegnungen und Übereinstimmungen setzt zusätzliches Distanzierungsbemühen ein.

6. Die negative Definition der Rechtsextremisten könnte nun eine sein, die sich auf den politischen Raum beschränkt oder, anders ausgedrückt, die politische Abweichung müßte nicht unbedingt gesellschaftliche Ausgrenzung zur Folge haben. Ob eine solche Ausweitung in der Regel geschieht und wie sie sich im einzelnen äußert, läßt sich mangels empirischer Befunde nicht verläßlich klären. Was allerdings für eine solche übergreifende Devianz spricht, sind die Entschiedenheit, mit welcher aus politischer Radikalität auf allgemeine Persönlichkeitsmängel geschlossen und auch der besonders große Eifer, mit dem extremistisches Engagement bekannt gemacht wird. Andererseits ist Rechtsextremismus kein äußerlich erkenn-

barer Makel, und so gibt es zunächst einmal Chancen, im außerpolitischen
Kontext nicht als Extremist bewertet zu werden. Inwieweit es gelingt, der
drohenden Diskreditierung zu entgehen, hängt davon ab, ob der Bedrohte
es überhaupt will - sich also nicht allerorten politisch mitteilt. Auch wenn
er es will, dürfte die Auffälligkeit bei regelmäßiger politischer Aktivität
und dem eigentlich ja gewünschten Erwerb öffentlicher Beachtung immer
wahrscheinlicher werden. Was sie für den einzelnen bedeutet, ergibt sich
vor allem aus der Haltung seines privaten und beruflichen Umfelds. In einer besonders sanktionierbaren Lage befinden sich Extremisten mit her-
ausgehobenem Berufsstatus, speziell im öffentlichen Dienst. Von daher ist
Rechtsextremismus eine Handlungsform, die sich eher für Personen mit
relativ geringer sozialer Reputation eignet. Andererseits läßt die Rekrutierung eben solcher Personen rechtsextreme Gruppierungen als unfähig zu
qualifizierter politischer Arbeit erscheinen.

V.

Das bis hierher Gesagte stützt die Vermutung, daß die herkömmliche Art
der Einschätzung des Rechtsextremismus und seiner Vertreter mit der Kategorie Stigmatisierung angemessen beschrieben wäre. Dennoch macht es aber
wenig Sinn, eine solche Herangehensweise gegen den stillschweigenden
Widerstand der Sozialwissenschaft und ihrer Bezugsgruppen fordern zu
wollen. Offenkundig gibt es die schon vermuteten politischen Gründe dafür,
die Ausgrenzung rechter Extremisten, jedenfalls der erwachsenen, auf keinen Fall in eine kritische Perspektive zu rücken. Die Vergabe des Stigmabe-
griffs bringt die jeweils Betroffenen in den Vorzug eines soziologisch anerkannten Opferstatus. Genau dieser soll und darf den Rechtsextremisten in
der BRD nicht zugestanden werden.

Wenn nun die Umstände und Folgen der sozialen Reaktion auf Rechtsextremismus nicht mit den Konzepten der Stigmatheorie zu erfassen sind,
bleibt doch ein Interesse an ihrer Analyse. Auch in diesem besonderen Fall
kann sich die Soziologie sozialer Probleme nicht darauf beschränken, selbst
Instanz der Diskreditierung zu sein. Vielleicht läßt sich der gesellschaftliche
Umgang mit dem Rechtsextremismus mit einer hinreichenden Distanz beschreiben, wenn wir eine begriffliche Alternative finden. Ich möchte an
dieser Stelle einen Beitrag dazu leisten und für eine soziologische Nutzung
bzw. Formulierung des Terminus Ächtung plädieren. Mit diesem Begriff
läßt sich auch in politischer Hinsicht ziemlich risikolos arbeiten. Ächtung
ist ja das, was öffentlich als die angemessene Haltung zum Rechtsextremis-

mus gilt, von ihr zu sprechen, bringt auf ein sicheres Terrain und läßt Zeit und Abstand für begriffliche Überlegungen.

Mit Ächtung möchte ich einen bestimmten Typus von Prozessen der gesellschaftlichen Ausgrenzung bezeichnen. Für diese - im demokratischen Rechtsstaat seltenen - Vorgänge treffen die folgenden Merkmale zu: Sie sind eine für gänzlich unakzeptable Fälle von Abweichung reservierte Form der Ausgrenzung. Sie stellen zweitens eine innergesellschaftlich völlig unstrittige Diskreditierung dar, die offen begründet und gefordert wird, an welcher sich alle Gesellschaftsmitglieder nach Kräften beteiligen sollen, die von staatlichen Instanzen abgestützt wird, deren Mitverbreitung unter Umständen sogar auferlegt wird. Eine Personengruppe zu ächten bedeutet, sie hat nach übereinstimmendem öffentlichen Urteil jedes Verständnis für ihr Tun und jede Rücksichtnahme auf ihre Lebensumstände verwirkt. Die Geächteten sollen ohne Verteidigung und Anteilnahme bleiben, ihnen gebührt kein öffentliches Mitgefühl. Ächtung ist eine Form sozialer Ausgrenzung, die wirklich gelingen soll, die als eingespielte Reaktion auf Normverletzung unter Umständen auch geltende Normen übertreten darf. Ihre Auswirkungen auf die Betroffenen sollen erklärtermaßen negativ sein, sie entmutigen, beschämen und isolieren, sie so gründlich an den Rand des gesellschaftlichen Lebens drängen, daß die abweichende Aktivität, sofern sie doch noch fortgeführt wird, unbemerkt bleibt. Die moderne Form von Ächtung verläßt sich auf die Geltung des öffentlichen Urteils und mehr oder minder informelle Sanktionsmuster. Sie benötigt keine isolierenden Einrichtungen und verzichtet auf physische Bestrafung.

Ein letztes: Der Begriff Ächtung steht hier für unaufhebbare Prozesse, d.h., jedenfalls im Regelfall ist die Wiederaufnahme der einmal Ausgeschlossenen in die gesellschaftliche Mitte nicht vorgesehen. Jedenfalls der Handlungsbereich, in welchem sie ihre unverzeihlichen Verstöße begangen haben, bleibt ihnen für immer verschlossen. Mögen sie durch Bedeutungslosigkeit oder Auflösung ihrer Gruppierung oder durch die Trennung von ihr auch faktisch aus dem Status Gebannter heraustreten, so können sie doch mit keiner formellen Reintegration geschweige denn Rehabilitierung rechnen.

Soviel an ersten Überlegungen zur Fundierung des Begriffs Ächtung. Es muß sich noch erweisen, ob daraus einmal ein tragfähiges und inspirierendes Konzept zur Interpretation politischer Devianz werden kann. Seine Weiterentwicklung lohnt sich zunächst dann, wenn es weiterhin Fälle von Ausgrenzung gibt, die auch einer kontrollkritischen Soziologie angemessen erscheinen. Darüber hinaus könnte es aber auch Sinn machen, unabhängig von politischen Erfordernissen grundsätzlich zwischen Stigmatisierung und Ächtung als sozial unterschiedlich bewerteten Formen der Reaktion auf Abweichung zu differenzieren.

Literatur

Frey, H. P., 1983: Stigma und Identität. Weinheim-Basel: Beltz.

Goffman, E., 1967: Stigma. Über Techniken der Bewältigung beschädigter Identität, Frankfurt/M.: Suhrkamp.

Heitmeyer, W., 1994: Einleitung: Der Blick auf die „Mitte" der Gesellschaft. S.11-26 in: *ders.* (Hrsg.): Das Gewalt-Dilemma. Gesellschaftliche Reaktionen auf fremdenfeindliche Gewalt und Rechtsextremismus. Frankfurt/M.: Suhrkamp.

Hennig, E., 1991: Die Republikaner im Schatten Deutschlands. Frankfurt/M.: Suhrkamp.

Hohmeier, J., 1975: Stigmatisierung als sozialer Definitionsprozeß. S.5-24 in: *Brusten, M./ Hohmeier, J.* (Hrsg.): Stigmatisierung. Zur Produktion gesellschaftlicher Randgruppen. Bd.1. Darmstadt-Neuwied: Luchterhand.

Horowitz, I.L./Liebowitz, M., 1972: Soziale Abweichung und politische Marginalität. Ansätze zu einer Neudefinition der Beziehung zwischen Soziologie und Politik. S. 166-200 in: *Heinz, W.R./Schöber, P.* (Hrsg.): Theorien kollektiven Verhaltens. Darmstadt-Neuwied: Luchterhand.

Karstedt-Henke, S., 1980: Theorien zur Erklärung terroristischer Bewegungen. S. 169.- 237 in: *Blankenburg, E.* (Hrsg.): Die Politik der inneren Sicherheit.Frankfurt/M.: Suhrkamp.

Kowalsky, W., 1992: Rechtsaußen...und die verfehlten Strategien der deutschen Linken. Frankfurt/M.-Berlin: Ullstein.

Lemert, E. M., 1975: Der Begriff der sekundären Devianz. S.433-476 in: *Lüderssen, K./Sack, F.* (Hrsg.): Seminar: Abweichendes Verhalten I. Frankfurt/M.: Suhrkamp.

Sack, F./Steinert,H., 1984: Protest und Reaktion. Opladen: Westdeutscher Verlag.

Schur, E. M., 1980: The Politics of Deviance. Stigma Contests and the Uses of Power. Englewood Cliffs, N.J.: Prentice Hall.

Vaskovics, L., 1978: Zu Theorien der Randgruppenbildung. Arbeitspapier zur Tagung der Sektion „Soziale Probleme und soziale Kontrolle" der Deutschen Gesellschaft für Soziologie vom 20.- 22.10. 1978 in Bremen.

Walton, P., 1973: The Case of the Weathermen: Social Reaction and Radical Commitment. S. 157-181 in: *Taylor, I./Taylor, L.* (Hrsg.): Politics and Deviance. Harmondsworth: Penguin Books.

Hans W. Giessen

Der Mythos vom Strohfeuer

Poptexte belegen eine fast 15jährige Tradition des neuen Rechtsextremismus

I.

Die Krawalle und Morde in Deutschland mit rechtsradikalem Hintergrund, mithin der ‚neue' Rechtsextremismus, ist kein plötzliches Strohfeuer, sondern hat sich schon lange angekündigt. Weil er als offenbar unorganisierte, unkontrollierte und deshalb unkontrollierbare soziale Bewegung entstanden ist, wurde er übersehen, bis es zu spät war. Die das Glimmen übersehen haben (oder übersehen wollten) sind nun überrascht und ratlos. Sie verbreiten deshalb den Mythos des unerwarteten, plötzlichen Aufflammens seit und durch die deutsche Wiedervereinigung. Aber ein solcher ‚Mythos vom Strohfeuer' ist gefährlich, da er falsche Spuren legt und so einer tatsächlichen Auseinandersetzung im Weg steht.

Dagegen lauten die hier vertretenen Behauptungen:

1. Der ‚neue' Rechtsextremismus unterscheidet sich vom ‚alten' unter anderem durch Lebensstile und kulturelle Ausdrucksformen. Dazu gehört unter anderem, daß die 'neuen' Rechtsextremen Pop-Rezipienten sind, mithin einer Kulturform huldigen, die von den ‚alten' Rechtsextremen noch als ‚Negermusik' diskreditiert wurde, die aber mittlerweile zu einer charakteristischen Kulturäußerung und -form Jugendlicher in der Bundesrepublik Deutschland avanciert ist.

2. Dieser Sachverhalt deutet bereits darauf hin, daß der ‚neue' Rechtsextremismus zahlreiche Elemente aufweist, die auch für andere Jugendkulturen und rezente soziale Bewegungen typisch sind, unter anderem eben die Art und Weise der Mediennutzung. Poptexte sind eine wichtige kulturelle Ausdrucksform des ‚neuen' Rechtsextremismus; er kann daher anhand von Poptexten beschrieben und teilweise erklärt werden.

Im folgenden wird eine solche Beschreibung versucht. Poptexte sind dabei eine häufig unterschätzte Quelle, um das Erscheinungbild und ihre Entwicklung des ‚neuen Rechtsextremismus' zu beschreiben. Das Ergebnis dieser Untersuchung ist, daß sich der neue Rechtsextremismus seit rund 15 Jahren in der populären Kultur angekündigt hat - die populäre Kultur hat diesbezüglich also eine Indikatorenfunktion. Im übrigen haben bereits damals Musikwissenschaftler und Kritiker aus dem Bereich der populären Kultur wie der Jazz-Experte Joachim Ernst Behrendt vor der neuen Faschistoidität gewarnt - sein Aufsatz hatte den Titel: „Die neue Faschistoidität in Jazz, Rock und überall" (Behrendt 1977).

II.

Wenn tatsächlich ‚nur' die deutsche Wiedervereinigung und die durch sie verursachten Verwerfungen in den neuen Bundesländern der Grund für den 'neuen' Rechtsextremismus, für die Krawalle und Morde wären, müßten sie zunächst einmal auf die ‚neuen Länder' beschränkt geblieben sein. Sie haben zwar dort begonnen, sichtbar spätestens seit dem brutalen Mord an dem Angolaner Antonio Amadeu im Jahr 1990; aber sie haben sich so schnell auch im Westen ausgebreitet, daß spezifische Ost-Probleme nicht als tatsächliche Gründe angesehen werden können. Sozialanalytische Untersuchungen aus den neuen Ländern bestätigen im übrigen die Vermutung, daß die Wert- und Existenzkrisen seit der Wiedervereinigung - etwa Arbeitslosigkeit, Autoritätsverlust, Verlust statischer sozialer Strukturen - allenfalls Verstärker, aber keine Ursachen der rechtsradikal motivierten Krawalle und Morde sein können: Die Befragungen junger Rechter von Peter Förster und Walter Friedrich haben ergeben, daß sie „zufrieden mit ihrem Leben bzw. mit verschiedenenen Lebensfaktoren (einschließlich ihrer Eltern) [sind und] seltener unter Ängsten und Bedrohungen, auch weniger unter neurotischen Symptomen [leiden]" (Förster/Friedrich 1992: 8) als diejenigen, die sich links einordnen. - Vermutlich fanden die Rechtsradikalen nach dem Zusammenbruch der Deutschen Demokratischen Republik dort lediglich eine machtpolitische Situation vor, die ihrem Auftreten nichts entgegenstellen konnte: die Krise der Sicherheitskräfte, (falsche) Erklärungs- und Verständnisbemühungen durch Politiker (möglicherweise eine Folge von deren schlechtem Gewissen), auch die simple Verweigerung, sich dem Phänomen entgegenzustellen (aus Überlastung durch andere politische oder ökonomische Probleme oder aus Furcht, damit im Westen oder im Ausland weitere Ressentiments zu wecken).

Der ‚neue' Rechtsextremismus wird insofern als unterschiedlich zum ‚alten' verstanden, der sich auf Rechtsextreme bezieht, die in der Zeit des Nationalsozialismus aufgewachsen sind und sozialisiert wurden und dabei auch dahingehend geprägt wurden, daß sie an feste, häufig institutionalisierte Organisationsstrukturen glauben und diese unhinterfragt akzeptieren. Die Prägung der Jugendlichen, die hier zu den ‚neuen' Rechtsextremen gerechnet werden, ist dagegen weniger statisch, individualistischer, tendenziell ‚anarchischer'. Sie richtet sich gerade nicht an festen Formen aus, sondern strebt eine teilweise von den Massenkommunikationsmedien propagierte, auf individuelles ‚Vergnügen' gerichtete Lebensweise an und unterscheidet sich von anderen Lebensweisen (lediglich) dadurch, daß sie dieses ‚Vergnügen' überwiegend aus negativen (im Sinne von: gegen andere gerichtete) Handlungen bezieht.

Die massenmedialen Produkte, die von den ‚neuen' Rechtsextremen konsumiert werden, belegen die individualistisch-anarchische Tendenz.

Der Beleg könnte ebensogut beispielsweise anhand inhaltsanalytischer Untersuchungen von Spielfilmen erfolgen, in denen ein Held als Einzelkämpfer insofern faschistoid handelt, als er nicht nur alle Gegner, sondern alle ihn ‚störenden' Menschen deshalb ausmerzt, weil sie ihn stören, ihnen also ihre Existenzberechtigung bestreitet. Der Beleg läßt sich nun auch anhand von Poptexten führen, die zudem den für eine solche Untersuchung unschätzbaren Vorteil aufweisen, in der Regel aus der untersuchten ‚Szene' selbst stammen, da Produzenten wie Konsumenten in der Regel demselben Umfeld, derselben ‚Szene' angehören. Dies wird später exemplarisch am Beispiel der Gruppe ‚Die Böhsen Onkelz' gezeigt werden. Poptexte sind daher noch besser geeignet, Hinweise auf das Denken, die Lebensweise und die Entwicklung der ‚neuen' Rechtsextremen zu geben. Sie sind authentische, direkte Quellen, die inhaltsanalytisch, teilweise auch empirisch untersucht werden können.

Zudem kann der ‚neue' Rechtsextremismus teilweise sogar durch den Konsum solcher massenmedialer Produkte definiert werden: Sie sind häufig die wichtigsten, gelegentlich die einzigen Informations- und Motivationsquellen.

III.

In diesem Zusammenhang überschneiden sich zwei Funktionen der Massenkommunikationsmedien: Zum einen drücken die Massenkommunikationsmedien (neue) gesellschaftliche Entwicklungen aus, haben also eine
Indikatorenfunktion. Zum anderen verstärken sie möglicherweise aber ge-
wisse neue Entwicklungen und Überzeugungen. Die Darstellung unterscheidet nicht streng zwischen beiden Funktionen, da diese auch im alltäglichen
Gebrauch der Medien ineinander übergehen.

Dennoch sind einige Vorbemerkungen insbesondere zur zweiten Funktion
der Massenkommunikationsmedien notwendig, vor allem deshalb, weil es
unterschiedliche Auffassungen dazu gibt. Zunächst muß in rationale, also
Überzeugungen prägende Konsequenzen, und in emotionale Konsequenzen
der Massenkommunikationsmedien unterschieden werden, des weiteren in
kurz- und mittelfristige Medienwirkungen einerseits und in langfristige
andererseits. Hier sollen zunächst wichtige Ergebnisse der Forschung kurz
dargestellt werden.

Es herrscht in der Medienwirkungsforschung noch immer keine Gewißheit,
wie das Potential der Massenkommunikationsmedien hinsichtlich rationaler
Konsequenzen zu bewerten ist. Daß es ein solches Potential, zumindest
kurz- und mittelfristig, gibt, ist unbestritten - ansonsten müßte beispielsweise auch kein Geld für Werbung ausgegeben werden. Dem steht jedoch
andere Faktoren - die öffentliche Meinung, die Meinung des sozialen Umfelds und der Familie oder die weltanschauliche Überzeugung - entgegen
(Lazarsfeld/Berelson/Gaudet 1940). Ein Konsenspunkt, auf den sich viele
Kommunikationswissenschaftler geeinigt haben, besagt, daß durch die Medien die Themen definiert werden, die die Menschen aktuell beschäftigen,
über die sie mit anderen Menschen (,auf der Straße' oder ,an den Stammti-
schen') reden, die so also zu ,Tagesordnungspunkten des öffentlichen und
privaten Diskurses' werden - die sogenannte ,Agenda Setting-Hypothese'
(McCombs/Shaw 1972). Es entstehe durch die Medien ein bestimmtes mo-
mentanes ,Wissen' (beziehungsweise ,Problembewußtsein'); die Bewertungen dieses punktuellen ,Wissens' seien dann aber nur mehr sehr begrenzt
(beziehungsweise nicht mehr) durch die Medien zu steuern. So könnte es
gewesen sein: Nach den ersten Ausschreitungen mit rechtsradikalem Hintergrund im Osten haben die Medien ,Problembewußtsein' (etwa über die vermeintliche Ausländerproblematik) und ,Wissen' (etwa über die Geschehnis-
se in Eberswalde oder Hoyerswerda) vermittelt; die Bewertung und Reaktion
durch die Rezipienten erfolgte dann aber aufgrund vorhandener, unter Um-

ständen ‚geweckter' Einstellungen oder Verhaltensmuster. Von daher lenkt der ‚Mythos vom Strohfeuer' auch von der Beschäftigung davon ab, um welche Einstellungen und Verhaltensmuster es sich handelt und wie es zu ihnen kommen konnte - und wie verhindert werden kann, daß diese ‚soziale Bewegung' möglicherweise tatsächlich ‚stark' wird.

Fraglich ist vor diesem Hintergrund, welche längerfristigen rationalen Konsequenzen die Massenkommunikationsmedien aufweisen. Dazu gibt es unterschiedliche Auffassungen, wobei zumindest sicher ist, daß auch hier andere langfristige Wirkungen denjenigen der Massenkommunikationsmedien entgegentreten können.

Allerdings können sich im Fall von aggressiven, stark an Gefühle appellierenden Aussagen rechtsextremer massenmedialer Produkte die möglichen langfristigen rationalen mit emotionalen Konsequenzen der Massenkommunikationsmedien vermischen. Grundsätzlich werden bevorzugt solche massenmedialen Produkte konsumiert, die dem Rezipienten eine emotionale Belohnung versprechen, ihn in seinen Positionen bestärken oder ihn in seinem Gefühlsleben ansprechen. Über diese Gratifikationen (siehe Schenk 1987: 369ff.) laufen beispielsweise Identifikationen mit Helden ab. Es liegt auf der Hand, daß auch gewalthaltige Darstellungen, wenn sie entsprechende Identifkationsmöglichkeiten auf Seiten der Aggressoren bieten, zu solchen Belohnungen führen. Werden sie ideologisch begründet und legitimiert, dann kann dies möglicherweise dazu beitragen, die entsprechenden Identifikationen auch vor sich selbst und vor anderen zu rechtfertigen.

Dabei gilt als sicher, daß der stete Konsum fiktiver Gewalt das Individuum langsam gegenüber realer Gewalt abstumpfen läßt, weitgehend unabhängig davon, welche sonstigen Überzeugungen das Individuum prägen. Diese ‚Habitualisierungstheorie' verweist, wie bereits der Name andeutet, auf langfristige Konsequenzen der Massenkommunikationsmedien, etwa durch Gewaltdarstellungen.

Diese Theorie wird durch verschiedene sozialpsychologische Untersuchungen gestärkt. So hat William A. Belson in einer Langzeitstudie (Belson 1978) festgestellt, daß das Verhalten von (männlichen) Jugendlichen, die über lange Zeiträume regelmäßig und relativ ausgiebig Fernsehsendungen mit ausgeprägten Gewaltdarstellungen konsumiert hatten, selbst immer gewaltsamer geworden war. Belson hat allerdings auch Hinweise darauf gefunden, daß dieser Prozeß unabhängig von rationalen Einstellungen erfolgt. So haben sich die Einstellungen der Jugendlichen zur Gewalt nicht geändert: sie sind sich also offenbar ihrer tatsächlichen Verhaltensänderung gar nicht bewußt geworden. Bei Belson waren die Gewaltdarstellungen aber nicht ideologisch begründet worden, so daß ihre Legitimation (und ein Einstellungswandel dadurch) erschwert waren.

Immerhin kann als gesichert gelten: je verbreiteter die Massenkommunikationsmedien in der Gesellschaft werden und je mehr gewaltdarstellende Produkte dort verfügbar sind, desto mehr müßte sich also das gesellschaftliche Klima in Richtung auf eine latente Gewaltbereitschaft ändern, auch wenn dies zunächst nicht mit einem Einstellungswandel einher geht - diesen aber natürlich auch nicht ausschließt.

IV.

Die Worte und Bilder, die die Morde und Krawalle in Deutschland angekündigt haben, lassen sich rekonstruieren. Die Rekonstruktion benutzt Poptexte aus der alten Bundesrepublik, aus Westdeutschland als Quelle. Da die rechtsradikalen Vorstellungen anfänglich und offenbar noch immer wesentlich ausgeprägter ‚Westvorstellungen' sind - es sei an das Zitat von Förster und Friedrich erinnert: „.[n]och vor drei Jahren wäre [es für die meisten Jugendlichen in den heutigen neuen Bundesländern] wohl unmöglich gewesen, [‚sich auf einer Links-Rechts-Skala einzustufen',] da in solchen Kategorien kaum gedacht wurde. Seinen politischen Standpunkt bezog man damals auf der Dimension für oder gegen den Sozialismus bzw. die SED" (Förster/Friedrich 1992: 4f) - kann ihre Rekonstruktion durch Poptexte zunächst nur anhand westlicher Songtexte erfolgen. Immerhin war die westdeutsche Popmusik in den meisten Regionen der ehemaligen DDR bestens bekannt, vermittelt etwa durch Radiosender wie SFB oder RIAS - wenn auch nicht in allen Bereichen, da subkulturelle soziale Bewegungen von öffentlichen Radioprogrammen häufig ignoriert wurden. Immerhin sind viele wirtschaftliche und gesellschaftliche Entwicklungen in den beiden deutschen Staaten, ihrer unterschiedlichen Systeme zum Trotz, in dieselbe (postmoderne) Richtung verlaufen (Giessen 1992: 17), so daß zwar keine identische, aber immerhin eine abgeschwächt parallele Wirkung unterstellt werden kann.

Poptexte sind massenmediale Produkte, die relativ schnell auf gesellschaftliche Veränderungen reagieren. Damit können sie die Wünsche der jeweiligen Kunden aktuell befriedigen (sie müssen dies tun, da sie ja dadurch - und nur dadurch - Verkaufserfolge erzielen können). Sie wollen also stets die für ihre Zielgruppen virulenten Themen behandeln.

Poptexte sind zwar fiktional; in der Regel beziehen sie sich aber auf reale Erfahrungen oder Sachverhalte. Im Gegensatz zum Schlager sind sie weniger klischeehaft; sie drücken ihre Aussagen zwar auf oft platte, doch konkrete Art aus. Sie sind deshalb außerordentlich ergiebig, wenn gesellschaftliche Zustände und Veränderungen erforscht werden sollen; sie sind mithin einer der aussagekräftigsten Indikatoren zur Beschreibung eines ‚populären Zeitgeists'.

Vor allem eignen sich deutschsprachige Poptexte zur Beschreibung ‚deutscher', nationalistischer Einstellungen, weil schon ihre Existenz (negativ) auf solche Einstellungen zurückgeht.

V.

Deutsche Popmusiker hatten lange ein sehr distanziertes Verhältnis zur eigenen nationalen Kultur (siehe Rüther/von Schoenebeck 1985: 31). Die Wahl des musikalischen Ausdrucksmittels ‚Popmusik' ist zunächst Ausdruck der Abkehr von zuvor dominierenden musikalischen Traditionen der Unterhaltungsmusik (der ‚volkstümlichen Musik', des Schlagers, der Marsch-, Blas- und Operettenmusik), die allesamt in der Tradition des Nationalsozialismus zu stehen schienen; es ist deshalb auch die sehr bewußte Abkehr von rechten Politiktraditionen. Der Höhe- und Gipfelpunkt dieser Entwicklung lag etwa zu Beginn der siebziger Jahre; die Abkehr war dabei so absolut, daß selbst „Deutschsprachigkeit [...] für Rockmusiker einfach tabu" (Döpfner/Garms 1984: 167) gewesen ist.

Es ist nicht verwunderlich, daß sich die Popmusik, die von Deutschen gespielt und gesungen worden ist, weiterentwickelt hat (Giessen 1992: 24ff.); dabei hat sie sich natürlich - seit den frühen siebziger Jahren - auch deutschen Texten geöffnet, wenn auch zunächst nur zaghaft und vorsichtig. Auch nach dieser Öffnung ist die Popmusik und die sie tragende ‚Szene' emanzipatorisch und links eingestellt gewesen; häufig im Text explizit politisch, ja agitatorisch, sich als Teil einer Oppositionsbewegung verstehend (vgl. Haring 1984: 67ff.). Die Deutschsprachigkeit ist in dieser Zeit teilweise sogar zum Zeichen besonderen politischen Engagements avanciert, da sie das Bedürfnis impliziert hat, politische Positionen zu transportieren und deshalb verstanden werden zu wollen. Ein extremes Beispiel: „Macht kaputt was euch kaputt macht" der Gruppe ‚Ton Steine Scherben' aus dem Jahr 1971. Das Beispiel belegt auch, daß Poptexte Ausdruck, Indikator wie (möglicher) Verstärker für unterschiedliche ‚soziale Bewegungen' sein können:

> „Radios laufen. Platten laufen.
> Filme laufen, TVs laufen.
> Reisen kaufen. Autos kaufen.
> Häuser kaufen. Möbel kaufen. Wofür?
> Macht kaputt, was euch kaputt macht!
>
> Züge rollen. Dollars rollen.
> Maschinen laufen. Menschen schuften.
> Fabriken bauen. Maschinen bauen.
> Motoren bauen, Kanonen bauen. Für wen?
> Macht kaputt, was euch kaputt macht!
>
> Bomber fliegen. Panzer rollen.
> Polizisten schlagen. Soldaten fallen.
> die Aktien schützen, die Chefs schützen,
> das Recht schützen, den Staat schützen. Vor uns!
> Macht kaputt, was euch kaputt macht!''

Ende der siebziger Jahre, mit dem Beginn einer „*Neuen Deutschen Welle*',
veränderten sich sowohl die musikalischen Merkmale als auch die inhaltli-
chen Schwerpunkte der deutschsprachigen Popsongtexte: die (ausschließlich) linke Tendenz verschwand zusehends. Die folgende Beschreibung geht also erneut davon aus, daß Popsongs Ausdruck und Indikatoren
sozialer Bewegungen sind, die aber selbstverständlich in unterschiedlichem
Maß gesamtgesellschaftliche Bedeutung erlangen (können).

Ironischerweise resultierte die Auflösung einer konsequent linken Popkultur
aus einem neuerlichen Oppositionsbedürfnis: Inzwischen war nämlich die
‚linke Tradition' der Popmusik selbst schon (etwa durch die Plat-
tenindustrie) institutionalisiert worden und das Verhalten ihrer Protagonisten stand im Widerspruch zu vielen ihrer Forderungen, wobei auch hier die
populäre Kultur lediglich Indikatorenfunktion für den selben Prozeß in unterschiedlichen gesellschaftlichen Bereichen innehat. Viele erfolgreiche
Popstars schienen offensichtlich zynisch zu sein. So wechselten etwa auch
prononciert ‚linksalternative' Gruppen und Interpreten aufgrund besserer
Marktchancen zu vorher von ihnen teilweise stark kritisierten Industriela-
bels (Koch 1987: 205). Die Verweigerung bezog sich zunächst (ab Mitte der
siebziger Jahre) noch auf eben die (Platten-) Industrie und war insofern
ebenfalls linksorientiert; sie schloß bald (seit der zweiten Hälfte der siebziger Jahre) auch die sogenannten ‚linksalternativen' Gruppen und ihre Themen ein und ließ so die ‚Verweigerung' selbst zur bestimmenden Motivation
werden. Die Verweigerung bezog mithin die sozialen, wirtschaftlichen,

politischen, ja, den gesamten gesellschaftlichen Kontext mit ein: das System. Möglicherweise ist auf der kulturellen Ebene lediglich der Anlaß für die Verweigerung zu finden, während die Ursachen im politisch-wirtschaftlich-gesellschaftlichen Bereich liegen; die in der Folge dargelegte Bandgeschichte der ‚Böhsen Onkelz‘ legt diese Vermutung nahe. Die Erfolge dieser Band, aber auch allgemein die Tatsache der Einbindung von Popmusik ins kommerzielle System deuten darauf hin, daß es sich um Entwicklungen innerhalb der ‚öffentlichen Meinung‘ (zumindest des gesellschaftlichen Segments der Popmusik-Rezipienten) handelt.

Im Kontext der so neu enstandenen ‚sozialen Bewegungen‘ der ‚Punks‘ und später auch der ‚Skins‘ sind immer wieder Nazi-Embleme wie Hakenkreuze oder SS-Runen benutzt worden, ,,in der Regel allerdings lediglich in der Absicht [...], ein nicht nur ästhetisches Tabu zu brechen‘‘, wie Johannes Rüther und Mechthild von Schoenebeck vorsorglich beschwichtigen (Rüther/von Schoenebeck: 36). Die Beschwichtigung Mitte der achtziger Jahre deutet bereits die Vermutung an, es könne mehr als nur der Wunsch nach Provokation hinter diesem Phänomen stecken, und es könne sich nun eine eigenständige rechtsextreme ‚soziale Bewegung‘ entwickeln oder entwickelt haben.

Zunächst handelt es sich aber wohl tatsächlich ‚nur‘ um die Verletzung eines der letzten Tabus, in der Absicht zu provozieren. Darauf deuten auch andere Provokationen (vor allem sexueller oder religiöser Art) im selben Umfeld hin: Hollow Skai spricht von einer ,,Attitüde/Lebenshaltung, vergleichbar dem Dadaismus/Situationismus‘‘ (Skai 1981: 20). Allerdings hat sich die rechtsradikale ‚Attitüde/Lebenshaltung‘ offenbar bei einigen Gruppen im Laufe der achtziger Jahre verselbständigt, eine neue soziale Bewegung scheint im Entstehen gewesen zu sein, als neue, sich kulturell darstellende Reaktion auf bestehende politisch-wirtschaftlich-gesellschaftliche Probleme. Der ‚neue‘ Rechtsextremismus wäre demnach Folge einer gesellschaftlichen Entwicklung, deren Grundlage insoweit identisch zum ‚alten‘ Rechtsextremismus ist, als sie sich aus der Verweigerung gegenüber dem bestehenden System und seinen Werten speist. Unterschiede gibt es dagegen hinsichtlich der kulturellen (und auch gesellschaftlichen) Ausprägung der ‚neuen‘ Werte und Lebenseinstellungen.

VI.

Als Beispiel für die schon seit den frühen achtziger Jahren immer geläufigeren Formen von Provokationen, die (auch) mit politischen Tabus spielen, wird häufig der Titel „Der Mussolini" der Gruppe ,Deutsch-Amerikanische Freundschaft' aus dem Jahr 1981 genannt (DAF 1981). Der Song macht deutlich, daß sich die Provokation zwar auf das ,System' bezieht, hier aber noch ausschließlich kulturell geprägt und von daher (noch!) kein Ausdruck einer sozialen Bewegung ist:

> „Geh in die Knie!
> Wackle mit den Hüften!
> Klatsch in die Hände!
> Und tanz den Mussolini!
> Tanz den Adolf Hitler!
> Beweg deinen Hintern!
> Und tanz den Jesus Christus!"

Döpfner und Garms schreiben zu diesem Text (1984 : 51): „Was zunächst wie die Aufforderung zu einem ekstatischen Tanz anmutet, entlarvt sich letztlich als deutlich lustvolles Spiel mit Tabus. Es werden einfach Reizwörter aneinandergereiht, die bisher, ganz besonders in einem solchen Zusammenhang, völlig tabuisiert waren. Namen wie Mussolini, Hitler oder Jesus Christus, die bislang entweder von ehrfurchtsvoller Erregung oder dokumentierter Ablehnung, nie aber von Gleichgültigkeit begleitet wurden, werden nun ganz frank und frei einfach dahergesagt - ohne jeden Kontext, ohne jeden kausalen Zusammenhang. Es soll damit keine Geschichte erzählt oder ein Sinnzusammenhang vermittels tiefschürfender Interpretationen geliefert werden. Es macht Spaß zu provozieren und sich den Namen Hitler im Zusammenhang mit einem Tanz vorzustellen. Noch mehr Spaß aber macht es doch wohl auch, sich die von soviel Dreistigkeit entrüsteten Gesichter echauffierter Zuhörer auszumalen.

Im einen wie im anderen Fall ist „Der Mussolini" eine Art Hymne der durchbrochenen Tabus.".

Die ,Gleichgültigkeit' ist natürlich auch nur möglich, weil die nun üblich gewordenen ,zynischen' Einstellungen und Verhaltensmuster die ,ehrfurchtsvolle Bewunderung' ausschließen - und damit aber auch das Gegenteil, die absolute ,Ablehnung', zumindest so ungebrochen ebenfalls unmöglich machen. Die erste Annäherung an rechte Symbole geschah also vor

einem anarchischen, provokativen Hintergrund - mit kulturellen Ausdrucksformen, die denen der Vertreter des alten Rechtsextremismus, so wie diese
hier definiert worden sind, teilweise konträr widersprechen. Auch dies wird
später weiter erläutert werden; hier soll dieser Hinweis genügen, um erneut
deutlich zu machen, daß der ‚neue' Rechtsextremismus aufgrund seiner
kulturellen Ausdrucksformen und seiner Herkunft sicherlich als ‚soziale
Bewegung' interpretiert werden kann.

Daß es sich allerdings beim „Mussolini" (noch) um ein Spiel handelt, verdeutlicht immerhin die Nennung von Jesus Christus, der für Nächstenliebe
und damit das exakte Gegenteil dessen steht, das mit den Namen Hitlers und
Mussolinis ausgedrückt wird - allein von daher kann es sich hier nicht um
eine Apotheose faschistischen Gedankenguts handeln. Provoziert werden,
wenn sie den Text ernstnehmen sollten, sowohl christlich als auch natio-
nalsozialistisch orientierte Rezipienten, sowohl aufgrund der Gleichsetzung
als auch aufgrund der Zweckentfremdung der jeweils als verehrungswürdig
erscheinenden Personen für ein sich jeder (!) ehrfurchtsvollen Verherrli-
chung widersetzenden Tanzvergnügen.

In jedem Fall erreichen die Provokationen, die mit rechtsradikalen Assoziationen spielen, seit den frühen achtziger Jahren eine immer neue Qualität.
Sie verlieren ihr Ziel aus den Augen und degenerieren zum Selbstzweck;
eine ihnen zugrunde liegende, wie auch immer geartete Absicht ist immer
weniger zu erkennen. Dies ist der Moment, in dem sie (möglicherweise) an-
gefangen haben, gefährlich zu werden; sie wenden sich hier bereits etwa gegen sozial Schwache - haben also das ursprüngliche Motiv einer gesellschaftlichen Provokation in ihr Gegenteil verkehrt.

„Gruppennamen wie ‚Bewältigte Vergangenheit', ‚Blitzkrieg', ‚Breslau',
‚Gashahn auf', ‚Gesundes Volksempfinden', ‚Hitlers', ‚Leningrad Sand-
wich', ‚Müllheimer SS', ‚Oberste Heeresleitung', ‚Preußen Gloria' oder
‚Rassemenschen' verstörten viele, die von den Schrecken der Hitler-Diktatur
und des zweiten Weltkriegs geprägt waren." (Döpfner/Garms: 110). So
kokettiert insbesondere die Gruppe ‚Breslau' auf ihrer Langspielplatte von
1982 mit (scheinbar?) positiv geschildertem faschistoidem Gedankengut.
Dabei spielen Tabubereiche wie der Sozialdarwinismus, aber auch die Ver-
herrlichung von Brutalität eine Rolle. Am ausgeprägtesten tauchen die Inhalte im Song „Held im Traum" (Breslau 1982) auf, der immerhin von
einer Frau (Jutta Weinhold) gesungen wird:

„Blondes Haar mit Seitenscheitel
und ein klarer heller Blick,
schöne blanke Lederstiefel:
Die Uniform ist chic.
Die Figur ist überragend,
dein Körper ist so hart wie Stahl.
Ich fühle mich bei dir geborgen
und du bist so schön brutal.
Du bist der Held in meinem Traum.
Du bist der Held in meinem Traum.

Ich hasse die Emanzen
und brauche keine Theorie.
Typen nehm' ich, wie sie kommen,
nur die Spitze greif ich mir.
Leider ändern sich die Zeiten,
starke Kerle sterben aus,
langsam wird es immer enger,
und mir geht der Nachschub aus."

Verschiedene Indizien deuten darauf hin, daß es sich auch bei diesem Text noch um eine Provokation handelt und noch nicht um eine neue Überzeugung, eine rechtsradikale Einstellung. Vor allem fällt auf, daß die Frau (Jutta Weinhold) ein Selbstverständnis pflegt, daß dem tatsächlich 'rechter Frauen' widerspricht. Sie bestimmt offenbar auch dann die Situation, wenn sie sich (scheinbar) einem Mann unterwirft („Typen nehm' ich mir, wie sie kommen"). Die bereits erwähnte sozialanalytische Untersuchung belegt dagegen, daß die Unterordnung der Frau unter den Mann ein wesentliches Element rechter Einstellungen und Verhaltensmuster darstellt (Förster und Friedrich: „Rechte tendieren stärker zum patriachalischen Familienmodell" (1992: 9). Auch dieser Text 'spielt' also nur mit rechten Überzeugungen, benutzt sie nur, ohne an ihnen teilzuhaben - macht sie aber ohne jede Form der Brechung zu seiner 'Agenda'. Neu ist also zu Beginn der achtziger Jahre zumindest, daß rechtsradikale Inhalte zu Tagesordnungspunkte werden, ohne daß über die Folgen nachgedacht wird: zunächst eigentlich gar, ohne daß etwas damit bezweckt wird - eine neue Leichtfertigkeit im Umgang mit äußerst problematischen Themen.

Auch der Gruppenname 'Gesundes Volksempfinden' spielt mit Assoziationen an den Nationalsozialismus, zumal sich auf der Langspielplatte (von 1981) Songs mit Titeln wie „Raubtiere" oder „Blitzkrieg" (von 1981) finden (der Text stammt jeweils vom Gruppenmitglied Peter Klocke). Die

Gruppe macht aber in besonderem Maß deutlich, daß dabei wohl ‚nur' diese Leichtfertigkeit, allenfalls noch die Lust an der Provokation als Selbstzweck im Vordergrund gestanden hat, keineswegs aber nationalsozialistische Sympathien. So ist „Blitzkrieg" tatsächlich ein Liebeslied:

> „Ambition - zu allem und zu nix.
> Munition - für Tratsch und kalten Kaffee.
>
> Wie sie sagt: Guten Tag!
> Wie sie geht, wie sie lacht,
> Fandango tanzt, was sie kann,
> was hat sie nur darunter an?
>
> [...]
>
> Blitzkrieg - in allem, was sie tut,
> Rockrollmusik - im Gehirn und im Blut.
>
> Wie sie schaut, wenn sie schreit,
> wie sie schreit, wenn sie schweigt,
> wie sie schweigt, wenn sie weiß,
> wie sie weiß, was Liebe heißt! Ja, Ja, Ja!
>
> Sie bricht mein Herz!
> Sie bricht mein Herz!"

Daß solche Provokationen zumindest Mißverständnisse hervorgerufen haben, belegen verschiedene Zitate. So berichten Günter Ehnert und Detlev Kinsler zum „Mussolini"-Song von ‚DAF': „Gerade ‚Der Mussolini' (auch mit der Textzeile ‚Tanz den Adolf Hitler!') wurde kontrovers diskutiert. Tatsächlich fühlten sich Neo-Nazis von der Gruppe angesprochen, kam es bei wenigen Konzerten zu peinlichen Szenen." (Ehnert/Kinsler 1984: 83f.). Auch die Gruppe ‚Gesundes Volksempfinden' ist mit solchen ‚Mißverständnissen' konfrontiert worden: „Es werden Mißverständnisse von Leuten in die Welt gesetzt, die sich nicht wirklich mit unseren Texten beschäftigt haben, sondern nur ärgerniserregende Ausschnitte aus dem Kontext gelöst haben, um einen griffigen Aufhänger zu bekommen." (zit. nach Döpfner/Garms: 112). Das Zitat scheint Erstaunen ob der Befürchtung nationalsozialistischer Tendenzen auszudrücken. Das Erstaunen muß freilich bezweifelt werden; die Texte und Songs befinden sich immerhin auf einem Niveau, das eine solche Naivität ausschließen sollte. Und es wäre in der Tat sehr naiv gewesen, ein Vokabular aus der Zeit des Nationalsozialismus zu benutzen, ohne sich darüber bewußt zu sein, daß es politisch besetzt ist und die Verwendung provozieren muß. So muß von der Absicht ausgegangen werden - ob aus Lust an Provokationen oder aus kommerziellen Motiven, muß dahin gestellt bleiben -, ein leichtfertiges Spiel mit dem Schrecken zu beginnen; offensichtlich war das tatsächliche Ausmaß der Ablehnung dann aber so groß gewesen, daß die Gruppe überrascht und zu dem verbalen Rückzug veranlaßt worden ist. Die Zitate belegen auch, daß sich (erste) rechtsextreme Gruppen bereits motiviert gefühlt hatten, auf die Popsongs zu reagieren - es hat also damals schon ein entsprechendes Umfeld gegeben, das auf Anregungen der Popkultur reagiert hat.

Zudem: Was macht es noch für einen Unterschied, ob ein Text tatsächlich aus rechtsradikaler Gesinnung geschrieben ist oder nur so tut, als ob - wenn nur durch Indiziensuche, die die meisten Rezipienten von Popmusik sicher gar nicht erst versuchen, ein Unterschied bemerkt werden kann, wenn überhaupt.

Bereits im Jahr 1982 bekannte sich Patrick Heischrek, Autor und Sänger der Gruppe mit dem bereits eindeutigen Namen ‚Die Chefs‘, (als poetisches Ich in seinen Texten) ‚stolz‘ dazu, ein „Chauvinist“ zu sein, wie der Titel eines Songs lautet. Frauen werden im Text ausschließlich als Sexualobjekte wahrgenommen; dieser Sachverhalt muß scheinbar nicht legitimiert werden, weder durch eine Vorgeschichte noch ideologisch: Die Ideologie wird also bereits vorausgesetzt.

> „Ich bin ein Chauvinist
> und ich bin stolz drauf.
> Damit ihr's alle wißt,
> daß ich nur an das eine denk:
> geile Weiber
> Strumpf und Straps,
> durchsichtige Bluse,
> schwarzen BH
> und hochhackige Schuhe;
> Ja, das ist das, was mich an Frau'n so fasziniert.
> Zuerst sind sie ganz still,
> und dann wird losvibriert.“

Andere chauvinistische Songs mit Texten von Patrick Heischrek auf der selben Langspielplatte sind beispielsweise „Oberficker“ (Chefs 1982) oder „Softies sind Versager“ (Chefs 1982), dessen Text auch Gewalt propagiert, um die männlichen Wünsche durchzusetzen. Nochmals: Nicht nur die Tatsache als solche ist bemerkenswert, sondern vor allem, daß eine Herleitung oder Rechtfertigung nicht notwendig zu sein scheint, daß jede Begründung fehlt.

> „und wenn sie keine Lust hat,
> zwing ich sie zum Geschlechtsverkehr."

Wie gesagt: Das war ein Text aus dem Jahr 1982, ein knappes Jahrzehnt vor der deutschen Wiedervereinigung, eingespielt vor 13 Jahren. So sind also bereits ein Jahrzehnt vor den rechtsradikal motivierten Gewalttätigkeiten die entsprechenden Einstellungen und Verhaltensmuster beschrieben und vorbezeichnet worden.

Das eindringlichste Warnsignal besteht also zunächst in diesem weiteren Tabuverlust: Während zu Beginn der achtziger Jahre die entsprechenden Texte noch als Provokationen gerechtfertigt werden mußten (und es großteils ja auch noch waren), ist dies in den neunziger Jahren nicht mehr der Fall, ist dieser Zwang nun offenbar nicht mehr notwendig.

Die Gruppennamen entsprechen denen der oben aufgeführten aus der Zeit der beginnenden achtziger Jahre; zum Teil gibt es noch eine personelle Kontinuität; zum Teil werden die Gruppen der achtziger Jahre als Vorläufer betrachtet. Die betreffenden Gruppen heißen nun etwa[1] ‚Böhse Onkelz', ‚Brutale Haie', ‚Eliteterror', ‚Endsieg', ‚Endstufe', ‚Giftgas' (heute heißt diese Gruppe ‚Radikahl'), ‚Kahlkopf', ‚Kraft durch Froide', ‚Kraftschlag', ‚Macht und Ehre', ‚Märtyrer', ‚Offensive', ‚Radikaler Haß', ‚Störkraft', ‚Stuka', ‚Volkszorn', ‚Werwolf' oder ‚Wotan'. Bei den Texten läßt sich beobachten, daß der agitatorisch-rechtsradikale Ton noch ausgeprägter und die rassistische Ideologie nun als solche ausgesprochen wird. Im Text zum Song „In ein paar Jahren" der Gruppe ‚Störkraft' heißt es (1992):

> „Wir kämpfen für das deutsche Vaterland.
> Überall wohin du siehst,
> siehst du, wie dein Land überfließt.
> Fremde Völker nisten sich ein
> und behaupten auch noch, deutsch zu sein.

---

[1] Gesammelt aus verschiedenen Presseveröffentlichungen, vor allem Schäfer 1992.

In ein paar Jahren haben wir keine Rechte mehr.
Unsere Gefühle existieren nicht mehr.
Doch wir sind geboren in Deutschland,
wir kämpfen für das deutsche Vaterland.

Ja, eines Tages, da wacht ihr alle auf,
rettet die Rasse, die man einst verkauft.
Ich weiß, in jedem Deutschen, da steckt ein Mann,
der das Verbrechen noch verhindern kann."

Auf der selben Langspielplatte findet sich der Song „Kampfhund"
(Störkraft 1992), dessen Text so lautet:

„Hört ihr's dunkeln, die Nacht bricht heran,
leinen wir das Seil dem Kampfhund an.
Gemeinsam gehen wir auf die Jagd,
vernichten zusammen die dunkle Gefahr.
Die wütende Bestie fest in seiner Hand,
wildfremde Schatten sind da an der Wand.
Er ist durchtrainiert und abgerichtet.
Nur Abgerichtete können vernichten.

Kampfhund, Bestie aus deutschem Blut.
Kampfhund, fürchte dich und sei auf der Hut.

Schlechte Zeiten für den Abschaum im Land.
Der Kampfhund hat sie fest in seiner Hand.
Bebend vor Angst stehn sie vor der Mauer.
Der Kampfhund liegt schon längst auf der Lauer,
ohne Gnade und ohne Moral.
Es erwartet sie eine höllische Qual."

Der Text des „Kanakensongs", gesungen unter anderem von der Gruppe
,Endsieg', lautet (zit. nach Schäfer 1992: 83):

„Steckt sie in den Kerker oder steckt sie in KZ,
von mir aus in die Wüste, aber schickt sie endlich weg.
Tötet ihre Kinder, schändet ihre Frauen.
Vernichtet ihre Rasse und so werdet ihr sie grauen."

VII.

Natürlich ist es nur eine Minderheit der Bevölkerung und auch der Jugendlichen, die sich mit solchen Gruppen und Texten identifizieren. Allerdings ist die Zustimmung zu rechtsradikalen Einstellungen und Verhaltensmustern, oder wenigstens eine Indifferenz gegenüber ihren Aussagen, größer, als die demoskopischen Ergebnisse bezüglich Parteipräferenzen vermuten lassen (Förster/Friedrich :10). Ein Hinweis wenigstens auf eine bemerkenswerte Indifferenz kann etwa in den Erfolgen der Frankfurter Gruppe ‚Böhse Onkelz' gesehen werden - ihre erste Langspielplatte von 1986, „Der nette Mann" (Böhse Onkelz 1986), ist noch im Erscheinungsjahr vom Amtsgericht Brühl beschlagnahmt worden (AG Brühl 1986); das Landgericht Köln hat den Beschluß im darauffolgenden Jahr bestätigt (LG Köln 1987) -, deren CD „Heilige Lieder" (Böhse Onkelz) 1992 sogar in die Hitparade gelangte. Das Faktum hat auch das amerikanische Fachmagazin ‚Billboard' zu einer Reportage veranlaßt (Hennessey 1992), in der die „hochrassistische Vergangenheit"[2] der Gruppe diskutiert wird - wenngleich rechtsradikale Texte auf der neuen Veröffentlichung fehlen und die Gruppe inzwischen auch betont, keine „faschistische Band"[3] zu sein. Tatsächlich unterscheiden sich viele der neuen ‚Böhse Onkelz'-Songs kaum noch von denen ‚herkömmlicher' Gruppen; daneben gibt es aber immer noch Texte wie Stephan Weidners „Wir schreiben Geschichte" (Böhse Onkelz) aus dem Jahr 1992:

> „Alles in Ordnung
> alles wird gut.
> Wir schreiben Geschichte
> mit unserem Blut.
> Wir schreiben Geschichte,
> fühl' dich geehrt.
> Wir schreiben Geschichte,
> ein teufliches Werk."

Anhand der ‚Onkelz' soll noch einmal verdeutlicht werden, aus welchem Umfeld und aus welchen Motiven diese soziale Bewegung entstanden ist - und daß es sich tatsächlich um eine solche handelt.

---

[2] „a highly racist track record" (Hennessey 1992: 1)
[3] in der Beilage zur Compact Disc Böhse Onkelz 1991

Auch die ‚Böhsen Onkelz' begannen im Punk- beziehungsweise ‚Neue Deutsche Welle' - Zeitalter; allerdings waren die Bandmitglieder zu jung oder entstammten einem zu problematischen sozialen Umfeld, um die politischen Motive des Punk rezipiert zu haben, das bereits genannte anarchisch orientierte Oppositions- und Provokationsbedürfnis. ‚Punk' war für sie, so ist den Eigenbeschreibungen zu entnehmen (vgl. Giessen 1993), die Möglichkeit, zunächst unreflektiert aktiv zu werden, ihrer trostlosen Umgebung zumindest Aggressivität entgegensetzen zu können. Sie vollzogen deshalb zunächst die Wandlung der Neuen Deutschen Welle zum Schlager nicht nach (vgl. Giessen 1992) und landeten in der Folge bei den Skins. Der Ideologisierung der rechten Szene Mitte der achtziger Jahre folgte wiederum die Abkehr der Onkelz, deren Texte im übrigen auch vorher, bei aller Aggressivität, eher ungefestigt und fragend wirkten. Inzwischen machen sie ganz normale Rockmusik und betonen auf ihren Konzertplakaten: „Wir sind keine Nazis". Damit handelte sich die Gruppe die Kritik rechtsradikaler Kreise, gleichzeitig auch die langsame Anerkennung des Establishments inklusive Empfang beim rot-grünen Frankfurter Dezernenten für multikulturelle Angelegenheiten, Daniel Cohn-Bendit, ein. Diese individuelle Geschichte einer Gruppe ist durchaus repräsentativ und belegt ein weiteres Mal den Charakter des ‚neuen' Rechtsextremismus.

VIII.

Natürlich spielen Poptexte kaum eine auslösende Rolle für den ‚neuen' Rechtsextremismus, denn sie werden erst aufgenommen, wenn sich der Konsument bereits im entsprechenden sozialen Umfeld, in der entsprechenden ‚Szene', der entsprechenden ‚sozialen Bewegung' aufhält. Sie sind jedoch in einem Umfeld zu sehen, in dem ein ebenfalls immer leichtfertigerer Umgang mit Themen zu beobachten ist, die latent faschistoide Einstellungen transportieren. In diesem Zusammenhang soll nur auf Filme wie „Conan", „Rambo", „Universal Soldier", auf Horrorfilme oder sadistische Pornofilme hingewiesen werden, die beispielsweise durch Videotheken inzwischen jederzeit verfügbar sind und auch entsprechend genutzt werden.

Nach den Erkenntnissen zum ‚langfristigen Einstellungswandel' hatte die Entwicklung in die ‚neue' Rechtsextremität seit den frühen achtziger Jahren als zumindest möglich angesehen werden müssen - auch ohne deutsche Wiedervereinigung, nur für den Westen gültig; die Folgen der Wiedervereinigung haben die vorhandenen Tendenzen und Entwicklungen dann allenfalls verstärkt. Poptexte sind dabei weit weniger als andere Medien (Fernsehen, Film) Auslöser solcher Prozesse, da sie, mediumsimmanent, eher reagierend, beschreibend wirken - sie drücken daher aber deutlicher Stimmungslagen aus, die als bereits virulent ernstgenommen werden müssen. Umso bedeutsamer wäre es gewesen, den unter anderem durch die Poptexte ausgedrückten Wandel rechtzeitig zu berücksichtigen. Der ‚Mythos vom Strohfeuer' hat deshalb wohl vor allem die Funktion, von diesem (fahrlässigen oder vorsätzlichen) Versagen abzulenken. Seine Widerlegung ist demnach wichtig, wenn Konsequenzen auf die rechtsradikal motivierten Krawalle und Morde diskutiert werden sollen. Die Poptexte können als wertvolle Grundlage dieser Diskussion dienen. Sie deuten auf eine ‚Szene' hin, die sich im Laufe von fast fünfzehn Jahren als soziale Bewegung etabliert - aber eben nicht oder nur zum Teil institutionalisiert - hat.

Ideologische Prägungen spielen, wie dargestellt, in den entsprechenden Poptexten offensichtlich eine nur geringe Rolle; es geht nach wie vor um eine ‚Lebenshaltung', die nach emotionalen Belohnungen Ausschau hält. Solange die Massenkommunikationsmedien die entsprechenden Belohnungen ermöglichen und sich keine großen Verschiebungen in der öffentlichen Meinung entwickeln, wird durch die Medien der ‚neue' Rechtsextremismus zumindest nicht geschwächt; solange wird er vermutlich auch seinen Charakter als unkontrollierbare soziale Bewegung behalten.

Literatur

Zur Zitierform: Zitiert werden Monographien und Artikel. Die Primärliteratur nennt Tonträger (Langspielplatten beziehungsweise Compact Discs); aufgeführt werden zunächst, gängiger Praxis im Bereich der sogenannten ‚Unterhaltungsmusik' folgend, die Namen der Gruppen beziehungsweise der Interpreten. Es folgen Titel und Erscheinungsjahr des Tonträgers; im Text folgt dem Erscheinungsjahr der Titel des jeweils zitierten Songs.

AG Brühl: Amtsgericht Brühl, Beschlagnahmebeschluß vom 5. 12. 1986 (Az: 10 Gs 418/86)

Behrendt, J.E., 1978: Die neue Faschistoidität in Rock, Jazz und überall. S. 272 ff. in: *J. E. Behrendt, Ein Fenster aus Jazz. Essays, Portrait, Reflexionen. Frankfurt am Main.*

Belson,W. A., 1978: Television Violence and the Adolescent Boy. Westmead.

Böse Onkelz 1986: Böse Onkelz, „Der nette Mann". 1986

Böse Onkelz 1991: Böse Onkelz, „wir ham' noch lange nicht genug". 1991

Böse Onkelz 1992: Böse Onkelz, „Heilige Lieder". 1992

Breslau 1982: Breslau, „Volksmusik". 1982

Chefs 1982: Die Chefs, „Keine Emotionen bitte" 1982

DAF 1981: DAF (= Deutsch-Amerikanische Freundschaft), „Alles ist gut". 1981

Döpfner, M.O.C./Garms, Th., 1984: Neue Deutsche Welle. Kunst oder Mode?, Frankfurt/M.; Berlin; Wien.

Ehnert, G./Kinsler, D., 1984: Rock in Deutschland. Lexikon deutscher Rockgruppen und Interpreten, Hamburg: 3., aktualisierte und erweiterte Auflage.

Förster, P./Friedrich, W., 1992: Politische Einstellungen und Grundpositionen Jugendlicher in Ostdeutschland. S. 3 ff., in: Aus Politik und Zeitgeschichte. Beilage zur Wochenzeitung „Das Parlament". Band 38/92: 11. September 1992.

Gesundes Volksempfinden 1981: Gesundes Volksempfinden. o. T. 1981.

Giessen, H. W., 1992: Zeitgeist populär. Seine Darstellung in deutschsprachigen postmodernen Songtexten (bis 1989), St. Ingbert 1992.

Giessen, H. W., 1993: Böhse Onkelz (deutsche Rockband), in: Munzinger-Archiv. Pop-Archiv International.

Haring, H., 1984: Rock in Deutschland West. Von den Rattles bis Nena: Zwei Jahrzehnte Heimatklang, Reinbek bei Hamburg.

Hennessey, M., 1992: An Ominous Note: German Act Fans Neo-Nazi Flames, 1, 84, in: Billboard October 24.

Hunter; J.E./Levine R. L./Sayers, S.E., 1976: Attitude Change in Hierarchical Belief Systems and its Relationship to Persuability, Dogmatism, and Rigidity, Pp. 3, in: Human Communications Research. Vol. 3.

Koch, A., 1987: Angriff auf's Schlaraffenland. 20 Jahre deutschsprachige Popmusik. Frankfurt/M.; Berlin.

Lazarsfeld, P F./Berelson, H./Gaudet, H., 1940: The People's Choice. New York.

LG Köln 1987: Landgericht Köln, Beschluß vom 22. 4. 1987 (Az: 107 Qs 318/87)

McCombs, D.M./Shaw, D.L. 1972: The Agenda-Setting Functions of Mass Media in: Public Opinion Quarterly, Vol. 36: 176ff.

Rüther, J./von Schoenebeck, M., 1985: Rock in Deutschland - Deutschrock", S. 31 ff, in: G. Kleinen; W. Klüppelholz; W. D. Lugert (Hrsg.): Rockmusik. Düsseldorf.

Schäfer, A., 1992: Der gesungene Haß, 83, in: Die Zeit, Nr. 50: 4. Dezember.

Schenk, M., 1987: Publikums- und Gratifikationsforschung. S. 369 ff. in: *M. Schenk*, Medienwirkungsforschung. Tübingen.

Skai, H, 1981: Punk. Versuch der künstlerischen Realisierung einer neuen Lebenshaltung. Hamburg.

Störkraft 1992: Störkraft, „Mann für Mann". 1992

Ton Steine Scherben 1971: Ton Steine Scherben, „Warum geht es mir so dreckig". 1971

X-Mal Deutschland 1983: X-Mal Deutschland, „Fetisch". 1983

X- Mal Deutschland 1984: X-Mal Deutschland, „Tocsin". 1984

X -Mal Deutschland 1987: X-Mal Deutschland, „Viva". 1987

Thomas Ohlemacher

Medien und Gewalt

BILD in der Zeit ausländerfeindlicher Gewalttaten[1]

Haben wir nun im wiedervereinigten Deutschland eine Gefahr von rechts, eine *Bewegung*, oder haben wir keine? Diese Frage stand im Mittelpunkt von Sektions-Tagungen der jeweiligen Vereinigungen von Politologen und Soziologen im Jahr 1994.[2] Geklärt werden konnte sie nicht, das Problem jedoch, die rechtsradikale Gewalt vor allem männlicher Jugendlicher, besteht weiterhin und verschafft den Sozialwissenschaftlern - so sie denn praxis- und öffentlichkeitsorientiert sind - weiterhin Lohn und Brot bzw. Anlaß zur Bildung von sich feindlich gesonnenen Stämmen (vergl. hierzu den Beitrag von Kliche in diesem Band).

In diesem Diskussionszusammenhang ist viel über die Korrelation von ausländerfeindlicher Gewalt und öffentlicher Meinung im wiedervereinigten Deutschland gemutmaßt und behauptet worden. War das Meinungsklima denn nun förderlich für die Gewalt, haben Tabus sich gelockert (Kühnel 1993, Eckert 1993) - oder war dies alles nicht der Fall? Öffentliche Meinung wurde dabei verstanden entweder als Medienmeinung bzw. Meinung politischer Akteure (beides gleichsam *veröffentlichte* Meinung) oder als *Bevölkerungs*meinung (zumeist medial vermittelt in Form von Umfrageergebnissen). An anderer Stelle habe ich versucht, einen kleinen empirischen, eher quantitativ orientierten Beitrag zu dem Zusammenhang von *Bevölkerungsmeinung* und Gewalt gegen Fremde zu leisten (Ohlemacher 1994). In diesem Artikel möchte ich einen eher impressionistisch gehaltenen Beitrag zu dem Zusammenspiel *Medienmeinung* und ausländerfeindliche Gewalt liefern.

---

[1] Bei diesem Beitrag handelt es sich um die Ausarbeitung eines Teilaspekts meines Beitrags "Redespirale statt Schweigespirale? Zur Wechselwirkung von Bevölkerungsmeinung und rechtsradikaler Gewalt" zur Tagung der DGS-Sektion "Soziale Probleme und soziale Kontrolle" mit dem (Rahmen-)Thema "Rechtsextremismus als soziale Bewegung?", Bremen, Oktober 1994.

[2] So z.B. als Thema der in diesem Band dokumentierten Tagung bzw. als Focus des Hefts 4/1994 des Forschungsjournals Neue soziale Bewegungen.

Im Kern versuche ich, die Lektüre eines halben Jahres BILD-Zeitung mit
dem Verlauf der Gewaltkurve im gleichen Zeitraum zu vergleichen, versuche, Koinzidenzen in Richtung von Kausalitäten zu plausibilisieren. Zu-
gegeben, die vermutete Richtung des Zusammenhangs war „voreingestellt":
BILD hatte, so die Vermutung, einen Einfluß auf die Gewalttaten gehabt -
das Erkenntnisinteresse war damit klar, die Hypothese war jedoch durchaus
falsifizierbar.

Warum BILD ?

Als untersuchter Träger der massenmedial veröffentlichten Meinung dient
die BILD-Zeitung. BILD ist im Sozialprofil ihrer Leserschaft und aufgrund
ihrer großen Verbreitung nahe an den Tätergruppen.

Die BILD-Zeitung erreicht 1991 eine verkaufte Auflage von etwa 4,7
Millionen Exemplaren (Media-Perspektiven 1992: 45). In WestDeutschland
erreicht BILD - mit sinkender Tendenz seit den Sechzigern - 1990 einen
Anteil von ca. 18% aller Personen über 14 Jahre (AWA 1990: A35). Im
Osten kommt BILD 1991 auf eine Reichweite von ca. 9% (AWA 1991: 93).
Vergleicht man die Leserschaft der BILD mit den Lesern der Regional-/Lo-
kalzeitungen bzw. den Qualitätszeitungen auf Bundesebene, so erreichen
BILD-Leser fast immer die niedrigsten Werte, was Einkommen,
Schulbildung, gesellschaftlich-wirtschaftlichen Status und Persönlichkeits-
stärke angeht (AWA 1990: A15, AWA 1991: 101). Die BILD-Zeitung hat
unter ihren Lesern einen besonders hohen Anteil von Personen mit Haupt-
und Volksschulabschluß - im Westen etwa 75% (AWA 1989: 15), im Osten
etwa 60% (AWA 1991: 123). Zudem hat BILD im Vergleich zu den oben
genannten Zeitungen einen höheren Anteil an Personen zwischen 14 und 19
bzw. 20 und 29 Jahren (AWA 1989: 11). Die Sozialstruktur der BILD-
Leserschaft kommt damit der Zusammensetzung der Gewalttäter in Teilen -
im Vergleich zu anderen Tageszeitungen - recht nahe (Willems et al. 1993:
48f). An dieser Stelle ist jedoch zu betonen, daß absolut gesehen die
Regional-/Lokalzeitungen mehr Personen (auch in den speziellen Per-
sonenkreisen) erreichen.

Um Mißverständnissen vorzubeugen: Es wird hier nicht behauptet, BILD-
Leser seien potentielle Gewalttäter. Lediglich: Gewalttäter haben mit einer
größeren Wahrscheinlichkeit einen direkten oder indirekten Kontakt mit der
BILD-Zeitung als mit einer anderen überregionalen Zeitung - allein die Zahl
und die Zusammensetzung der Leserschaft spricht dafür. Die sogenannten

Qualitätszeitungen (FAZ, FR, SZ, WELT) zu untersuchen, hieße, an der sozialen Realität vorbeizuforschen. Eine Analyse von Fernsehsendungen (als Medium mit einer noch größeren Verbreitung und vielleicht auch Wirkung) schied aus praktischen Erwägungen aus. Es erfolgte zudem eine zeitliche Einschränkung auf die zweite Jahreshälfte 1992, einem Zeitraum, in dem zwei „kritische Ereignisse" unterschiedlicher Qualität lagen (Ausschreitungen in Rostock gegen ein Asylbewerberheim vom 22. bis 27. August, Morde in Mölln am 23. November durch einen Brandanschlag auf ein von Ausländern bewohntes Haus). Dieser Zeitraum kann aus diesen Gründen als besonders relevant angesehen werden.

Aus praktischen, gleichsam räumlich naheliegenden Gründen[3] wurde für die Recherchen das Ullstein-Archiv des Springer-Verlags in Berlin genutzt. In diesem Archiv (wie in ganz Berlin) wird jedoch die Deutschland-Ausgabe der BILD-Zeitung nicht gesammelt. Ich mußte deshalb auf eine auf die Berliner Region beschränkte Ausgabe zurückgreifen, wie sie im Ullstein-Archiv gesammelt wird. Im zweiten Halbjahr 1992 wurde bereits eine Berlin-Brandenburger Ausgabe statt einer Berliner Ausgabe herausgegeben.[4]

BILD-Rostock-BILD-Mölln-BILD

Die Region Berlin-Brandenburg wird gebildet aus dem ehemaligen West-Berlin, dem vormaligen OstBerlin und dem neukonstituierten Bundesland Brandenburg. Während das Land Brandenburg 1992 im Vergleich der Bundesländer nach fremdenfeindlichen Straftaten insgesamt und Brand-/Sprengstoffanschlägen gemessen an der Bevölkerungszahl mit an der Spitze rangiert, liegt Berlin eher im unteren Viertel (BKA 1993: 7f.)[5]. Diese heterogene Lage erschwert die Interpretation.

---

[3] Die Recherchen wurden während meiner Zeit am Wissenschaftszentrum Berlin (WZB), Abteilung "Öffentlichkeit und soziale Bewegung", durchgeführt.

[4] Media-Analysen (1992) gibt die Reichweite der BILD für Brandenburg mit 3,9% der Bevölkerung, für Berlin-Ost mit 2.7%, für alle neuen Bundesländer mit 7.5% an. Die IVW-Auflagenlisten vermerken für BILD-Berlin Auflagenhöhen zwischen 130.000 (1992) und 200.000 (1991).

[5] Rainer Erb spricht u.a. deshalb von einem "Braunen Gürtel" um Berlin.

Schaubild 1: Fremdenfeindliche Straftaten in den Ländern Berlin und Brandenburg
1992/1993

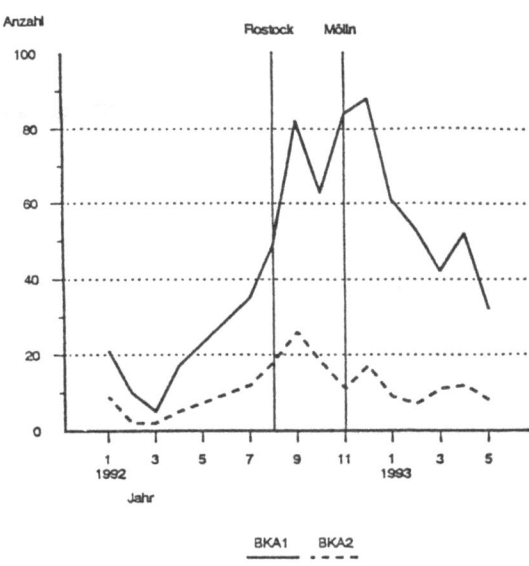

bka1   fremden-/ausländerfeindliche Straftaten

bka2   darunter: Sprengstoff- und Brandanschläge, Angriffe gegen
                           Personen (keine Sachbeschädigungen)

Quelle: Mitteilungen der Bundesregierung (PDS 1993: 12f.)

Gleichwohl, der Verlauf der Welle des Jahres 1992 ist im Vergleich zur Bundesrepublik insgesamt als ähnlich zu bezeichnen (vergl. Schaubild 1[6]). Rostock trifft auch in Berlin-Brandenburg auf eine Aufwärtsbewegung und scheint diese zu verstärken (Straftaten insgesamt und Gewaltaktionen im besonderen). Im Gegensatz zur nationalen Entwicklung verstärkt Mölln jedoch nach einem Abklingen der Welle nicht nur erneut die Gesamtzahl der Straftaten, sondern auch kurzfristig die Anzahl der Gewaltaktionen - bundesweit stagnieren die Gewaltzahlen in den Monaten nach Mölln (vgl. Ohlemacher 1994). Für das gesamte Bundesgebiet kann für das Jahr 1993 von einer sinkenden Zahl von Gewalttaten ausgegangen werden.

Zur Methode

Die Analyse orientierte sich methodisch an den Arbeiten von Teun A. van Dijk (1988a-c, 1991). Van Dijk benutzt in einigen seiner Arbeiten die Methode der Überschriftenanalyse (Headline Analysis[7]). Die Konzentration auf Überschriften als Analyseeinheiten begründet er mit folgenden Argumenten (1991: 51ff):

- Die Überschriften stellen eine „subjektive Definition" der Situation durch den Autor dar, welche wiederum die Interpretation der Leser beeinflußt.

- Die Information in der Überschrift wird von den Lesern am besten erinnert.

- Manche Leser lesen nur die Überschrift eines Artikels.

- Oftmals sind Überschriften nicht von den Autoren selbst, sondern einem Überschriftenredakteur erstellt. Dabei kommen dann Überlegungen wie die eines besondere Aufmerksamkeit erregenden Titels ins Spiel.

Diese Darlegungen sind schlüssig und treffen auf die BILD-Zeitung in starkem Maße zu. Überschriften haben bei BILD ein besonderes Gewicht. BILD legt großen Wert auf graphische Gestaltung, besitzt durch ihr Herstellungsverfahren auch hierfür die fortschrittlichsten und flexibelsten Methoden, was beispielsweise Größe und Farbe angeht. Zumeist sind Überschriften „Chefsache", besonders auf der ersten Seite. Dies weist auf die besondere Bedeutung hin, welche die Redaktion den Überschriften beimißt.

---

[6] Die Daten basieren auf Mitteilungen der Bundesregierung an den Deutschen Bundestag und sind ihrerseits vom BKA zusammengestellt worden (zur Validität und Reliabilität der Daten vgl. Ohlemacher 1994).

[7] Van Dijk unterscheidet dabei "Headline" von "headline". Headline ist der umfassendere Begriff, der über die reine Erfassung der Worte aus der Überschrift hinausgeht. Auch die Größe und die graphische Struktur interessieren hierbei (1988b: 53).

Gleichwohl, ich werde in der folgenden Analyse nicht das Raffinement und
den Umfang der Analysen van Dijk's erreichen - die quantitativen Aus-
wertungsmöglichkeiten halten sich aufgrund des beschränkten Materials
ebenfalls sehr im Rahmen. Auch werde ich an die semantische Tiefe und
damit auch an die Erklärungskraft der Analysen von van Dijk nicht
heranreichen. Die meisten der im folgenden zu berichtenden Analyseergeb-
nisse bleiben qualitativ-deskriptiv. In Abweichung vom Konzept van Dijks
werde ich an einigen Punkten auch auf Textmaterialien aus den Beiträgen
(insbesondere aus Kommentaren) zurückgreifen, um meine Argumente zu
verstärken.

Das Material

Die Aussagen beruhen auf 209 Artikeln und Kommentaren aus dem
Zeitraum vom 01.07. bis zum 31.12.1992. Kriterium für die Aufnahme war
die Berührung von Themen wie Asyl/-anten, Ausländer, Gewalt gegen diese
Gruppen und Rechtsextremismus. Tabelle 1 zeigt den quantitativen Befund.

Tabelle 1: Artikel zum Themenkomplex „Asyl, Ausländer und Rechtsextremismus" pro Monat[8]

		davon				
	klein	mittel	groß	Kommentar	Seite 1	insgsesamt
Juli	3	0	3	1	1	7
August	9	12	7	2	8	30
September	17	16	2	4	20	39
Oktober	11	9	1	3	10	24
November	13	22	17	4	24	56
Dezember	23	17	8	5	22	53
						209

---

[8] Bei den Kategorien "groß-klein" handelt es sich um einen "grob-optischen" Befund. Als „groß"
galten Artikel ab etwa einem Viertel einer Seite, „klein" waren in der Regel Artikel, die nicht
über zwei Spalten hinausgingen.

Die Artikelhäufigkeit deckt sich mit dem Wellenverlauf der Gewalttaten in der zweiten Hälfte des Jahres 1992. Mit Rostock kommt es zu einem Anstieg der Zahl der Artikel im August und September. Im Oktober verringert sich die Zahl, um mit Mölln wieder anzusteigen. Dies gilt sowohl für die Gesamtzahl der Artikel als auch für die Zahl der Artikel auf Seite 1. Was stand jedoch in den Überschriften (und Texten), die in dieser Zeit veröffentlicht wurden? Können sie - was die ablehnende Haltung gegenüber Ausländern und die Gewalttaten gegen sie angeht - eher als verständnisvoll, motivierend oder aber als abstandnehmend, verurteilend bezeichnet werden?

„Ohne Grund, einfach so: Skin rammte Afrikaner Messer in Kopf" so beginnt der Monat *Juli* mit einem Prozeßbericht(7.7., S.5). Das Thema des Artikels wäre, liest man den Text, eigentlich die Verurteilung der Skins bzw. eine mögliche Strafvereitelung im Amt - Polizisten schauten dem Verbrechen tatenlos zu. Das Aktionsmoment jedoch ist der Aufmacher des Artikels. Es folgt ein Hintergrundartikel (12.07., S.10) mit der Überschrift „Liebe ist... wenn Schwarz und Weiß sich in den Armen liegen". Der Artikel scheint Integration zu fordern, in der Einleitung des Artikels heißt es jedoch:

„Die Formel ist einfach: 'Liebe ist Liebe' sagt die US-Schauspielerin Annabella Sciorra (24), 'ob man nun einen weißen oder einen schwarzen Mann liebt, eine Frau, ein Haustier oder ein Kind."

Sachlichen Informationen über die Zahl der in der Bundesrepublik lebenden Ausländern (15.07., S.2) folgt am 28.07. (S.2) als „Thema des Tages: Jugoslawien - Was ist wenn 100 000 Flüchtlinge in den Osten kommen?" Im Text heißt es dann:

„*Dürfen die Flüchtlinge bei uns arbeiten?* Ja, im Gegensatz zu Asylbewerbern. Entsprechend einer Anweisung des Innenministeriums. *Nehmen sie uns die Arbeitsplätze weg?* Das kann passieren. Deutsche werden bei den Arbeitsämtern nicht bevorzugt behandelt." (Hervorhebungen im Original)

Dazu am gleichen Tag der Kommentar von Peter Boenisch unter dem Titel „Das falsche Asyl":

„*Die angeblich* ausländerfeindlichen Deutschen nehmen bereitwillig und herzlich Kinder aus Bosnien auf.

Die angeblich ausländerfeindlichen Deutschen würden mehr Flüchtlinge aus dem Kriegsgebiet aufnehmen, aber alle Quartiere sind vollgestopft. Mit Schein-Asylanten.

Eine konsequente Asyl- und Einwanderungspolitik haben SPD, Grüne, die Kirchen und Teile der FDP verhindert.

Und nun stehen Kriegsvertriebene vor unserer Tür. Und Selbst-Vertriebene
mit der Endstation D-Mark holen sich bei uns Sozialhilfe ab."

Am 29.07. meldet die BILD-Zeitung auf Seite 1 als Aufmacher „Sarajevo-Flücht-
linge in Rostock: Osten nix gut ... wir wollen in den Westen", gleichsam als
Gegengewicht folgt am 31.07. (S.5) „Bosnien-Flüchtlinge in Weißensee: Wir fühlen
uns wohl, wollen aber wieder nach Hause".

Der Leser im Monat Juli erlebt Ausländer, die in Gewalttaten verstrickt werden, das
Land als von „100.000 Flüchtlingen" bedroht, die von BILD in *gute* „Kriegsvertriebene" und *schlechte* „Scheinasylanten" unterschieden werden - Vertriebene, die
die Deutschen „herzlich" aufgenommen haben und die dann noch undankbar
gegenüber den *Ost*Deutschen sind.

Im *August* setzt sich dieses Szenario fort. Ausländer verursachen Gewalt oder stellen
eine Bedrohung dar, so eine mögliche Lesart. Im Auszug:

„150 Bulgaren über die Grenze" (4.8., S.7),
„Dieser Russe trinkt Blut" (5.8., S.14),
„Im Nachtbus: Rechtsradikale verprügelten und würgten Fahrgäste" (11.8.
S.5)
„Nach Rassismus-Demo: Eberswalde gleicht einem Schlachtfeld" (20.08.,
S.8)

Nach den Ereignissen von Rostock häufen sich die Artikel. Überschriften in
Wiedergabe der direkten Rede von Akteuren tauchen auf:

„Wir schlagen alle Asylanten tot" (24.08., S.1),
„Asylanten fragen: Deutsche, warum jagt ihr uns?" (25.08., S.1),
„Chaoten: 'Wir machen weiter'" und „Seid ihr wahnsinnig!" (25.08., S.2).

Unter der letzten Überschrift finden sich u.a. folgende Zitate:

„Wir alle müssen uns dieser Scherben schämen.(...) Vor vier Tagen kam die
Schneiderin Joana aus Rumänien, wurde hier einquartiert. Die Wände sind
verschmiert, es riecht streng nach Urin.(...) Draußen klatscht die Menge, als
hätte jemand ein Tor geschossen (...) - die schweigende Mehrheit johlt
(...)'Unglaubliche Sauerei, wie die Polizei auf unsere Jungs eindrischt', empört sich eine Frau (45). 'Ich habe nichts gegen Ausländer, aber gegen die
rumänischen Scheinasylanten und Zigeuner. Die stehlen in der Kaufhalle.

Zwei Monate haben sie im Freien kampiert und in die Büsche geschissen.'
Und die Politik? Jahrelang haben sie sich allesamt vor einer klaren Rege-
lung gedrückt. Gestern verurteilten sie die Ausschreitungen, so wie sie zuvor
andere Ausschreitungen verurteilt haben. Reden, reden, reden ... (Hervor-
hebungen im Original) Der CSU-Abgeordnete Benno Zierer: 'Man sollte in
die Städte der neuen Bundesländer keine Asylbewerber mehr schicken,
solange nicht die Gewähr besteht, daß die Polizei Herr der Lage sein kann.
Das war in Rostock nicht der Fall. Es darf nicht erst zu Toten kommen.'"

Der Kommentar vom selben Tag „Schützt die Träume unserer Kinder" lehnt die
Ausschreitungen entschieden ab. Unter der Überschrift „Steinewerfer: 'Die Leute
stehen auf unserer Seite'" wird der Stil der direkten Rede auf derselben Seite
fortgesetzt. „'Aufhängen, aufhängen' schrien die Gaffer"(26.08., S.2), „'Die wollten
nur eins: Polizisten plattmachen'" (27.08., S.2). Als Schuldige sind die Politiker
ausgemacht: „BILD-Leser: 'Die Politiker tun ja nichts'" (27.08., S.2). „Sie
schwafeln" - der Artikel ist versehen mit Bildern und Kommentaren zu Haltungen
und Handlungen prominenter Politiker in der Diskussion um eine Änderung der
Asylgesetze (27.08., S.1). Peter Boenisch kommentiert am selben Tag unter dem
Titel „Darum sind wir so wütend" wie folgt:

„*Nicht nur* zornig, sondern wütend sind viele Menschen in Rostock. Die
Chaoten nützen das aus.
Die, die Randale beklatschen, sind keine Neonazis - manche von ihnen nicht
einmal Ausländerfeinde.
Sie verstehen die Sprüche und Widersprüche unserer Politiker nicht. Wie soll
auch ein Kranführer verstehen, daß bei 1,1 Millionen Arbeitslosen in den
neuen Ländern in seiner Schicht drei von Rumänen gesteuert werden - für
Dumpinglöhne.
Drei Deutsche gehen stempeln und drei Rumänen arbeiten bei uns für ein
Butterbrot.

So wird Ausländerfeindlichkeit nicht beseitigt, sondern gezüchtet."Die Aus-
schreitungen von Rostock („Haßnacht", „Schreckensnacht", „Blutnacht") werden im
Aktionsstil berichtet - kurze, stakatohafte Sätze verbunden mit Zeitangaben: Ein
Drehbuch im Telegrammstil. Die Auseinandersetzungen werden vor allem als
Konflikt „Polizei vs. Chaoten" dargestellt - die Asylanten als Opfer geraten in den
Hintergrund, aus ihrer Perspektive wird fast nicht berichtet (Ausnahme: die oben
zitierte Überschrift). So finden sich beispielsweise Interviews mit Steinewerfern und
Angehörigen von Polizisten - die Angst der Asylanten in den bedrohten Häusern
kommt nicht zu Wort. Die Taten werden verurteilt (so im ersten Kommentar nach
den Ereignissen), für den Beifall der Umstehenden wird jedoch Verständnis

geäußert (vgl. den oben zitierten Kommentar von Peter Boenisch) - die Schuldigen sind laut BILD eindeutig die Politiker, die eine rasche Lösung des Problems versäumt haben.

Im *September* finden sich Überschriften, die weiterhin die Wahrnehmung einer Bedrohung durch die Asylanten verschärfen könnten:

Asylanten jetzt auf Schulhöfen (neue Studie). Jede Minute kommen zwei dazu (01.09., S.1)[9]
Ausländerhaß: Nach Rostock jetzt Cottbus (01.09., S.1)
Brandenburg: Schon doppelt soviele Asylanten (03.09., S.1)
Unfall mit Asylant - keiner zahlt (03.09., S.2)
Asylantenflut: Zahl der Illegalen fast verdoppelt (03.09., S. 10)
Asylanten im Klassenzimmer (05.09., S.1)
Asyl: Terror quer durch das ganze Land (07.09., S.1)
Wohnraum beschlagnahmt: Familie muß Asylanten aufnehmen (08.09., S.1)
Angstwort Billigarbeit 300 000 Schwarzarbeiter aus Osteuropa (22.09., S.2)
Asyl: Behörden dürfen in Privatwohnungen einweisen (25.09, S.1)

Beim näheren Hinsehen zeigt sich, daß die Überschriften zu den „Zwangseinweisungen" (08.09., S.2) übertrieben sind: Im ersten Fall (08.09.) betrifft es eine obdachlose Familie in einer von der Stadt bereitgestellten Unterkunft, die Teile dieser Wohnung räumen soll. Es handelt sich also keinesfalls um Beschlagnahme. Im zweiten Fall (25.09.) geht es um leerstehende Privatwohnungen, die eventuell als Unterkunft herangezogen werden sollen.

In den Kommentaren werden die Ausschreitungen gegen Ausländer entschieden abgelehnt. Die Kommentatoren fordern ein schärferes Durchgreifen durch konsequenteres Anwenden der bestehenden Gesetze (Boenisch 02.09.), appellieren an die Gemeinschaft der Demokraten (Loewe 04.09.) und fordern auf zur Verteidigung der Demokratie gegen den „braunen Wahnsinn" (19.09.).

Mit der übrigen Berichterstattung könnte allerdings - neben der Angst vor der „Asylantenflut" - der Unmut und das Mißtrauen gegen die Asylbewerber verstärkt werden. Zum einen durch Überschriften wie „Deutsche Putzfrau für Asylantenheim"

---

[9] Der zugehörige Text auf S.2 ist ein Beispiel für die von van Dijk beschriebenen Mittel der Diskriminierung durch überflüssige, irrelevante Informationen ("overcompleteness", 1991: 85). Zitat: "Wiesloch: (...) Sport muß ausfallen. Vereine können nicht trainieren. Köln (...) quartiert 120 Asylbewerber (...) in das wunderschöne Bensberger Barockschloß ein. In Mörfelden-Walldorf (..) leben 280 Asylbewerber mitten im Naturschutzgebiet. Im ehemaligen kurfürstlichen Jagdschloß Mönchbruch aus dem 17. Jahrhundert."

(04.09., S.2): Zu dieser Überschrift gehören Kurzzitate von empörten Leser/innen, die alle ablehnend bis empört reagieren. Zum anderen werden in Hintergrundberichten u.U. schon vorhandene Ressentiments in der Bevölkerung unterstützt - so in einem Hintergrundbericht über Sinti und Roma. Unter der Überschrift „Die 7 Geheimnisse der Sinti und Roma" (17.09., S.2) wird der diskriminierende Begriff Zigeuner umständlich etymologisch eingeführt - danach aber fast durchgehend benutzt. Im oftmals in der BILD-Zeitung benutzten Frage-und Antwort-Stil heißt es im Text unter anderem:

„Sind Zigeuner besonders kriminell? Sie sind selbstverständlich genauso wenig kriminell wie andere Menschen."

Jedoch, Mundraub und Bettelei gehören laut BILD (mit Bezug auf den SPIEGEL als Quelle) zum „historischen Bild", genauso wie andere Hygienegewohnheiten: Sinti und Roma benutzen angeblich keine Duschen und Toiletten. Zudem ist es unverständlich, wenn in der Überschrift allgemein von „Geheimnissen" gesprochen wird, bei vielen der vorgeblichen Charakteristika dieser Bevölkerungsgruppe handelt es sich nicht um verborgen gehaltene Eigenschaften. Die Assoziation mit „Geheimnissen" entspricht vielmehr dem Vorurteil des „Geheimnisumwitterten". Ein anderes Element der Vorurteilsstruktur gegenüber Sinti und Roma wird möglicherweise durch folgende Textpassage verstärkt:

„Gibt es einen Zigeuner-König? Ja (...) Analphabet. Häuser, 3 Mercedes, 6-Kilo-Goldkrone"

Reichtum ohne sichtbare Erwerbsquelle, verbunden mit niedriger Bildung, dies könnte Kriminalität nahe legen. Und weiterhin verursachen Ausländer Streitereien und bringen Gewalt nach Deutschland:

„Streit unter Türken - plötzlich knallte es" (15.09, S.6)
„Anschläge in Deutschland" (unter ausländischer Beteiligung aus Anlaß der Ermordung kurdischer Politiker in Berlin, 20.09., S.2)
„Blüm bei den Türken: Erst Kaffee, dann Streit" (23.09., S.2)

Im gleichen Monat werden Teilergebnisse von zwei Umfragen (gleichsam die *veröffentlichte Bevölkerungsmeinung*) wiedergegeben: Auf der Basis einer Infas-Umfrage - ohne Vergleichsdaten für vorhergehende Zeitpunkte - wird in der Überschrift behauptet: „Ausländerhaß im Aufwind" (12.09., S.1). Nach den dort folgenden Angaben findet jeder zweite Deutsche den Satz „Deutschland den Deutschen" richtig, jeder Dritte will sich gegen Ausländer wehren, jeder vierte meint: „Ausländer raus" sei richtig. Bei der zweiten zitierten Umfrage wird getitelt: „Die Furcht vor Fremden" (19.09., S.1,). 9% der OstDeutschen und 22% der WestDeutschen meinen nach BILD-Angabe, der hohe Zustrom von Asylanten sei verkraftbar, 70% aller Befragten fordern eine Grundgesetzänderung aufgrund des „Asylmißbrauchs".

Mit dem BILD-Kommentar „Der BILD-Ted: Wo bleibt die politische Autorität?" reagiert Klaus Liepelt (Infas-Geschäftsführer) am 12.09. auf die Ergebnisse einer Telefon-Abstimmung unter BILD-Lesern. 39% der Anrufer hatten dabei für Schönhuber als den besseren Kanzler votiert - für Kohl stimmten nur 23%, für Engholm lediglich 18,4%. Nach der selbstgestellten Frage, ob dieses Ergebnis möglicherweise ein Indiz für aufkommenden Rassismus und Neonazismus sei, schreibt Liepelt:

> „Richtiger ist, im Streß der deutschen Vereinigung vermissen die Deutschen politische Orientierung und Führung. Auch der Opposition traut man nicht zu, den Karren aus dem Dreck zu ziehen. So liegt es nahe, daß sich in dieser Situation manch einer an markige Parolen hält, an einfache Konzepte, wie sie die Rechtsradikalen anbieten."

Die Politiker der etablierten Parteien hingegen kommen weiterhin schlecht weg. Die Überschrift „Asyl - wie gehabt: Jeder gegen jeden" (23.09., S.1) faßt die Berichterstattung der BILD über die parteipolitischen Auseinandersetzungen zum Thema Aysl pointiert zusammen. Die SPD wird mit der Forderung nach einem Einwanderungsministerium zitiert („SPD will Einwanderungsminister" 10.09., S.2) - eine Forderung, die im Text kommentierend mit einem „sogar" versehen wird. In auffallender Häufigkeit werden Politikerstellungnahmen abgedruckt, die eine rasche Änderung des zu dieser Zeit bestehenden Asylrechts fordern (Klose 02.09., S.2; Vogel 17.09., S.2). Selbst Willy Brandt wird, während er im Todeskampf liegt, mit einer scheinbar aktuellen, tatsächlich jedoch länger zurückliegenden Stellungnahme vom Januar 1992 an prominenter Stelle plaziert:

> „Willy Brandt: Deshalb muß das Asyl-Recht geändert werden" (28.09., S.2)

Man könnte die Berichterstattung im Monat nach den Ausschreitungen von Rostock als motivierend für gewaltbereite Personen deuten: Vorurteile gegenüber Asyl-bewerbern werden verstärkt, die Angst vor Asylanten scheint angesichts der *be-schriebenen* Bedrohung gerechtfertigt (sowohl was die abstrakte Zahl, als auch die Probleme im Alltag betrifft), ein immer größerer Teil der Bevölkerung teilt laut der berichteten Umfrageergebnisse die Vorbehalte und Befürchtungen gegenüber den Fremden - und die Politiker scheinen nicht imstande, das „Problem" zu lösen. Zur Selbsthilfe zu greifen, scheint damit nicht abwegig, sondern gerechtfertigt - und keinesfalls eine Außenseiterposition.

Im *Oktober* setzt sich das für den September gezeichnete Bild der Bedrohung fort.

Neue Asylantenschwemme: Kommen zwei Millionen Russen (01.10., S.1)
Bundeswehr gegen Asylanten (07.10., S.1)
Deutsches Mietrecht: Rentner muß raus - für Asylanten (08.10., S.1)

Die dramatisch erscheinende Konfrontation Bundeswehr vs. Asylanten löst sich allerdings in Pläne auf, Beschäftigte der Bundeswehr zur Asylbehörde zu versetzen. Der beschriebene Rentner wohnt in einer stadteigenen Wohnung, ihm wurde eine Ersatzwohnung angeboten.

Politiker erweisen sich laut BILD zwar als verständnisvoll für die Sorgen der Bevölkerung, aber weiterhin als kurzsichtig und unfähig zur gewünschten Problemlösung: Engholm wird im Kommentar vom 12.10. explizit für seine Absicht gelobt, das Asylrecht ändern zu wollen. Seine innerparteilichen Gegner verhinderten aber laut BILD durch ihre Blockadehaltung eine Änderung. Engholm wird am folgenden Tag mit den Worten zitiert:

„Die stark ansteigende Zahl von Asylsuchenden verunsichert und besorgt inzwischen viele, die wahrhaftig mit rechten Krawallmachern nichts im Sinn haben." (S.2)

Am 26.10. - BILD hat auf S.1 gemeldet „Engholm: Stolpert er über Asyl?" - kommentiert Peter Boenisch unter der Überschrift „Die SPD im neuen Glaubenskrieg":

„Das Ausland beäugt uns mißtrauisch. Und das nicht nur wegen unserer Vergangenheit.
Wir sind politisch ein Volk ohne praktischen Verstand.
Wir haben zuviel Zuwanderer - also muß ein Einwanderungsgesetz her.
Selbst der Riese Amerika kommt nicht ohne aus.
Doch was machen wir? Religionsstreit, Glaubenskrieg.
Überall mupfen die Funktionäre gegen ihre Vorsitzenden auf. Und nicht mit Tatsachen, sondern mit Gefühlen.

'Wir können doch nicht der Renate (Vorsitzende der bayerischen SPD) auf
einem Weg folgen, den wir 20 Jahre bekämpft haben.'
Ihr könnt nicht nur, ihr müßt! Die Zeiten ändern sich.
Nicht die beweglichen Vorsitzenden sind unser Problem, sondern die starren
Funktionäre.
In der Demokratie beginnt - anders als im Obrigkeitsstaat - der Fisch unten
zu stinken."

Ein weiterer interessanter Punkt ist die Beschreibung der Täter. Zumeist werden sie
mit Begriffen wie „Nazis" und „Chaoten" bezeichnet. Als besonders kritisch
betrachtete Gruppen können die Skinheads gelten. Skinheads werden in einem
steckbriefartigen Artikel mit den Kopfzeilen

So sind die neuen Nazis 18-25 Jahre Oi-Musik Baseball-Schläger (23.10.,
S.2)

pauschal als Nazis bezeichnet. Dies geht jedoch an der sozialen Realität vorbei: Zum
einen sind nicht alle Skinheads gewalttätig und rechts (Farin/Seidel 1993, Gerth
1993), zum anderen sind nicht alle Gewalttäter Skinheads (Willems et al. 1993:31).
Der Normalbürger allerdings kann sich entschuldigt fühlen - er ist nicht einer der
„neuen Nazis". Die Tendenz zur Schwarz-Weiß-Malerei wirkt sich an dieser Stelle
besonders problematisch aus. Sie kann u.U. zu einer Schuldverschiebung führen, um
im zweiten Schritt eine dann legitimiert erscheinende Gewalt auszulösen.

In Deutschland werden weiterhin Asylanten und Ausländer angegriffen - und
schlagen u.U. zurück. BILD titelt dazu im Aktionsstil:

Asylanten verprügelten Skins (06.10., S.1)
Skins: „Los, wir machen die Asylanten platt" (06.10., S.2)
Asylbewerberheim Eisenhüttenstadt: Abgeordneter streckte Skin mit Karate-
Schlag nieder (08.10., S.9).

BILD berichtet jedoch auch von den ersten kollektiven Protestaktionen gegen die
Gewaltaten.

7000 in Sachsenhausen (05.10., S.1)
Super-Konzerte: Rock und Pop gegen Ausländerhaß (29.10., S.8)

In einem der Kommentare zu Beginn des Monats sieht Lothar Loewe eine zu geringe Zahl von Beteiligten an solchen Gegenaktionen und fordert deshalb die ehemaligen Demonstranten gegen Golfkrieg und Nachrüstung auf, sich an Aktionen gegen Rechts zu beteiligen (07.10.). Insgesamt aber „beruhigt" sich die Berichterstattung etwas - sowohl quantitativ als auch qualitativ. Die erste Welle der erregten Reaktionen nach Rostock scheint ihren Höhepunkt überschritten zu haben.

Im *November*[10] sind es aber gerade jene von Loewe geforderten Demonstranten aus dem linken Spektrum, die Befürchtungen bei den Autoren der BILD hervorrufen. Nachdem die Zeitung in vielen Artikeln zur großen Demonstration gegen Ausländerfeindlichkeit in Berlin aufgerufen hat (03.-06.11., u.a. mit einem Artikel einer türkischen BILD-Reporterin), ist die geäußerte Enttäuschung nach den Störungen autonomer Gruppen bei der Rede von Weizsäcker um so größer - BILD benutzt die direkte Rede, jedoch nicht die direkte Rede einer der beteiligten Akteure, sondern als eine Meinungsäußerung von BILD. BILD spricht, gleichsam in Vertretung der „Meinung des Volkes" - ein Symptom für erneut aufwallende Emotion:

Das ist nicht unser Deutschland: Steine, Eier gegen Weizsäcker (09.11., S.1)

Zwar werden in der nächsten Ausgabe Aufrufe zu mehr Härte gegen Rechts veröffentlicht,

Bubis: Mehr Härte gegen Rechtsradikale (10.11., S.1)
Menuhin: Hiebe für Rechte (10.11., S.1),

BILD fragt aber besorgt angesichts der „Krawalle von Berlin"

Kann es bei uns einen Bürgerkrieg geben
... und sechs weitere Fragen nach Berlin (10.11., S.2)

Die Angst vor bürgerkriegsähnlichen Auseinandersetzungen scheint zu wachsen. Allerdings könnten durch andere Teile der Berichterstattung vorhandene Ängste und Vorurteile in der Bevölkerung verstärkt werden. Was wiederum zu einem möglicherweise gewaltsamen Ausbrechen des Konfliktes führen könnte. Diese Vermutung gilt zum einen für Überschriften wie

---

[10] Bei den Artikeln des November handelt es sich um Auszüge aus der Brandenburg-Ausgabe.

Asylanten beim Zahnarzt: Wir zahlen 900 Millionen (14.11., S.2),

mit denen materielle Ängste unterstützt werden. Zum anderen betrifft dies einen weiteren Hintergrundbericht zu Roma und Sinti:

Bild-Besuch beim König der Zigeuner (16.11., S.2)

Der „König der Zigeuner" (vergl. BILD vom 17.09.[11]) droht laut BILD in diesem Artikel:

„Wenn wir nicht entschädigt werden, kommen wir alle nach Deutschland."

Die bereits im ersten Artikel benannten Unterschiede in der Hygiene werden nochmals betont.

„Bild: Hören sie alle (Romas in Deutschland, Th.Oh.) auf ihren König? Cloaba (der „König der Zigeuner", Th.Oh.): Leider nicht alle. Sie bekommen in Deutschland neue Kleider, waschen sich, und plötzlich verleugnen sie, daß sie Zigeuner sind. Ich kenne aber keine Seife, mit der man seine Herkunft abwaschen kann."

Zudem bestätigt der „König" das Vorurteil des Mißbrauchs des Asylrechts. Er wird anschließend mit einem überzogen erscheinenden Vergleich zitiert:

„Cloaba: Ich gebe zu, keiner meiner Landsleute, die in Deutschland nach Asyl fragen, sind hier in Rumänien politisch verfolgt. Aber wer kann es ihnen verdenken, wenn sie dort hingehen, wo es ihnen besser geht. Wenn Bonn meine Landsleute abschiebt, dann sind sie hier dem sicheren Tod geweiht. Der Winter wird sie töten. Die Abschiebung ist ein zweites Auschwitz. Ich protestiere dagegen."

Nach dem Mordanschlag von Mölln verändert sich die Berichterstattung. BILD titelt:

Die Schande von Mölln. Diese Irren machen unser Land kaputt (25.11., S.1)

---

[11] BILD korrigiert sich im Artikel vom Oktober selbst - gibt dies aber nicht an ("Seine Krone ist aus purem Gold, wiegt 2.5 Kilo").

Warenboykott, Investitionsstopp, Sportsperre, ... so kann die Welt uns bestrafen (25.11., S.2)

In der letzten Überschrift taucht die Angst vor einer negativen wirtschaftlichen Reaktion des Auslands erstmals an hervorgehobener Stelle auf. In der Rubrik „Bonn vertraulich" fordert Mainhart Graf Nayhauß mehr GSG 9-Beamte, falls der Bundesinnenminister dies für nötig halten sollte (25.11.). Rafael Seligman ruft am selben Tag in einem BILD-Kommentar zur Besonnenheit auf. Er lehnt vor allem Selbstbewaffnungen von Ausländern ab. Vom 26.-28.11. finden sich allein 17 Artikel zum Themenbereich Asyl, Ausländer und Gewaltaktionen. Die Lage scheint sich in Richtung „Bürgerkrieg" - wie zu Monatsanfang beschrieben - zuzuspitzen, dies belegen Überschriften wie

CDU: Rechts-Chaoten mit Hubschraubern bekämpfen (26.11., S.2)
Juden verlassen Deutschland (26.11., S.2)

Paul C. Martin fordert in seinem BILD-Kommentar am 24.11. „Fast ist es schon zu spät" u.a.

„(...) Es reicht nicht mehr, für Ausländer zu 'demonstrieren'. Jetzt müssen sie verteidigt werden, wo immer sie sich aufhalten. Mit Polizei, Grenzschutz, notfalls mit der Bundeswehr.
Die Lösung des Problems der Asylüberschwemmung darf nicht mehr vertagt werden, bis (vielleicht im Frühjahr?!) ein 'Konsens' unter den Parteien hergestellt ist.
Die Politiker haben die Dinge viel zu lange treiben lassen. Es ist nicht mehr Zeit, parteipolitische Süppchen zu kochen. (...)"

Auf dem „Schlachtfeld: Deutschland" (30.11., S.2) versagen wieder die Politiker

„Feuer, Mord, Wut - Asyl: Entscheidung wieder vertagt. Die 17 Versager" (30.11., S.1, mit Bildern von 17 Politiker/innen).

Peter Boenisch sieht in seinem Kommentar am selben Tag bereits die „Republik in Gefahr", falls die Politiker nicht zu „nationaler Einigung" fähig sein sollten.

Eine partielle Wende in der Berichterstattung von BILD kam meines Erachtens nicht erst mit Mölln, sondern bereits mit Berlin - sprich der gescheiterten Großdemonstration. Das dann folgende Interpretationsschema war das des bevorstehenden Bürgerkrieges: Links gegen Rechts. Mölln verstärkte diesen Effekt, der Mord führte

zu einer weiteren Emotionalisierung der Texte und damit u.U. zu einer Dramatisierung der realen Situation.

Im *Dezember* findet das Szenario eines aufkommenden Bürgerkrieges seine
Fortsetzung.

> Bewaffnen sich die Türken in Deutschland wirklich (03.12., S.2)
> Schlachtfeld Deutschland:
> Fall 1: Selbstjustiz. 40 schlagen Nazi-Führer
> Fall 2: Fremdenhaß: 7 Soldaten schlagen Jugoslawen (04.12., S.2)
> 'Rache für Mölln': Türken schnitten Deutschem Halbmond auf die Brust
> (07.12., S.1)
> Linke Chaoten gegen rechte Chaoten (28.12., S.2)

Lothar Loewe schreibt in seinem Kommentar vom 01.12.

> „... Kaum jemand (im Ausland, Th.Oh.) versteht, warum Polizei und Justiz
> nicht energischer dem braunen Spuk und dem roten Anarcho-Terror ein Ende
> setzen. ... Wenn die Ausländer erst anfangen, keine deutschen Autos mehr zu
> kaufen, ist es vorbei mit unserem Wirtschaftswunder. ...“

In diesem Kommentar verstärkt Loewe die zuvor von BILD geäußerte Befürchtung,
das Ausland könnte mit wirtschaftlichen Sanktionen reagieren. Nicht Moral, sondern
das Geschäft ist das Argument. In dieser dramatischen Situation versagen wieder die
Politiker:

> Asyl: Noch ein Tag (05.12., S.1)
> Zitat aus diesem Artikel: „... Die vollen acht Tage wurden entschlußlos
> vertan. In der gleichen Zeit ist wieder eine Kleinstadt voller Flüchtlinge nach
> Deutschland gekommen. Die meisten waren wieder Wirtschaftsflüchtlinge.
> ...“

> Asyl: SPD-Linke will nicht mitmachen (08.12., S.2)
> Asyl: Kippt die SPD um? (09.12., S.1)
> Asyl: SPD-Vogel geht Kompromiß zu weit (09.12., S.2).

BILD registriert aber auch verstärkt Gegenaktionen, eine eigene kleine Aktion wird
ins Leben gerufen:

> 350.000 Lichter - gegen den Haß (07.12., S.2) - München
> Rock und Frieden gegen den Haß (14.12., S.2) - Frankfurt

Ein Herz für Asylantenkinder: Promis unter der Zirkuskuppel (19.12., S.6)
Nein zur Gewalt: Weihnachten läßt ganz Berlin die Kerzen leuchten (21.12., S.1)

„Aktion: Ich verachte Ausländerhaß" (Zitat und Bild u.a. 14.12., S.2, Stadtpräsident Friedrich Magirius (Leipzig), Berufsboxer Henry Maske (Berlin))

Auch die Folgen alltäglicher Ausländerfeindlichkeit werden zum Thema:

„Haut die Bimbos platt" - Polizist gefeuert (05.12., S.1)
Türkenwitze - gefeuert (17.12., S.1)
Ausländerhaß: Cola feuert Pförtner (19.12., S.1)

BILD führt einige der Stränge weiter, die sich in den Monaten vorher entwickelt haben, am deutlichsten die des Bürgerkriegsszenarios und der versagenden Politiker. In diesem Monat mit einer großen Zahl von Artikeln wird allerdings auch über die Gegendemonstrationen, die Urteile der Gerichte und über Reaktionen auf Ausländerfeindlichkeit im Alltag berichtet.

Zusammenfassend soll kein direkt kausaler Zusammenhang zwischen den Gewalttaten und der Berichterstattung in der BILD-Zeitung hergestellt werden. Es soll lediglich auf der Basis des ausgebreiteten Materials überlegt werden, wie ein ausländerfeindlich eingestellter und gewaltbereiter Leser der BILD-Zeitung den berichteten Zeitraum erlebt haben könnte. Die Ergebnisse dieser Überlegungen sind also keinesfalls als abgesichert, sondern lediglich als empirisch informierte Spekulation zu bezeichnen.

Vorab: Es kann nicht davon gesprochen werden, die BILD-Zeitung unterstütze, beschönige und schüre damit weitere ausländerfeindliche Gewalttaten. BILD spricht sich eindeutig gegen Gewalt aus - die politische Haltung in dieser Frage ist klar. Ein Leser jedoch, der selbst ausländer*feindlich* ist, kann in der ausländer*kritischen* Berichterstattung der BILD seine Vorurteilsstruktur bestätigt sehen. Er kann Unterstützung finden für sein Gefühl der Bedrohung durch die schiere Masse der Asylsuchenden (die Rede von einer „Asylantenschwemme" in nicht kommentierenden Artikeln ist etwas anderes als eine Wiedergabe der tatsächlich steigenden Zahl).

Seine Befürchtungen gegenüber fremden, von seinem Denken und Handeln abweichenden Haltungen und Handlungen werden u.U. durch die Berichterstattung verstärkt (vergl. die Hintergrundberichte über Diebstahl- und Hygienegewohnheiten von Sinti und Roma). Die Angst unseres Lesers.

Arbeit und Wohnung durch Ausländer oder Asylanten zu verlieren, findet ebenfalls Bestätigung. Er findet auch Belege für seine Vorstellung, die Ausländer brächten Gewalt nach Deutschland. Aufkommende Zweifel an seiner pauschalen Haltung kann er beruhigen, indem er das von BILD gemachte Angebot der Unterscheidung von guten Kriegsflüchtlingen und schlechten Wirtschaftsasylanten annimmt (Kommentar vom 28.07.). BILD-Kommentatoren und von BILD zitierte Politiker zeigen sich zusätzlich verständnisvoll, was die Wut und Angst der Bürger gegenüber bzw. vor Asylanten angeht (vergl. Kommmentare vom 27.08. und 12.09., Engholm-Artikel vom 13.10.). Die Politiker aber - die eigentlich zum Handeln Aufgerufenen - werden generell als unfähig dargestellt, das anstehende Problem zu lösen. Die Wut ist also berechtigt, nur: Es wird nichts getan. Auf dem Hintergrund dieser Botschaften könnte die Aktionsbereitschaft von Lesern wachsen.

Einen weiteren Faktor bildet die vereinfachende Darstellung des Konfliktes um gewaltsame Angriffe durch die BILD-Zeitung: Auf der einen Seite stehen die „bösen" Faschisten, auf der anderen die „guten" Polizisten (die angegriffenen Ausländer sind gleichsam Staffage). Als dritte Akteure in dem von BILD bereiteten Bürgerkriegsszenario kommen die „linken Chaoten" ins Spiel. Durch die einfache Gleichsetzung (Neue Nazis = Skins) kann sich jedoch der „Normalbürger", der sich äußerlich und innerlich nicht zu dieser Gruppe zählt, entschuldet fühlen. Ausländerfeindlichkeit ist also nur nazistisch, wenn ich mir eine Glatze schneiden lasse. Die Skins sind gleichsam freigegeben als Projektionsfläche der moralischen Bedenken der potentiellen Täter - die Skins sind die „identifizierten Kranken". Ein „Stinknormaler" - um im Jargon der Jugendszene zu bleiben - kann also durchaus ausländerfeindlich sein oder Gewalttaten unterstützen, gar vielleicht selbst ausüben, ohne Gefahr zu laufen, zum Nazi zu werden. In dieser Vereinfachung des Konfliktes (und seiner *action*-trächtigen Darstellung) liegt eine weitere Möglichkeit, eventuell dazu beizutragen, Gewalt auszulösen.

Die BILD-Artikel nach Mölln zeigen Empörung über die Taten, Gegenaktionen werden wohlwollend wahrgenommen, zur Teilnahme wird aufgefordert; ausländerfreundliche Zitate von Prominenten werden veröffentlicht - sie bilden eine Rubrik, als BILD-Aktion ins Leben gerufen nach den Morden; ebenfalls im Dezember wird erstmals über entschiedene Reaktionen gegenüber dem Rassismus im Alltag berichtet - die Berichterstattung hat sich verändert. All das könnte u.U. jedoch zu spät gekommen sein, falls sich unser angenommener Leser, vielleicht durch Alkohol bedingt

und durch Gruppendruck verstärkt, zu einer Gewalttat hat hinreißen lassen.
Die BILD hat ihn nicht davon abgehalten, sie hat ihn auch nicht dazu
aufgefordert - sie hat aber die in ihm wühlenden Ängste durch ihre Berichte
bestätigt und damit vielleicht das Faß zum Überlaufen gebracht. Zumindest
aber muß sich BILD der Verantwortung stellen, durch ihre Artikel eine
scheinbare Übereinstimmung dieser Ängste und Befürchtungen mit den
Empfindungen der Mehrheit der Bevölkerung hergestellt oder bestätigt zu
haben. Zurückhaltung und differenzierende Worte könnte man hier an-
mahnen und nicht eine u.U. die Auflagenhöhe fördernde Unterstützung der
diffusen Ängste in der Leserschaft. Die explizit bezogene politische Position
und die implizit transportierten Meinungen stimmen bei BILD, in diesem
Zeitraum und zu diesem Thema, keinesfalls überein.

So what?

In Zeiten erregter öffentlicher Debatten kommt den Medien eine besondere
Funktion zu. Die durch sie veröffentlichten Meinungen und der Stil der
Mitteilung müssen von den Medien in solchen Zeiten besonders sorgfältig
bedacht werden. Was u.U. in anderen Zeiten wirkungslos verpufft, kann nun
gefährlich, weil gewaltauslösend werden. Für das zweite Halbjahr 1992
konnte mit einer Überschriften-(und in Teilen auch Artikel-)Analyse der
BILD gezeigt werden, daß dieses Medium die Zahl der Gewaltaktionen
miterhöht haben könnte. BILD wandte sich vordergründig gegen die
Gewalttaten (so in der Mehrzahl der Kommentare). Sieht man aber etwas
genauer hin, so entdeckt man Überschriften und Artikel, die Ressentiments
und Ängste gegenüber den Fremden verstärken oder Verständnis zeigen für
die stillschweigende Unterstützung der Gewalttaten. Man liest Überschriften
und Artikel, die allein Skinheads als verantwortlich und als „Nazis"
darstellen - damit gleichermaßen den Normalbürger entschulden. Und man
findet Berichte, welche die Politiker als unfähig zu einer Lösung darstellen -
Berichte, die damit u.U. zu Aktionen der Selbstjustiz provoziert haben
könnten. Nach Mölln wird klarer und eindeutiger Position bezogen. Dieser
Wechsel kam jedoch - bezogen auf die Gewalttaten einzelner - vielleicht zu
spät.

Die Berichterstattung der BILD-Zeitung zu den Themen Asyl und Gewalt in
der zweiten Jahreshälfte 1992 hat zu einer Verbesserung der gesellschaftlichen Chancenstrukturen ausländerfeindlicher Gewaltaktionen beigetragen. Die Redaktion der Zeitung hat nicht nur die Realität abgebildet,
sondern durch ihre Berichte Vorurteile und Handlungsdispositionen in

Richtung Gewalt verstärkt. In diesem Sinne könnte man der Redaktion vorwerfen, sich fahrlässig verhalten zu haben.

Gesellschaftliche Chancenstrukturen für gewaltsamen Protest bestehen zu einem Großteil aus dem diffus empfundenen „Meinungsklima". Diese flüchtige Größe wird um so bedeutsamer, je größer die öffentliche Erregung über und um ein Thema ist. Die Akteure öffentlicher Meinungsbildung sollten sich insbesondere in dieser Zeit bemühen, die Affekte nicht noch zu verstärken. Die gesellschaftliche Chancenstruktur bestand und besteht in unserem Falle aber nicht nur aus den hier operationalisierten Faktoren. Die staatliche Repression (Verhaftungen und Urteile), die Gegenaktionen (Lichterketten) und natürlich die nicht betrachteten Medien (Fernsehen und Lokalzeitungen), all diese Elemente sind wichtig und bedürfen weiterer Bearbeitung. Von nicht unerheblicher Bedeutung ist aber auch das Verhalten einer großen Zeitung wie BILD. Es soll an dieser Stelle jedoch nicht um die Zuschreibung von Absicht und Schuld auf Seiten von BILD gehen, sondern um die mögliche Wirkung - und damit letztlich um den Abbau von Gewalt in unserer Gesellschaft. Die Gewaltaktionen, so schrecklich sie aktuell sind, sollen rückblickend Episode bleiben. Dazu können veränderte Chancenstrukturen für Gewalt beitragen.

Literatur

AWA, 1989: Allensbacher Markt-Analyse Werbeträger-Analyse. Teil 1. Allensbach: Institut für Demoskopie.

AWA, 1990: Allensbacher Markt-Analyse Werbeträger-Analyse, Westteil, Band I. Allensbach: Institut für Demoskopie.

AWA, 1991: Allensbacher Markt-Analyse Werbeträger-Analyse, Ostteil, Band I. Allensbach: Institut für Demoskopie.

BKA, 1993: Jahreslagebericht 1992 für den Bereich Rechtsextremismus/-terrorismus und fremdenfeindliche Straftaten. Meckenheim: Bundeskriminalamt.

Eckert, R., 1993: Gesellschaft und Gewalt - ein Aufriß. Soziale Welt 44: 358-374.

Farin, K./ Seidel-Pielen, E., 1993: Skinheads. München: Beck.

Gerth, M., 1993: Der Skinheadkult. Einblicke in eine Jugendkultur. Leipzig: Institut für Kulturwissenschaft, Univ. Leipzig (unveröffentlichte Diplomarbeit).

Jaschke, H.-G., 1993: Formiert sich eine neue soziale Bewegung von Rechts? Über die Ethnisierung sozialer und politischer Konflikte. Mitteilungen des Instituts für Sozialforschung, Frankfurt/Main: Johann Wolfgang Goethe-Universität.

Kühnel, W., 1993: Jugend in den neuen Bundesländern: Veränderte Bedingungen des Aufwachsens, Gewalt und politischer Radikalismus. Berliner Journal für Soziologie 3: 383-407.

Media-Analysen, 1992: Pressemedienstudie Ost 1992. Berichtsband. Frankfurt: Media-Micro-Census Verlag.

Media-Perspektiven, 1992: Daten zur Mediensituation in Deutschland, Basisdaten 1991.

Ohlemacher, T., 1994: Public Opinion and Violence against Foreigners in the Reunified Germany. Zeitschrift für Soziologie 23: 222-236.

PDS/Linke Liste im Bundestag, AK Innenpolitik (Hrsg.), 1993: Neofaschistischer und rassistischer Terror 1992 - Die von der Bundesregierung herausgegebenen Zahlen und ihre Bewertung. Bonn: PDS/Linke Liste im Bundestag.

Van Dijk, T.A., 1988a: News Analysis, Case Studies of International and National News in the Press. Hillsdale NJ: Lawrence Erlbaum.

Van Dijk, T.A., 1988b: News as Discourse. Hillsdale NJ: Lawrence Erlbaum.

Van Dijk, T.A., 1988c: Semantics of Press Panic, The Tamil 'Invasion'. European Journal of Communication 3: 167-187.

Van Dijk, T.A., 1991: Racism and the Press. Critical Studies in Racism and Migration. London: Routledge.

Willems, H./Würtz, S./Eckert, R. (unter Mitarbeit von *Lerch, M. und Steinmetz, L.*), 1993: Fremdenfeindliche Gewalt: Eine Analyse von Täterstrukturen und Eskalationsprozessen. Universität Trier: Forschungsbericht, vorgelegt dem Bundesministerium für Frauen und Jugend und der Deutschen Forschungsgemeinschaft im Juni 1993.

Reinhold Sackmann

Nationalstaat und Gewalt

Eine Betrachtung aus makrosoziologischer Sicht

Zwischen 1991 und 1993 kam es zu einer erschreckenden Welle rechtsextremistischer Gewalt in Deutschland, die Gegenstand eines breiten Problemdiskurses war. Im Zentrum des öffentlichen Interesses standen Gewalttaten gegen Ausländer, die von den Tätern mit nationalistischen Ansichten begründet wurden. Das in- und ausländische Interesse an diesen Ausschreitungen war groß, wobei sich ein Teil der inländischen Aufmerksamkeit für das Thema der Tatsache verdankt, daß zeitgleich eine hitzige Debatte über Rechtsregelungen zur Begrenzung des anschwellenden Zuzuges von Asylbewerbern stattfand.

Mein Beitrag gliedert sich in drei Teile. Im ersten Teil wird eine phänomenologische Sicht ausländerfeindlicher Gewalttaten im Kontext von Internationalisierungsprozessen dargelegt. Dabei wird von einem Zusammenhang zwischen der „Welle" von Gewalttaten und der Problematisierung des Asylrechts in öffentlichen Diskursen ausgegangen (1). Den heftigen Konflikten um Asylrechtsbewerber lagen Veränderungen zwischengesellschaftlicher Verhältnisse zugrunde. Diese Veränderungen werden unter dem Stichwort „Internationalisierung" in einem breiteren Kontext dargestellt und historisch mit den Bedingungen des Nationalsozialismus kontrastiert (2).

Der zweite Teil des Beitrages liefert eine analytische, makrosoziologische Sicht des Phänomens ausländerfeindlicher Gewalt mit dem Ziel eines Lösungsansatzes. Ausgangspunkt hierfür ist, daß Parallelen zwischen der Nationalstaatsgenese und der Verarbeitung von Internationalisierungskonflikten (wie z.B. ausländerfeindlicher Gewalt) vorhanden sind. In einem ersten Schritt wird hierzu das Wechselspiel von Nationalismus, Nationalstaat und Integrierung nationaler Gesellschaften beschrieben (3). In einer zivilisationstheoretischen Sicht besteht das wesentliche Element des Prozesses der Nationalstaatsbildung darin, daß durch ein zentralisiertes Gewaltmonopol innerstaatliche Konflikte „zivilisiert", d.h. pazifiziert wurden und andere Konfliktaustragungswege gebahnt wurden. Gleichzeitig verblieb der zwischengesellschaftliche Bereich weitgehend in einem „unzivilisierten" Zustand, in dessen Kontext Gewalt ein legitimes Mittel der Konfliktaustragung blieb. Elias, der Hauptvertreter eines zivilisationstheoretischen Ansatzes, sah deshalb in der Errichtung eines internationalen Gewaltmonopols einen Weg zur Zivilisierung zwischengesellschaftlicher Verhältnisse (4).

Im letzten Teil des Beitrages wird der Ansatz von Elias in seinen analytischen Stärken und Mängeln diskutiert (5). In vier Szenarios werden mögliche Entwicklungsrichtungen zwischengesellschaftlicher Verhältnisse daraufhin überprüft, welchen Stellenwert Überlegungen zur Institutionalisierung einer Weltgesellschaft unter den gegenwärtigen Bedingungen haben könnten (6).

1. Phänomenologie der Welle ausländerfeindlicher Gewalt

Analytisch handelt es sich bei Gewalttaten gegen Ausländer um eine Form von Gewalt in Nationalstaaten, die Bezug nimmt auf ein zwischenstaatliches Verhältnis. Zwischenstaatliche Verhältnisse werden im Nationalstaat reproduziert durch die Leitunterscheidung Inländer/Ausländer; ohne den Nationalstaat würde es die Unterscheidung Inländer/Ausländer nicht geben. Die rechtlichen Kategorien des Nationalstaates (Inländer, Ausländer, Asylbewerber, Einwanderer, etc.) prozedieren diese Differenz, die Folie für Konflikte sein kann.

Eine Besonderheit des Asylbewerberstatus, die mit zu seiner Prominenz innerhalb des Diskurses um ausländerfeindliche Gewalt beitrug, ist, daß der Status „Asylbewerber" innerhalb der Leitdifferenz Inländer/ Ausländer einen transitorischen Grenzbereich darstellt, da der legitime Endstatus erst in einer Aushandlung individuell geklärt werden muß. Vor der Entscheidung über die Rechtmäßigkeit eines Asylantrages ist unklar, ob es sich um einen nicht rechtmäßig in einem Land befindlichen Ausländer handelt oder ob es sich um einen Ausländer handelt, der zu Recht zeitweilig zu einem „Quasi-Inländer" wird. Der Zwischenstatus „Asylbewerber" prädestiniert eine Stigmatisierung, eine Kenntlichmachung der Vorläufigkeit dieses Zustandes, da eine Verwechslung mit dem legitimen Status eines Inländers oder eines legitimen „Gastarbeiters" ausgeschlossen werden soll. Durch gesonderte Wohnräume und einen besonderen Arbeitsstatus wurde die „Außerterritorialität" des Zustandes „Asylbewerber" auch nach außen sichtbar dokumentiert. Es verwundert deshalb nicht, daß gerade speziell für Asylbewerber reservierte Wohnanlagen ein bevorzugtes Ziel der öffentlichkeitswirksamsten Ausschreitungen der Welle rechtsextremistischer Gewalt (Hoyerswerda und Rostock) boten.

Rein zeitlich ist eine Koinzidenz von rechtsextremistischen Ausschreitungen (vornehmlich) gegen Asylbewerber und einer öffentlichen staatlichen Debatte über die Legitimität des an sich schon prekären Asylbewerberstatus festzustellen. Nicht zu Unrecht wurde darauf hingewiesen, daß ausländerfeindliche Randalierer bei Gewalttaten gegen Asylbewerberheime mit einer breiten Akzeptanz durch die Bevölkerung rechnen konnten, zumal in einem wichtigen Teil des politischen Spektrums die Illegitimierung des Asylbewerberstatus betrieben wurde. Obwohl das Mittel der Gewalt von fast allen politischen Kräften nicht befürwortet wurde, bestand zumindestens eine tendenzielle Übereinstimmung in dem Ziel einer weitgehenden Reduzierung der Zahl von Asylsuchenden (vgl. Willems 1992).

Die große Resonanz rechtsextremistischer Gewalt in den Medien, das tendenzielle Verständnis für die Gewalttaten in einem Teil der Öffentlichkeit und die manchmal sehr widersprüchliche Reaktion der Sicherheitskräfte auf die Ausschreitungen lassen sich nur im Kontext des Vorhandenseins von Interessenten an einem Problemdiskurs „Asyl" erklären. Die Gruppe dieser Interessenten reichte von Bundespolitikern zu Kommunalpolitikern, die für die Unterbringung von Asylbewerbern zuständig waren, von entschiedenen Asylbefürwortern zu entschlossenen Asylrechtsreformierern. Erst in der Verbindung mit der Asylrechtsdebatte wurde aus dem kaum beachteten Randthema einer schon seit den 80er Jahren in Westdeutschland zunehmenden Zahl rechtsextremer Gewalttaten gegen Ausländer ein zentrales innenpolitisches Thema. Mit der Verabschiedung des rechtsverändernden „Asylkompromisses" verebbte die Welle rechtsextremer Gewalt - zumal sie sich von Anschlägen gegen Asylbewerberheime auf Anschläge gegen „Gastarbeiter" (Mölln, Solingen) verlagerte. Die Emotion der öffentlichen Resonanz verschob sich von heimlicher Zustimmung zu offener Ablehnung, die nun in „Lichterketten" gezeigt wurde (vgl. Greiffenhagen 1994: 99).

2. Internationalisierung als Konflikt rechtsextremer Gewalt

So wichtig eine genaue Rekonstruktion der Konstruktion des sozialen Problems „Asylbewerber" für das Verständnis der Welle rechtsextremer Gewalt ist, so wäre es doch vordergründig, allein den Prozeß der Konstituierung eines sozialen Problems in Diskursen als zentral bei der Untersuchung sozialer Probleme anzusehen (vgl. die Debatte Kitsuse/ Spector 1973; Haferkamp 1987). Bei Gewalttaten wie z.B. Morden kann das Interesse von Soziologen nicht nur darin bestehen, ob Meldungen darüber auf der ersten oder auf der letzten Seite einer Zeitung plaziert werden, und wer mit welchen Interessen für die Plazierung der Meldung und deren Deutung verantwortlich ist. Ein genuin soziologisches Interesse liegt auch darin, die „objektiven" Konflikte einer Problemlage zu untersuchen, um darauf aufbauend Vorschläge zu ihrer Lösung zu entwickeln.

Bei der Erklärung rechtsextremer Gewalt wird in der Literatur betont, daß es sich um Probleme von Individuen oder Einzelgesellschaften handelt, bzw. daß sie aus Prozessen der Gruppendynamik oder gesellschaftsinternen Konflikten abzuleiten sind (für einen Überblick s. Kliche in diesem Band). Vernachlässigt wird dabei in vielen Ansätzen, daß ausländerfeindliche Gewalt immer auch zwischenstaatliche Verhältnisse thematisiert, mithin eine traditionell der Makrosoziologie vorbehaltene Dimension des Verhältnisses von Gesellschaften zueinander enthält. Diese makrosoziologische Dimension steht im Zentrum dieses Beitrages. Die Leitthese ist dabei, daß es sich bei ausländerfeindlicher Gewalt um Konflikte in bezug auf einen Prozeß der Internationalisierung - also eine Veränderung zwischengesellschaftlicher Verhältnisse - handelt. Schwierigkeiten bei der Verarbeitung von Internationalisierungsprozessen sind zwar nicht Auslöser, aber doch langfristig wirkende Ursachen von nationalistischer Gewalt gegen Ausländer. Am Anfang der „Asyldebatte" standen nicht nur ausländerfeindliche Anschläge, sondern auch eine reale Zunahme der Asylbewerberzahl. Die Zunahme von Asylbewerbern in Deutschland war Teil von zwischengesellschaftlichen Wanderungsströmen. In vielen Ländern Westeuropas führten Migrationen zu Konflikten. Die Aushandlung des Status von Migranten war in diesen Ländern problematisch, auch wenn das Asylthema nicht in jedem Land im Vordergrund stand. Anschwellende Wanderungszahlen sind Teil eines generellen Trends zunehmender globaler Interdependenzen, einer Internationalisierung sozialer Beziehungen. Die Migrationen und die heftigen Reaktionen auf diese Migrationen können nur im Kontext dieses generellen Internationalisierungsprozesses verstanden werden."Internationalisierung" ist dabei allerdings ein schillernder Begriff (vgl. Knieper 1991; Kennedy 1993; Narr/Schubert 1994). Ich will hier drei Ebenen unterscheiden:

Abb. 1: Ebenen der Internationalisierung

Bereich	*Form*	*Rückwirkung im Nationalstaat*
Ökonomische Internationalisierung:	Zunahme von Handel, grenzüberschreitende Kapitalflüsse und Arbeitsmigrationen	Freihandel versus Protektionismus
Politische Internationalisierung:	Ansätze zu einer politischen Vergesellschaftung: UNO, EU, etc. Militärbündnisse	Internationalisten versus Isolationisten
Kulturelle Internationalisierung:	"Hollywood"; "Weltmusik"	Rezipienten; Multikulturalisten versus Renationalisierer

Die *ökonomische Internationalisierung* ist die auffälligste und folgenreichste Entwicklung. Der internationale Handel hat zugenommen und damit auch die internationale Arbeitsteilung[1]. Die Mobilität des Finanz- und Anlage-kapitals hat ebenfalls zugenommen. Die internationale Konkurrenz, also die im Marktsystem spürbare Interdependenz der Akteure, hat bei betrieblichen Entscheidungen an Relevanz gewonnen. Die Konkurrenzfähigkeit wird auch auf nationaler Ebene diskutiert (wie in den Debatten zum „Standort Deutschland"). Die internationale Mobilität von Arbeitskraft expandiert, wenn auch nicht in dem selben Umfang wie der zwischenstaatliche Handel. Die Mobilität von Arbeit ist ein zentrales Thema rechtsextremer Ängste, ebenso wie die protektionistische Beschützung des nationalen Arbeitsmark-tes eine der zentralen Forderungen dieser Richtung ist.

Die politische Internationalisierung bezieht sich bis jetzt überwiegend auf die Entwicklung überstaatlicher Organe sowie in einigen Regionen auf über-staatliche Verbände wie die EU. Im Ost-West-Konflikt war die Internatio-nalisierung von Militärkonflikten sehr weit fortgeschritten. Ansätze zu überstaatlicher Regulierung gibt es in der UNO. Generell verläuft die Ent-wicklung in diesem Bereich eher langsam.

Die *kulturelle Internationalisierung* ist ein Hauptstreitpunkt in den Debatten über „Ursachen rechtsextremer Gewalt". Auf einer Realebene hat sich eine dominante westliche Weltkultur herausgebildet mit vielen Nationalkulturen in Relation zu dieser. Die Quasi-Ubiquität der Produkte der Filmindustrie Holywoods auf fast allen Medienmärkten der Welt ist nur ein Beispiel für die kaum hintergehbare Entwicklung eines Weltkommunikationsnetzes und damit auch einer Weltkultur. Für den rechtsextremen Diskurs ist allerdings nicht diese kulturelle Internationalisierung störend. Bezugspunkte für diesen Diskurs sind als „unterlegen" definierte Kulturmerkmale, wie z.B. Schleier und Kopftuch.

Prozesse der Internationalisierung sind auf allen drei Ebenen konfliktträch-tig und begründen ausländerfeindliche Gewalttaten:- Die Zunahme der öko-nomischen Interdependenzen und damit von Konkurrenz kann verunsi-chernd wirken, da in „reichen Staaten" die eigene gutgestellte Position in

---

[1] Zwischen 1720 und 1971 hat sich das Volumen des Welthandels um das 460fache vermehrt (Rostow 1978: 65f.). Von 1970 bis 1991 fand eine Verzehnfachung des Umfangs des Welthan-dels statt (United Nations 1993: 2f.).

der Weltgesellschaft als abstiegsgefährdet erlebt werden kann. Rechtsextreme Forderungen nach einer Abschließung des nationalen Arbeitsmarktes können von daher als kurzfristig interessenrational empfunden werden.- Ausländer im Inland können eine „Sündenbock-Funktion" für einen erlebten Kontrollverlust des Nationalstaates übernehmen, da der Staat immer weniger den in der internationalen Ökonomie verursachten Krisen Herr werden kann. In diesem Fall ist es zwar irrational von einer Vertreibung von Ausländern eine Krisenlösung zu erwarten, der Versuch ermöglicht allerdings die Illusion einer Kontrolle der Verhältnisse.[2]

- Der Nationalstaat steht den militärischen und politischen Konflikten in „fernen" Ländern hilflos gegenüber. Eine Zunahme von Asylbewerbern aus diesen Konfliktländern zeigt an, daß in der Weltgesellschaft Distanzen von Raum und Information geringer geworden sind, die Rückwirkungen von fernen Krisen also spürbarer geworden sind. In Bezug auf diese Konfliktflüchtlinge stellen Forderungen nach einer Schließung der Grenzen nur eine problemvermeidende Lösung dar.

- Kulturelle Konflikte stellen demgegenüber eher nachrangige Probleme dar, da sie häufig nur als Projektionsfläche für Wohlstandskonflikte dienen. Die Nicht-Thematisierung ökonomischer und politischer Konflikte begünstigt ihre primär kulturelle Wahrnehmung.

Der Trend zur Internationalisierung führt zu Reaktionen in den Nationalstaaten, die nicht vom rechtsextremen Diskurs beherrscht werden. Trotz nicht unwichtiger protektionistischer, isolationistischer und renationalisierender Positionen hat sich in den meisten Ländern bei den Eliten eine primär mit dem Internationalisierungstrend konforme Position durchgesetzt. Die Chancen von rechtsradikalen Bewegungen werden dadurch limitiert. Dies ist im ökonomischen Bereich (mit Ausnahme des Arbeitsmarktes) sehr viel ausgeprägter als im politischen und kulturellen Bereich. In der ökonomischen Literatur herrscht die Meinung vor, daß es sich bei Internationalisierung nicht um ein Null-Summenspiel handelt, sondern daß, in the long

---

[2] Im Falle der "Welle" rechtsextremer Gewalttaten resultierte die "internationale Wirtschaftskrise" aus der in der Wirtschafts- und Währungsunion erfolgten Öffnung der DDR-Ökonomie für den Weltmarkt mit den in der Zeit der Gewaltwelle spürbar werdenden Folgen eines Wegbrechens von umfangreichen Teilen der Industrieproduktion und der damit verbundenen Arbeitsmärkte.

run, alle Staaten davon profitieren.[3] Strittig ist allerdings die Geschwindig-
keit dieses Prozesses, die Frage der Gestaltbarkeit des Prozesses und die
relative Position dazu. Es fällt z.b. auf, daß im rechten Diskurs die für jeden
äußerst folgenreiche zunehmende Verflechtung der OECD-Länder kaum
thematisiert und problematisiert wird, während die zunehmende Verflechtung mit ärmeren Ländern ein zentraler Topos für Bedrohungsängste ist.
Nicht Japan und die USA, sondern die Türkei, Polen und der Iran sind
Thema.

Der Internationalisierungsprozeß kennt trotz der Gesamtnutzenzunahme
relative Gewinner und Verlierer in den Nationalstaaten, die eine unterschiedliche Akzeptanz rechtsradikaler Gewalt bewirken. In Bremen z.b. ist
es so, daß die Wähler Rechtsradikaler eher in den Hochhäusern des sozialen
Wohnungsbaus am Stadtrand wohnen, während deren Wahlergebnisse - im
Unterschied zu 1933 - in gutbürgerlichen Wohnquartieren unterdurch-
schnittlich sind. In diesem Wahlverhalten scheinen Interessenkonflikte auf:
Es werden unterschiedliche Relevanzen angesprochen, wenn man Asylbewerber eher als potentielle Putzfrauen oder als potentielle Arbeitsmarktkon-
kurrenten erlebt. Die klassenspezifische Relevanz von Ausländern, das Vorhandensein einer ausländischen underclass und die Verlagerung von Billig-
lohnindustrien sind Themen eines Interessenkonfliktes, der die Akzeptanz
ausländerfeindlicher Gewalt in Arbeiterschichten begünstigt.

Die Distanz der wirtschaftlichen Elite zu rechtsextremistischen Bewegungen
stellt einen entscheidenden Unterschied zwischen der Entwicklung in den
30er und 90er Jahren dar. Die Weimarer Republik wies ökonomische Interessenten an einer faschistischen Lösung auf. Teile der Schwerindustrie, viele
Mittelständler und Landwirte waren Befürworter einer Hinwendung zu einer
nationalistischen Krisenbewältigung. Keineswegs waren diese Gruppen von
Anfang an Förderer der Nationalsozialisten (Turner 1969), aber in entscheidenden Phasen war durchaus eine Bereitschaft zur Zusammenarbeit mit
Rechtsextremen und deren Unterstützung vorhanden. Ein wichtiger Grund

---

[3] "Whatever forms the basis of trade between nations, however, there is no doubting the gains from
specialization, which come about because trade between countries provides the opportunity for an
international division of labour that leads to a better allocation of economic resources and greater
productive efficiency in every country" (Kenwood/Longhead 1983: 17). Einen Überblick über
Theorien der Wohlstandsgewinne durch Freihandel bieten Letiche/Chambers/Schmitz (1992).
Dieser Denktradition zufolge ergeben sich auch Vorteile durch eine Liberalisierung des internationalen Arbeitsmarktes (vgl. Glismann u.a. 19873: 210).

für diese Kooperationsbereitschaft war die im Kaiserreich geprägte undemo-
kratische Tradition deutscher Eliten, die gleichsam wie ein Alp über der
Weimarer Republik lastete. Nicht nur ideologische Unterschiede führen
heute zu einer veränderten Haltung der Eliten zu rechtsradikalen Bewegungen. Nationalismus und nationalistische Lösungen beinhalteten in den 30er
Jahren nicht nur irrationale Regungen, sondern auch rationale Innovationen.
In der Wirtschaftskrise der 30er Jahre wurde der Nationalstaat in fast allen
Industrieländern als Lösungsinstrument von Krisen entdeckt[4] - und zwar
relativ unabhängig von der politischen Ausrichtung und Bewertung, im New
Deal der USA, dem sowjetischen Stalinismus oder dem deutschen Faschismus. Im Gefolge der Ölpreiskrise der 70er und der starken Rezession der
90er Jahre sind ähnliche nationalstaatliche Lösungen nicht mehr erreicht
worden. Bei dem jetzt erreichten Stand der Internationalisierung erscheinen
sie - zumindest für maßgebliche Eliten - nicht realistisch. Eher wurden
internationale Verbände wie die EU, die NAFTA, die Weltbank oder der
IWF in der Krise gestärkt.

3. Nation und Nationalismus

Was kann zur Lösung des Problems ausländerfeindlicher Gewalt getan werden? Hier sind eine Reihe hilfreicher Vorschläge überwiegend sozial-
pädagogischer Natur gemacht worden (vgl. Krafeld u.a. 1993). Ich will mich
diesbezüglich ebenfalls auf makrosoziologische Dimensionen beschränken.
Ich will auf die historische Genese des Nationalstaates, des Nationalismus
und seiner Beziehung zur Gewalt eingehen, da ich von der These ausgehe,
daß man von einer Analyse dieser Entwicklung etwas für eine Gestaltung
des Internationalisierungsprozesses lernen kann.

Nationalismus stellt eine der diffusen Hintergrundideologien ausländerfeindlicher Gewalttätigkeiten dar. In der Konzentration auf die Abschottung
des Nationalstaates als Lösungsstrategie von Internationalisierungskonflikten kann eine weitere Gemeinsamkeit dieser Hintergrundideologie gesehen
werden. Nationalismus und Nationalstaat können deshalb als einer der
Gründe ausländerfeindlicher Gewalt angesehen werden. Je weiter die Inter-

---

[4] Während der Wirtschaftskrise verschärfte allerdings auch eine nationalstaatlich ausgerichtete
Schutzzollpolitik fast aller Industrienationen die Wirtschaftskrise. Allein zwischen 1929 und
1933 schrumpfte der Welthandel dadurch von 2998 Millionen Dollar auf 992 Millionen Dollar
(Dornbusch/Frankel 1987).

nationalisierung zwischengesellschaftlicher Verhältnisse voranschreitet,
desto dysfunktionaler wird eine Beschränkung auf nationalistische und nationalstaatliche Lösungen, da zwischengesellschaftliche Konflikte nur mit
Problemverschiebungen und Problemmeidungen national bearbeitet werden
können. „Nationalismus" kann in diesem Sinn als überkommene, dysfunk-
tional gewordene Ideologie angesehen werden.

Wenn man sich allerdings von der Vorstellung löst, daß Nation und Nationalstaat quasi-natürliche Einheiten darstellen, und statt dessen die Genese
und den Prozeßcharakter von Nationen betrachtet, können Nationen als
Integrationsmechanismen sozialer Räume angesehen werden, die an die
Stelle kleinerer Integrationseinheiten getreten sind. In dieser dynamischen
Perspektive kann von der historischen Genese des Nationalstaates, des Nationalismus und seiner Beziehung zur Gewalt etwas über Integrationsmechanismen von sozialen Räumen gelernt werden, was fruchtbar auch auf
eine Analyse der langfristigen Integration des größeren Raumes internationaler Beziehungen übertragen werden kann. In diesem Sinn soll die Genese
des Nationalstaates als Modellfall für eine Vergesellschaftung internationaler Beziehungen im folgenden genauer betrachtet werden.

Hondrich hat anläßlich des Soziologentages 1992 in einem Artikel der Wochenzeitung „Die Zeit" Soziologen aller Richtungen dafür kritisiert, daß sie
kein echtes Verständnis für den Nationalismus hätten. Er selbst sah die
Natur des Nationalismus in „ethnokulturellen Wir-Gefühlen", mit denen an
„uralte Erfahrungen angeknüpft wird" (Hondrich 1992). Die Soziologen
hätten sich bisher nur bemüht, diese Urgefühle wegzurationalisieren, aber
„diese elementaren Kulturprodukte [...] beugen sich [...] unseren Machbar-
keitswünschen nicht" (ebd.). Er sprach nicht direkt aus, welche praktischen
Konsequenzen seine Theorie der Nicht-Machbarkeit hat oder haben sollte,
legte aber nahe, daß man die invarianten Wir-Gefühle der Menschen, insbesondere wohl der Inländer, nicht überfordern sollte.

Ein halbes Jahr später stellte in der selben Wochenzeitung Dieter E. Zimmer
soziobiologische Überlegungen vor, die zu dem Schluß kommen, daß ein
positives Wir-Gefühl im Verhältnis zur Eigengruppe und abwehrende
Fremdenfeindlichkeit angeboren seien und durch noch nicht gefundene
Gene übertragen werden. Auch in diesem Fall wurde die Theorie mit Blick
auf aktuelle ausländerfeindliche Gewalttaten formuliert.

Gemeinsam ist beiden Überlegungen, daß Nationalismus als ein nicht näher
zu spezifizierendes Wir-Gefühl angesehen wird. Als unspezifisches Wir-
Gefühl steht es ahistorisch seit Urzeiten im Raum. Auf welche soziale For-

mation sich dieses Wir-Gefühl bezieht, scheint für die Autoren vollkommen irrelevant zu sein. Daß man eine historische Genese des Nationalismus beschreiben könne, bzw. eine historische Veränderung desselben, wird theoretisch nicht konzipiert.

Jeder Blick in die Geschichte zeigt, daß die These der Ahistorizität von Nationalismus nicht haltbar ist, simplerweise weil es nicht zu allen Zeiten Nationen gab. Noch in der Antike waren weder Nationen noch Rassen bekannt (vgl. Geiss 1988). Weder Vercingetorix noch Arminius, denen als Nationalhelden mächtige Denkmäler gesetzt wurden, wußten dereinst, daß sie Franzosen oder Deutsche sind.

Nationen sind, so die hier benutzte Definition, in der Neuzeit auftretende soziale Konstruktionen, deren affektive Komponente eine Umdeutung einer Vergesellschaftung in eine Gemeinschaft beinhaltet (vgl. Elwert 1989, Anderson 1988; Lepsius 1990). Daß Nationen hier als soziale Konstruktionen bezeichnet werden, hat primär keine ideologiekritische Komponente. Nationen und Nationalismus sind sehr real. Was betont werden soll, ist hier nur die Tatsache, daß sie nicht per se aus bloßer Natur vorhanden sind, sondern erst in einem langen historischen Prozeß von Menschen geschaffen wurden. Daß es sich bei Nationen um „Vergemeinschaftungen" handelt, um den Weberschen Begriff zu bemühen, und nicht um „Gemeinschaften".[5] Es handelt sich also auch bei der Bildung von Gemeinschaften um einen dynamischen Prozeß.

Dies gilt auch für die Inhalte, die das Spezifische der nationalen Vergemeinschaftung ausmachen: gemeinsame Geschichte („Volksnation"), gemeinsame Sprache („Kulturnation") und gemeinsamer Staat („Staatsnation"). Ich will hier nicht auf die unterschiedlichen Konzeptionen und praktischen Folgen der Vereinseitigung in eine der drei Richtungen des Nationalverständnisses eingehen (vgl. hierzu Lepsius 1990, sowie schon Hertz 1927). Wichtig ist allerdings, daß im Nationalismus in paradoxer Weise die Entstehung dessen, was er erzeugt, verunklärt wird. Während eine „Nationalgeschichte" gerade eine spezifisch nationale Konstruktion der Geschichte einer Gesellschaft produziert, wird im dabei verwendeten Volksbegriff seine Ahistorizität konstatiert. Während nationale Sprachwissenschaftler „Nationalsprachen" fixieren und damit erst reproduzierbar ma-

---

[5] Vgl. zum Prozeßcharakter dieses Begriffes Tyrrell 1994.

chen,[6] suchen sie gleichzeitig in dieser Sprache die „natürliche Seele" des
Volkes. Wie konfliktträchtig, gleichzeitig aber auch wie erfolgreich diese
Paradoxierung ist, sieht man an der Produktion des Kerninhaltes eines jeden
Nationalismus, dem Nationalstaat: Er veränderte die Landkarten des 19. und
20. Jahrhunderts radikal, begründet seine Notwendigkeit allerdings mit
einer zeitlosen Natürlichkeit von Völkern.

Es würde hier zu weit führen, am historischen Detail zu begründen, weswe-
gen „die „Nation" ausschließlich auf dem Boden des modernen Europas"
(Hertz 1927: 69) in der Geschichte entstanden ist. Es sei hier verwiesen auf
die Rolle der Nationalkirchen (Hertz 1927), der Massenmedien seit Erfindung des Buchdrucks (Anderson 1991), den modernen Staat und seine Vorstellung der Volkssouveränität (Deutsch 1972), die stärkere Arbeitsteilung
und die enttraditionalisierende Wirkung von Warenökonomien (Elwert
1989) sowie die Katalysatorwirkung von „Nationalkriegen" (v.a. dem Hun-
dertjährigen Krieg, den Napoleonischen Kriegen und dem 1. und 2. Welt-
krieg), die jeweils spezifisch zur Entstehung und Verallgemeinerung des
Nationalismus in der Moderne beigetragen haben.

Wenn wir so die Nation und den Nationalismus als moderne Erscheinung
analysieren, so bleibt bei einem Phänomen, das Elias als „eines der mäch-
tigsten, wenn nicht das mächtigste soziale Glaubenssystem des 19. und 20.
Jahrhunderts" (Elias 1990: 194) bezeichnet hat, die Frage, wie es diese Bedeutung gewinnen konnte. Dies ist nicht nur eine Frage nach dem Nutzen
des Nationalismus für die eine oder andere politische oder ökonomische
Interessengruppe bzw. deren Ideologie, es ist vielmehr eine Frage nach einer
wesentlichen Konstitutionsbedingung der Moderne. Karl W. Deutsch
(1972), der sich bereits sehr früh mit der Sozialgeschichte des Nationalismus beschäftigt hat, hat zu Recht darauf hingewiesen, daß die soziale Aktivierung und Mobilisierung der europäischen Völker des 19. und 20. Jahrhunderts ohne das in dieser Zeit sich ausbildende und intensivierende Na-
tionalgefühl nicht möglich gewesen wäre. Der Nationalismus glich dabei die
Entfremdungsgefühle, die z.B. durch die gewaltigen innergesellschaftlichen
Wanderungsbewegungen entstanden, aus, schuf „Identität" und bot zugleich
die Möglichkeit, an die Stelle alter Bindungen an die Familie oder das Dorf,

---

[6] Es ist verblüffend, welche Bedeutung das Schreiben einer Grammatik für die Entstehung von
nationalen Bewegungen im 19. Jahrhundert hatte, wie z.B. in der Tschechoslowakei oder im
südslawischen Raum (vgl. Anderson 1988).

neue Bindungen an die politische Einheit und den Nationalstaat zu entwik-
keln. Bei diesen neuen Bindungen handelte es sich nicht nur um irrationale
„Wir-Gefühle" oder nur um Kompensationsmomente. Die Realität wurde
durch die Idee des Nationalstaates und daran orientiertes Handeln umgestaltet. Der Nationalstaat übernahm in dieser Zeit sehr viel mehr Aufgaben und
Verantwortung als frühere Herrschaftsreiche. Dabei handelte es sich um
eine wechselseitige Beziehung: Der Nationalstaat war zur Durchführung
seiner Aufgabenausweitung auf die „Unterstützung des Volkes angewiesen"
(ebd.: 24), andererseits erbrachte er auch mehr Leistungen, die jeden Einzelnen stärker in die Nation einbezogen. Der Nationalstaat war also zur
Intensivierung seiner Tätigkeiten auf Nationalismus angewiesen, er gab dem
„Volk" aber auch mehr Gründe, an seine Bedeutung zu glauben. Ohne die
neuen Ideen der Volkssouveränität und des Nationalismus wäre die Intensivierung der gesellschaftlichen Arbeitsteilung und ihre staatliche Koordinati-
on nicht möglich gewesen. Dadurch vermehrte sich die kollektive Macht der
Menschen.[7] Nationalismus ist deshalb nicht nur kompensatorisch oder emo-
tional, sondern er bezieht seine Kraft aus einer neuen Institution, dem Nationalstaat, der das Leben dieser Zeit umgestaltet hat. Nationalismus ist
insofern auch rational (Senghaas 1992).

Unterschiedliche Betrachtungsweisen des Nationalismus eröffnen eine di-
vergente Perspektivik für Probleme der Internationalisierung, wie sie sich in
ausländerfeindlichen Gewalttaten manifestieren. In Positionen des ahistori-
schen „Wir-Gefühls" wird Nation und Nationalität zu einer natürlichen
Einheit sozialer Räume, die nicht überschritten werden kann. In einer konstruktivistischen, historisch-dynamischen Sicht stellen Nationen dagegen
geschaffene Einheiten sozialen Raums dar, die durch eine Vereinheitlichung
von Sprache, kollekivem Geschichtsbewußtsein und durch die Integrations-
leistungen eines Nationalstaates möglich wurden, wobei kleinere Einheiten
wie Familie oder Region an Gewicht verloren. In dieser konstruktivistischen
Sicht ist es prinzipiell denkbar, daß auch größere soziale Räume als die
Nation durch eine Vereinheitlichung von Sprache, Geschichtsbewußtsein
sowie durch Wirtschaftskooperation und Staatstätigkeit integrierbar werden.
In der Gegenwart findet man Ansätze dazu in der „Weltverkehrssprache"
Englisch, der geteilten Medienwelt der Gegenwart, der Weltökonomie und

---

[7] Es sei hier auf die umfangreichen Arbeiten Michael Manns verwiesen (1990, 1991, 1993), in
denen Prozesse der kollektiven Machtbildung und der Intensivierung von Macht in Herrschafts-
räumen detailliert beschrieben werden.

in den protostaatlichen Unternehmungen von UNO, EU und anderen überstaatlichen Organisationen.

4. Nationalstaat und Gewalt in zivilisationstheoretischer Sicht

Eine Integration zwischengesellschaftlicher Verhältnisse verläuft nicht
konfliktfrei, sowohl in einer nationalistischen als auch in einer weltgesell-
schaftlichen Entwicklungsperspektivik. Die entscheidende Frage lautet
nicht, ob Konflikte vorhanden sind, sondern wie sie bearbeitet werden können. Nicht „Ausländerfeindlichkeit" per se ist das soziale Problem, das sich
in den rechtsextremen Ausschreitungen zeigte, sondern die gewalttätige
Form der Austragung dieser Konflikte.

In diesem Kapitel soll deshalb aus einer zivilisationstheoretischen Perspektive das Verhältnis von Nationalstaaten (mit ihrer Leitdifferenz Inlän-
der/Ausländer) und Gewalt betrachtet werden. Bei den Theoretikern des
„urtümlichen Wir-Gefühls" findet sich hier nur eine Leerstelle. Der gene-
tisch fixierte Drang zur Gruppenunterscheidung führt nach Dieter E. Zimmer (1993) automatisch zum „atavistischen Affekt", der anscheinend nach
Ansicht des Autors, wenn er nicht kontrolliert wird, in der Auslöschung
aller anderen Gruppen münden muß. Wieso im Falle von nationalen Gruppen der Übergang von der Feststellung der Unterschiedlichkeit von Gruppen
sehr viel leichter in Gewalttätigkeiten gegen andere Gruppen mündet als bei
Unterschieden zwischen Berufsgruppen oder Blutgruppen erklärt Zimmer
nicht.

Im Rahmen einer historischen Analyse des Nationalismus können für den
Zusammenhang von Gewalt und Nationalstaat Antworten gefunden werden.
Sie fallen allerdings nicht eindeutig aus. Bei einer Betrachtung innergesell-
schaftlicher Entwicklung fällt der gewaltmindernde, der pazifizierende Charakter von Nationalstaaten auf, bei der Betrachtung zwischengesellschaftlicher Verhältnisse dagegen sein Beitrag zur Militarisierung von Konflikten.

Mit dem Verhältnis von Nationalstaatsbildung und Zivilisierung hat sich
insbesondere Norbert Elias (1978) beschäftigt. Am Beispiel der Entwicklung
Frankreichs vom 9. bis zum 18. Jahrhundert hat er gezeigt, daß der Prozeß
der Herausbildung von Nationalstaten von einem Pazifizierungsschub im
Gefolge der Herausbildung eines staatlichen Gewaltmonopols begleitet wurde. Kriege zwischen Territorialfürsten verschwanden aus dem innerstaatlichen Alltag, die innerstaatliche Kriegerkaste des Adels wurde entmachtet
und zivilisiert. Innerstaatliche Machtkämpfe wurden immer mehr mit politi-

schen Mitteln und nicht mehr mit militärischen Mitteln ausgetragen. Der Nationalstaat reduzierte also Kriege zwischen Regionen und Familien. Bis ins kleinste Detail des Alltagshandelns, wie z.b. dem Gebrauch von Messern am Speisentisch, zeigt sich im Gefolge der Pazifizierung des Adels eine verstärkte Kontrolle der Gewaltaffekte im Staatsinneren.

Diese Zivilisierung im innerstaatlichen Bereich des Nationalstaates korreliert allerdings nicht mit einer Zivilisierung im zwischenstaatlichen Bereich: Hier hat sich „die Eigenart eines Kriegerkanons bewahrt" (Elias 1990: 208). Der innerstaatlich verpönte Mord kann hier zur erwünschten Heldentat werden. Der Moralkodex und der Prozeß der Zivilisation sind hier in sich widersprüchlich. Gewalt als Mittel im Machtkampf ist im zwischenstaatlichen Bereich nach wie vor nicht illegitim.

Es verwundert deshalb nicht, daß sich Elias in seiner letzten Schaffensperiode immer wieder mit dieser Widersprüchlichkeit beschäftigt hat (vgl. Elias 1985, 1990).[8] Vor allem die Parallele zwischen dem Prozeß der Staatenbildung und der heutigen Entwicklung internationaler Verbände hat ihn immer wieder interessiert, sowohl in seinen Gefahren als auch in seinen Chancen. Die Gefahr der Wiederholung von territorialen Ausscheidungskämpfen, die wie im Mittelalter zu immer größeren Einheiten führen, hat das 20. Jahrhundert zum gewalttätigsten der Geschichte werden lassen, und zur Selbstauslöschbarkeit der Menschheit geführt. Die weltumspannenden Bündnisse und Kriege des Ost-West-Konfliktes haben die Geschichte der letzten 50 Jahre geprägt und das Geschehen fast überall auf der Welt beeinflußt. Noch heute kann man von Kambodscha bis Angola die Folgen einer unkontrollierten militärischen Internationalisierung für den Umfang inner- und zwischenstaatlicher Gewalt feststellen.

Elias hat sowohl diese Gefahren gesehen als auch die Möglichkeiten der Fortsetzung des Zivilisationsprozesses, z.B. in Form der Herausbildung eines internationalen Gewaltmonopols. Wenn sich die Folgen der Herausbildung des Nationalstaates für die innerstaatliche Affektkontrolle auf internationale Verhältnisse übertragen lassen, wäre hier mit einer Reduzierung alltäglicher legitimer Gewalt zu rechnen, die allmählich zu einer veränderten Affektkontrolle im Alltag des internationalen Verhaltens führen würde.

---

[8] Davon angeregt die Arbeiten von Gotfried van Benthem van den Bergh (1984) und in Weiterführung Senghaas/Senghaas (1992).

Eine der Leistungen der Zivilisationstheorie von Norbert Elias besteht darin,
daß er gezeigt hat, daß gemeinhin dem psychischen Apparat zugerechnete
Faktoren wie die Kontrolle von Gewaltaffekten nicht nur ein Produkt von
Sozialisation und Erziehung im Nahbereich von Familie oder Bildungsinsti-
tutionen darstellen, sondern daß sie ebensosehr von makrosoziologischen
Phänomenen der Gestaltung von Institutionen und der darin praktizierten
Akzeptanz von Gewalt als Mittel gesellschaftlicher Auseinandersetzungen
bestimmt werden. In dieser Sicht ist eine geringe Affektkontrolle von Gewalt im zwischengesellschaftlichen Bereich, die auch in ausländerfeindlichen Ausschreitungen offenkundig ist, nicht nur eine Folge von Sozialisati-
onsdefekten der Gewalttäter, sondern auch Resultat einer noch nicht realisierten Institutionalisierung einer Gewaltkontrolle im zwischengesellschaftlichen Bereich. In der Logik des Eliasschen Arguments wäre deshalb von
der Etablierung eines internationalen Gewaltmonopols eine gewaltdämpfende Wirkung auf zwischengesellschaftliche Verhältnisse zu erwarten.

5. Diskussion des zivilisationstheoretischen Ansatzes

Der Analyserahmen von Elias ist nicht unkritisiert geblieben. Er soll deshalb in diesem Kapitel noch eingehender diskutiert werden. Elias ist wie-
derholt vorgeworfen worden, ein zu optimistisches Bild unilinearen Fort-
schritts zu verbreiten (z.B. Breuer 1992; König 1993). „Angesichts der blu-
tigen Spur, die die Moderne im 20. Jahrhundert gezogen hat" (ebd.: 458),
hätte sich gezeigt, daß der Zivilisationsprozeß nicht zu weniger, sondern zu
mehr Gewalt tendiere, und dies nicht nur im zwischengesellschaftlichen
Bereich, sondern auch im Nationalstaat selbst. Die Greueltaten der Nazis
seien hierfür der paradigmatische Fall.

Jenseits der Frage, ob Elias wirklich ein hoffnungsloser Optimist war, stellt
sich die Frage, ob theoriesystematische Gründe ihm eine Einseitigkeit auf-
gedrängt haben. Unter dem Eindruck der gewalttätigen Auseinandersetzungen der Weimarer Republik und der damals zu konstatierenden Lücken des
Gewaltmonopols ist in Elias' Prozeß der Zivilisation eine Überbetonung der
Idee des Gewaltmonopols festzustellen, andere Momente des modernen
Staatsverständnisses wie die formaldemokratische Austragung von Konflikten und die Rechtsstaatlichkeit sind dagegen unterbelichtet.

Fukuyama (1990) hat nach dem weitgehenden Scheitern der kommunistischen und faschistischen Alternativen zu einem liberaldemokratischen Ge-
sellschaftsverständnis von einem „Ende der Geschichte" gesprochen. Er
meinte damit, daß der ideologische Kampf um den Entwicklungsweg von

Einzelgesellschaften vorerst ideengeschichtlich zum Erliegen gekommen ist, was natürlich nicht ausschließt, daß es nach wie vor Gegenbewegungen und Abweichungen von diesem Modell gibt. Ideologisch fehlt diesen Abweichungen (wie etwa dem islamischen Fundamentalismus) jedoch die Potenz eine universalistische Alternative darzustellen. Auch wenn man die Einschätzung vom Ende der Geschichte nicht teilt, kann man doch sagen, daß ein Strang der Moderne, die kommunistische Alternative, ideengeschichtlich nach 1989 zum Erliegen gekommen ist. Hegel hatte diesen Punkt des „Endes der Geschichte" schon mit der Französischen Revolution realisiert gesehen.

In einer gewissen Weise ließ auch Elias, zumindestens was sein historisches Werk betrifft, seinen Prozeß der Zivilisation mit der Französischen Revolution enden. Er verkannte dabei, daß mit der Institutionalisierung eines Gewaltmonopols und der Abwertung des kriegerischen Adelsstandes in der Gesellschaft noch lange nicht die Ersetzung von kriegerisch-politischen Mitteln der Konfliktaustragung durch friedlich-politische Mittel erreicht war. Gerade der Akt der Revolution selbst schuf nach der Französischen Revolution ein noch lange nachwirkendes militärisches Verständnis von Politik, demzufolge nur Revolutionen und eine teilweise Auslöschung des politischen Gegners eine grundlegende Änderung des Gesellschaftswesens bewirken könnten. Das Ziel dieser Revolutionen wurde in konfliktlosen Gesellschaften gesehen. Dieses „militärische" Verständnis von Politik blieb bis tief ins 20. Jahrhundert virulent.

Nur durch Zufälle, langanhaltende Kämpfe und Lernprozesse hat sich gegenüber diesem besonders im Faschismus und Kommunismus dominanten Politikverständnis die Erkenntnis durchgesetzt, daß sich durch den permanenten friedlichen demokratischen Kampf im Rahmen eines universalistische Menschenrechte garantierenden Rechtsstaates ein iterierender Austausch von Eliten sehr viel schneller und leichter korrigierbar erreichen läßt als in „endgültigen" Revolutionen. „Nation-building" ist ohne die integrierende und konfliktermöglichende Einführung formaler Demokratie nicht stabilisierbar.

Der Kampf um das Prinzip formaler Demokratien und deren Durchsetzung ist bei weitem noch nicht abgeschlossen, gerade nach 1989 führte das Scheitern der „kommunistischen Alternative" zu einer neuen Welle von Nationalismen. Nationalismus kann dabei Grundlage aber auch Alternative zu formaldemokratischen Lösungen sein. Der Jugoslawienkonflikt zeigt exemplarisch nicht - wie häufig unterstellt - das Scheitern von Vielvölkerstaaten (zumal wenn er wie im Falle Kroatiens und Serbiens neue erzeugt), sondern die Unfähigkeit des nichtdemokratischen Staates Jugoslawien, eine spannungsreiche Gesellschaftskrise, wie sie in den 80er Jahren gegeben war, auf nichtmilitärische Art zu lösen. Da politische Richtungskämpfe nicht in einem Kampf um Wählerstimmen ausgetragen werden konnten, nahmen sie den Weg nationalistischer Staatsgründungen (vgl. Reuter 1990, 1992).

Eine Schwäche des Eliasschen Konzepts ist eine Nichtberücksichtigung der formaldemokratischen Lücke des „Monopolmechanismus". Ein internationales Gewaltmonopol, dem Elias eine zentrale Rolle für eine Pazifizierung der Weltgesellschaft zuspricht, ist nur dann legitimierbar, wenn es eingebettet ist in eine rechtsstaatliche Ordnung, in Formen demokratischer Kontrolle und Möglichkeiten friedlicher Konfliktaustragung und Konfliktbearbeitung (vgl. Senghaas/Senghaas 1992). Nur dann handelt es sich bei einem internationalen Gewaltmonopol der Weltgesellschaft um keinen diktatorischen Moloch.

Die Stärke des Eliasschen Ansatzes ist seine prozeßhafte Ausrichtung an langfristigen Entwicklungen. Ohne diese „Langsicht" ist es im Falle der gewalttätigen Ausschreitungen gegen Ausländer durchaus rational und sinnvoll, eine „Problemlösung" im Rahmen nationalstaatlichen Denkens zu suchen, also beispielsweise durch eine Beschränkung der Zuwanderung, verschärfte Grenzkontrollen und Polizeieinsatz. Kurzfristig wird dadurch die Integrität des nationalen Arbeitsmarktes bewahrt, die zunehmende Interdependenz von nationalen Arbeitsmärkten wird verdrängt. Langfristig behindert allerdings eine ausschließlich nationalstaatliche oder an der Vorstellung der „Volkssouveränität" orientierte Bearbeitung von zwischengesellschaftlichen Problemen deren Lösung, da Konflikte ausgeklammert, aber nicht bearbeitet werden. Die vermehrte Interdependenz der Nationen läßt den Nationalstaat immer mehr zur Illusion werden. „The nation state has become an unnatural, even dysfunctional, unit for organizing human activity and managing economic endeavor in a borderless world" (Ohmae 1993: 78).

6. Vier Entwicklungswege

Entgegen multikulturalistischer Illusionen kann gerade in einer prozeßhaften Sicht allerdings auch nicht in einer sofortigen Öffnung aller Grenzen das Heil gesucht werden. Es würde kurzfristig zu schweren gewalttätigen Konflikten zwischen In- und Ausländern führen. Langfristig wird man allerdings nicht umhin kommen, die aus Internationalisierungsprozessen resultierenden Konflikte jenseits des Nationalstaates bearbeitbar zu machen, zumal sie ein enormes Innovationspotential enthalten. Es lassen sich vier mögliche Wege der Fortentwicklung zwischengesellschaftlicher Verhältnisse denken.

Ein Weg, der wahrscheinlichste, besteht in einer Fortschreibung des Status quo. Die Weltökonomie bleibt treibende Kraft der Entwicklung und primärer Motor der Weltvergesellschaftung. Nationalstaaten erhalten die Illusion einer politischen Gestaltung ihrer Verhältnisse aufrecht, obwohl zumindestens an der Peripherie und Semiperipherie ihr positiver Gestaltungsspielraum gering ist. Das Prinzip der Volkssouveränität führt zu begrenzten Lokalkriegen in der Peripherie und Semiperipherie. Ungleichheit und Angst vor dem Süden (bzw. Osten) prägen die Mentalität, demokratisch nicht legitimierte Truppen internationalen Anstrichs reisen zu lokalen Konfliktgebieten, ohne den Weg einiger Länder in Anarchie oder Despotie aufzuhalten. Es kostet einige Anstrengung, eine containment-Politik gegen spillover-Effekte von derartigen Konflikten zu betreiben.

Ein zweiter Weg, wie er von zwei vollkommen unterschiedlichen Positionen vorgetragen wurde (Ohmae 1993; Narr/ Schubert 1994), besteht in der Unterschreitung der Nationalvergesellschaftungen und der Förderung regionaler Zusammenschlüsse. Norditalien sei z.B. nach Ohmae der effektivere Wirtschaftsverband als Italien. Für Narr und Schubert stellen nur Regionen kleine überschaubare Einheiten dar, die im Unterschied zur Despotie eines Weltstaates und des Molochs Weltmarkt demokratisierbar seien. Beide Vorschläge treffen reale Auflösungstendenzen von Staaten, sowohl ein Wohlstandregionalismus (Norditalien) als auch ein Defensivregionalismus (Slowakei, Schottland) treten auf.

Meist war diese Form allerdings mit den selben Prinzipien und Insignien erfolgreich wie die Nationalstaatsbildung, insbesondere in den vielen Unabhängigkeitsbewegungen Osteuropas. Die Probleme des ersten Weges werden dadurch nicht lösbarer, im Gegenteil, politische Konflikte werden - wie das Beispiel Jugoslawien zeigt - häufig in territoriale Konflikte umdefiniert. Die Forderung von Narr/Schubert (1994: 257) nach einer Dezentralisierung und Lokalisierung des Gewaltmonopols würde diese blutige Tendenz verstärken.

Diametral entgegengesetzt würde der dritte Weg den Umbau der Weltgesellschaft in einen formaldemokratischen Nationalstaat beschreiben. Wahlen bestimmen eine Weltregierung, politische Richtungskämpfe verdrängen nationale Konflikte. Die Weltregierung ist nur für eine ganz geringe Anzahl von Aufgaben zuständig, wie die Etablierung eines Gewaltmonopols, eine zwischengesellschaftliche Rechtssprechung, die universale Menschenrechte enthält, eine globale Umweltpolitik, eine entwicklungspolitische Sozialpolitik und eine Infrastrukturpolitik. Es gibt genau eingeschränkte Rechtsregeln der Kompetenzzuständigkeiten, wobei der überwiegende Teil der politischen Aufgaben lokal, regional und nationalstaatlich geregelt ist. Die Rechtssicherheit eines Weltstaates würde die Verkehrswirtschaft fördern und dem Welthandel nützen, ein Teil militärischer Konflikte könnte polizeilich geregelt werden.

Obwohl es durchaus Ansätze in diese Richtung gibt, erscheint eine Demokratisierung der Weltgesellschaft momentan noch utopisch. Die reichen Nationalstaaten würden es nicht wagen, ihre Herrschaft zu demokratisieren. Wie in den Nationalstaaten des 18. und 19. Jahrhundert ist das Vertrauen der Eliten der Weltgesellschaft in die „Unterschicht" der ärmeren Länder noch zu gering und das Devolutionsrisiko durch „experimentelle" Weltregierungen zu groß, um aus dieser im Nationalstaat inzwischen selbstverständlichen politischen Lösung zur Bearbeitung von kollektiven Problemen in naher Zukunft eine Realität werden zu lassen.

Der vierte Weg, eine Mischung aus dem ersten und dem dritten Weg, erscheint demgegenüber gangbarer. Begrenzte zwischengesellschaftliche Zusammenhänge von OECD-Ländern, wie die EU, die NAFTA, ASEAN, etc., bilden Kerne übernationaler Kooperation im Sinne von Freihandel, Mobilität von Arbeitskräften, Rechtsstabilität, Infrastrukturpolitik und gemeinsame politisch gewählte Exekutivstäbe. Die Unterschiede zwischen den Ländern sind zu gering, um Devolutionen wahrscheinlich werden zu lassen. Die Interdependenz zwischen den jeweiligen Staaten ist zu groß, als daß eine Zusammenarbeit durch ständigen Wechsel der Mitgliedstaaten gefährdet würde. Die gegenseitige Abhängigkeit erzeugt auch Innovationsanreize in der Konkurrenz verschiedener Traditionen. Militärische Konflikte innerhalb dieser Staatenverbände werden unwahrscheinlicher. Je mehr sich innerhalb dieser Staatenverbände Nationenbildungen vertiefen, indem die Kooperation durch eine Verkehrssprache gefördert, die Identität durch eine gemeinsame Geschichtsschreibung gefestigt und durch kollektive Erfolge des Gemeinwesens spürbarer wird, desto mehr wird es wichtig, diese Systeme zu erweitern und in Kooperation mit anderen gleichgearteten Systemen einzutreten.

Ein Problem dieses Weges ist, daß erst eine Demokratisierung der Nord-Verbände und des Verhältnisses zwischen diesen Verbänden neue Hegemonialkonflikte verhindern und eine Stabilisierung universalistischer Konfliktregelungsmechanismen erzielen könnte. Eine gegenseitige demokratische Kontrolle der Herrschenden, die durchaus historischen Beispielen von Vorstufen einer Demokratie entsprechen würde (vgl. Bendix 1980), leistet darüberhinaus nur einen ersten Beitrag zu einer alle Länder umfassenden Demokratisierung der Weltgesellschaft, die erst zivile Lösungen von zwischengesellschaftlichen Konflikten ermöglichen würde. Langfristig kann aus diesem vierten Weg eine Weltvergesellschaftung evolvieren. Ohne demokratische Ideale und Kämpfe wird eine formaldemokratische Weltvergesellschaftung allerdings nicht erreichbar sein. Ohne eine formaldemokratische Weltordnung werden allerdings zwischengesellschaftliche Verhältnisse nicht zivilisierbar.

Literatur

Anderson, B., 1988: Die Erfindung der Nation. Frankfurt/Main, New York: Campus.

Bendix, R., 1980: Könige und Volk. Frankfurt/Main: Suhrkamp.

van Benthem van den Bergh, G., 1984: Dynamik von Rüstung und Staatenbildungsprozessen. S. 217-241 in: *P. Gleichmann u. a.* (Hrsg.), Macht und Zivilisation. Frankfurt/Main: Suhrkamp.

Breuer, St., 1992: Die Entwicklungskurve der Zivilisation. Eine Auseinandersetzung mit Norbert Elias. S. 13-40 in: *ders.,* Die Gesellschaft des Verschwindens. Hamburg: Junius.

Deutsch, K.W., 1972: Der Nationalismus und seine Alternativen. München: Piper.

Dornbusch, R./Frankel, J.A. (1987): Macroeconomics and Protection. S. 77-130 in: *R.M. Stein* (Hrsg.), U.S. Trade Policies in a Changing World Economy. Cambridge: MIT Press.

Elias, N., 1978: Über den Prozeß der Zivilisation. Zwei Bände. Frankfurt/Main: Suhrkamp.

Elias, N., 1985: Humana conditio. Frankfurt/Main: Suhrkamp.

Elias, N., 1990: Studien über die Deutschen. Frankfurt/Main: Suhrkamp.

Elwert, G., 1989: Nationalismus und Ethnizität. Kölner Zeitschrift für Soziologie und Sozialpsychologie 41: S. 440-464.

Geiss, I., 1988: Geschichte des Rassismus. Frankfurt/Main: Suhrkamp.

Glismann, H.H. u.a., 1987[3]: Weltwirtschaftslehre. Göttingen: Vandenhoeck.

Greiffenhagen, M., 1994: Rechtsextremismus in Deutschland. Europäische Rundschau 17/2: 99-106.

Haferkamp, H., 1987: Theorie sozialer Probleme. Kritik der neueren nordamerikanischen Problemsoziologie. Kölner Zeitschrift für Soziologie und Sozialpsychologie 39: 121-131.

Hertz, F., E.A. 1927: Wesen und Werden der Nation. S. 1-88 in: Jahrbuch für Soziologie. Erster Ergänzungsband: Nation und Nationalität. Reprint Frankfurt/M.: Sauer, Auvermann 1968.

Hondrich, K.O., 1992: Wovon wir nichts wissen wollten. „Die Zeit" vom 25.9.1992: S. 68.

Kennedy, P., 1993: In Vorbereitung auf das 21. Jahrhundert. Frankfurt/Main: Fischer.

Kenwood, A.G./Longhead, A.L., 1983: The Growth of the International Economy 1820-1980. London: Allan, Unwin.

Kitsuse, J.I./Spector, M., 1973: Toward a Sociology of Social Problems. Social Problems 20: S. 407-419.

Knieper, R., 1991: Nationale Souveränität. Versuch über Ende und Anfang einer Weltordnung. Frankfurt/Main: Fischer.

König, H., 1993: Dieter Senghaas und die Zivilisationstheorie. Leviathan 21: S. 453-460.

Krafeld, F.J./Möller, K./Müller, A., 1993: Jugendarbeit in rechten Szenen. Bremen: Temmen.

Lepsius, R. M., 1990: Nation und Nationalismus in Deutschland. S. 232-246 in: ders., Interessen. Ideen und Institutionen. Opladen: Westdeutscher Verlag.

Letiche, J.M./Chambers, R.G./Schmitz, A., 1992: The Development of Gains from Trade Theory: Classical to Modern Literature. S. 79-146 in: J.M. Letiche (Hrsg.), International Economic Policies and their Theoretical Foundations. San Diego. Überarbeitete 2. Auflage.

Mann, M., 1990: Geschichte der Macht. Band 1: Von den Anfängen bis zur griechischen Antike. Frankfurt/Main/ New York: Campus.

Mann, M., 1991: Geschichte der Macht. Band 2: Vom Römischen Reich bis zum Vorabend der Industrialisierung. Frankfurt/Main/ New York: Campus.

Mann, M., 1993: The sources of social power. Vol. 2: The rise of classes and nation-states, 1760-1914. Cambridge: University Press.

Narr, W.-D./Schubert, A., 1994: Weltökonomie. Die Misere der Politik. Frankfurt/Main: Suhrkamp.

Ohmae, K., 1993: The Rise of the Region State. Foreign Affairs 73: S. 78-87.

Reuter, J., 1990: Vom ordnungspolitischen zum Nationalitätenkonflik zwischen Serbien und Slowenien. Südosteuropa 39: S. 571-586.

Reuter, J., 1992: Jugoslawien: Zerfall des Bundesstaates. Systemwechsel und nationale Homogenisierung in den Teilrepubliken. S. 118-142 in: M. Mommsen (Hrsg.), Nationalismus in Osteuropa: gefahrvolle Wege in die Demokratie. München: Beck.

Rostow, W.W., 1978: The World Economy. History and Prospect. London-Basingstoke: Macmillan.

Senghaas, D., 1992: Vom Nutzen und Elend der Nationalismen im Leben von Völkern. Aus Politik und Zeitgeschichte B 31-32/92: 23-32.

Senghaas, D./Senghaas, E., 1992: Si vis pacem, para pacem. Leviathan 20: 230-251.

Turner, H.A.Jr., 1969: Big Business and the Rise of Hitler. The American Historical Review 75: 56-70.

Tyrrell, H., 1994: Max Webers Soziologie - eine Soziologie ohne „Gesellschaft. S. 390-414 in: G. Wagner/H. Zipprian (Hrsg.), Max Webers Wissenschaftslehre. Frankfurt/Main: Suhrkamp.

United Nations (Hrsg.), 1993: 1991 International Trade Statistics Yearbook. New York: United Nations.

Willems, H., 1992: Fremdenfeindliche Gewalt: Entwicklung Strukturen, Eskalationsprozesse. Gruppendynamik 23: 433-449.

Zimmer, D.E., 1993: Die Angst vor dem Anderen. „Die Zeit" vom 9.7.1993: 23f.

Zimmer, D.E., 1993: Das warme Wir-Gefühl. „Die Zeit" vom 16.7.1993: 25.

Zimmer, D.E., 1993: Wer ist das Volk? „Die Zeit" vom 23.7.1993: 25.

Karlhans Liebl

Babylonia - oder der Traum vom besten Staat

> „Es hatte aber alle Welt einerlei Zunge und Sprache. ... Und
> (sie) sprachen: Wohlauf, lasset uns eine Stadt und Thurm bau-
> en, deß Spitze bis an den Himmel reiche, daß wir uns einen
> Namen machen; denn wir werden vielleicht zerstreuet in alle
> Länder. Da fuhr der Herr hernieder, daß er sähe die Stadt und
> den Thurm, die die Menschenkinder baueten. Und der Herr
> sprach: ... Wohlauf, lasset uns hernieder fahren, und ihre Spra-
> che daselbst verwirren, daß Keiner des Andern Sprache ver-
> nehme. Also zerstreute sie der Herr von dannen in alle Länder,
> daß sie mußten aufhören die Stadt zu bauen. Daher heißet ihr
> Name Babel, daß der Herr daselbst verwirret hatte aller Länder
> Sprache, und sie zerstreuet von dannen in alle Länder." (1 Mo-
> se 11)

Warum diese alttestamentarische Einleitung und welche Relevanz hat sie für
das Tagungsthema?[1] Dies möchte ich Ihnen im folgenden anhand einiger
Gedanken - die notgedrungenerweise in diesem Rahmen unvollständig und
unausdiskutiert bleiben müssen[2] - darlegen.

Der Ausgangspunkt für die folgenden Überlegungen sind die seit dem Zu-
sammenschluß von Bundesrepublik und DDR im verstärkten Umfang aufge-
tretenen gewalttätigen Übergriffe auf ausländische Mitbürger oder Asylbewerbern und Gedenkstätten des nationalsozialistischen Terrors. Dabei habe
ich bewußt eine Unterscheidung zwischen ausländischen Mitbürgern und
Asylbewerber vorgenommen, da diese durch unterschiedliche Wohn-, Auf-
enthalts- und Arbeitssituationen und Aufenthaltsmöglichkeiten gekennzeichnet sind.

Weiterhin ist zu beachten, daß diese Handlungsweisen zu einem großen Teil
mit einem verbreiterteren/zunehmenden (?) - oder vielleicht doch nur akti-

---

[1] Der Vortragscharakter wurde beibehalten und nur um Fußnoten und Literaturangaben ergänzt.

[2] Das Thema ist Gegenstand eines umfangreichen Forschungsprojektes, das 1996 abgeschlossen
sein soll.

veren oder journalistisch interessanteren - Rechtsextremismus einhergehen und z.T. von solchen Organisationen gesteuert werden, so daß es wieder zu einer neuen Rechtsextremismus- bzw. Faschismusdebatte[3] gekommen ist.

Einer der wesentlichen Gesichtspunkte in dieser Debatte nimmt dabei die Frage ein, wie dem „neuen" Rechtsextremismus die Grundlage entzogen und ihm entgegengetreten werden kann.

Multikulturelle Gesellschaft als Ausweg

Von zahlreichen Parteien und politischen Organisationen wird in der letzten Zeit die „multikulturelle Gesellschaft" als Lösung dieses - mehrheitlich als besonderes „deutsches Problem"[4] gekennzeichneten - Konfliktes in die Diskussion eingebracht. Dabei geht es nicht um Integration der ausländischen Mitbürger - geht es dabei aber um eine neue Gesellschaftsform?

Wenn also von multikultureller Gesellschaft die Rede ist, denkt man dann an Stadtteile, in denen wie in Ghettos Menschen einer anderen Kultur leben? An eine freie Religionsausübung - also neben der katholischen Kirche die Moschee? Oder an Straßencafes und Gaststätten mit einer Küche, die man noch nicht kennt?

Würde man unter den TagungsteilnehmerInnen eine Umfrage machen, so würden wir sicherlich auf zahlreiche Facetten einer Vorstellungswelt von multikultureller Gesellschaft stoßen[5].

In diesem Zusammenhang wäre bei einer solchermaßen gearteten Gesellschaft jedoch von der Vorstellung Abstand zu nehmen, daß von eingewanderten Ausländern, die es in einer solchen Gesellschaft quasi nicht mehr gibt, also wohl besser: bisher hier nicht wohnenden Personen, verlangt werden kann, eine bestimmte rechtliche, soziale und wirtschaftliche Ordnung zu akzeptieren und bestehende kulturelle und politische Wertvorstellungen zu respektieren.

---

[3] Aufgrund der bisher vorliegenden Beiträge könnte man auch von einer "Nationalismusdebatte" sprechen.

[4] Vgl. dazu u.a. Grebing, H., Aktuelle Theorien über Faschismus und Konservatismus. Stuttgart 1974.

[5] Wie man dies auch in den ausgewerteten politischen Programmen von CDU, FDP, SPD und den Grünen gleichfalls antrifft.

Auch muß man sich bei einer multikulturellen Gesellschaft darüber klar sein, daß der Satz von Geißler[6] „Jeder, der hier leben will, muß wissen, nicht der Koran - und er steht nur beispielhaft -, sondern das Grundgesetz ist und bleibt das Grundgesetz der Bundesrepublik Deutschland" vollkommen irrelevant wird.

„Multikulturelle Gesellschaft" bedeutet, daß die Kultur der Herkunftsregion personal und kollektiv vollkommen gleichberechtigt ist und sofort als Element der Kultur der neuen Wohnregion[7] - das ja nurmehr eine Vielzahl von Charaktere ist - zugeführt und dann auch von anderen respektiert werden muß.

„Man könnte auch von 'Insertion' sprechen, weil nach einem solchen Modell die Kulturen der hier lebenden Ausländergruppen wie Mosaiksteine in das Gesamttableau der heimischen Kultur eingefügt würden und dabei auch kollektiv Autonomie behielten."[8]

Es hat deshalb auch gerade nichts mit dem zu tun, was Shimada in der „Soziologischen Revue" ausführt, wenn er dort feststellt, daß bisher kaum die Erfahrungen außereuropäischer Staaten, insbes. aus Afrika, Südostasien oder Lateinamerika, in die Diskussion und die Gestaltungsvorschläge einer multikulturellen Gesellschaft Eingang gefunden haben. „Dieses Defizit läßt den Verdacht einer eurozentrischen Perspektive aufkommen."[9] Auch er unterliegt dem Irrtum, daß multikulturelle Gesellschaft als eine Integrationsgesellschaft verstanden werden könnte.

Vielleicht werden einige mir jetzt vorwerfen, daß diese Ausführungen oder besser dieser Definitionsversuch - wobei es sich sicherlich um eine Radikaldefinition handelt, aber multikulturelle Gesellschaft kann man nicht notgedrungen nur „als ein bißchen multikulturell" verstehen - in seiner Art doch zu utopisch oder weltfremd ist.

---

[6] Zitiert nach Schiffer, E., Ausländerintegration und/oder multikulturelle Gesellschaft, Bonn 1991: S. 5.

[7] Von „Gastland" kann man dann gleichfalls nicht mehr sprechen, da der nationale Charakter, der die Nationalstaaten ja ausmacht, gleichzeitig verschwindet und somit auch der Begriff "Land" zur Bedeutungslosigkeit verschwinden muß. Wie man dies auch in den ausgewerteten politischen Programmen von CDU, FDP, SPD und den Grünen gleichfalls antrifft.

[8] Schiffer, E., a.a.O., S. 6

[9] Shimada, E., Bereichsbesprechung Migration, in: Soziologische Revue 17, 1994: Heft 4.

Ist diese Darlegung aber wirklich so weit von den politischen Zielen verschiedener Organisationen entfernt? Ohne auf die Veröffentlichungen zahlreicher Bürgerinitiativen oder Bürgerrechtsbewegungen, wie z.b. derjenigen von Cohn-Bendit, einzugehen, sollen hier die Ausführungen von Bündnis 90/Die Grünen[10] stehen, die doch als fundiertes Sprachrohr für diesen Sachgegenstand angesehen werden können.

So wird im Parteiprogramm[11] unter der Überschrift „Nicht nur Antirassismus, für eine multikulturelle Gesellschaft" ausgeführt: „Unsere Vorstellung von der 'multikulturellen Gesellschaft' geht nicht von diesem Nationalstaatsgedanken aus, sondern von der Unteilbarkeit der Menschenrechte (...): Nicht die Staatsangehörigkeit entscheidet über den Anspruch auf gesellschaftliche Teilhaberrechte, sondern der Lebensmittelpunkt eines Menschen: dort, wo er lebt, liebt, arbeitet, sein Leben plant, stehen sie ihm zu - unabhängig von nationaler Zugehörigkeit (...) Gleiche Rechte für alle Bevölkerungsgruppen sind die unverzichtbare Grundlage und Voraussetzung für ein demokratisches Zusammenleben."

Dies soll vorerst als Beleg und als politischer Forderungskatalog genügen. Es wird später nochmals darauf zurückzukommen sein.

Lassen sich nun mit einer solchen „multikulturellen Gesellschaft" tatsächlich Ausländerfeindlichkeit, Fremdenfeindlichkeit, Rechtsextremismus, Faschismus und Nationalismus bekämpfen und verhindern? Dazu einige Überlegungen zum Begriff der „Ausländer- oder Fremdenfeindlichkeit", der ja ein zentraler Punkt in der Diskussion um den „neuen" Rechtsextremismus ist, bevor zu einem allgemeineren Antwortversuch übergegangen werden soll.

Gibt es eine „Ausländer- oder Fremdenfeindlichkeit" in Deutschland und geht diese auf den Nationalsozialismus zurück?

Einleitend ist festzustellen, daß innerhalb dieser Diskussion oftmals Begriffe unhistorisch „historisiert" und damit Zusammenhänge geschaffen werden,

---

[10] So wurde für die Auswertung u.a. überlassen: Die Grünen, Bundesgeschäftsstelle, Die multikulturelle Gesellschaft, Bonn 1990; Grüner Basisdienst 5/1989. Es handelt sich dabei um keine eigene Literaturauswahl, sondern die Parteien des Deutschen Bundestages wurden angeschrieben und gebeten, ihren gültigen Standpunkt zur "multikulturellen Gesellschaft" mitzuteilen.

[11] Die Grünen, Argumente, Bonn 1990.

die nicht existieren und die so nur zu einer Verschärfung des Problems führen[12].

So wird überwiegend innerhalb der Debatte z.b. von einem eindeutig feststehenden Begriff der „Ausländer- oder Fremdenfeindlichkeit" ausgegangen und dieser auch ohne Zweifel mit der rassistischen Menschenverfolgung im Dritten Reich in Bezug gesetzt und dort seine historische Entstehung festgelegt.

Der im Dritten Reich von den Nazis zur Massenvernichtung[13] der jüdischen Bevölkerung in Deutschland und vielen anderen Staaten Europas führende Antisemitismus und der zu dieser Grundideologie gehörende Rassismus, mit den Definitionen einer „Herrenmenschen-„ oder „Arierrasse"[14], die zur Ermordung von abertausenden Menschen, insbesondere von Polen, Russen und anderer slawischer Völker sowie von sog. „Zigeunervölkern" (also von Sinti und Roma) führte und in seiner Ausprägung des „unwerten Lebens" auch die Vernichtung behinderter Personen sogar aus der sog. „Arier-Rasse" einschloß[15], hatte mit „Ausländer- und Fremdenfeindlichkeit" im heutigen Sinne nichts zu tun[16]. Es war nicht eine Feindlichkeit gegenüber Nicht-Deutschen, da sich die Judenverfolgung z.B. in ihrem Anfangsstadium ja gegen Deutsche jüdischen Glaubens oder ehemals jüdischen Glaubens richtete - also Personen, die keinesfalls als „Ausländer" angesehen wurden. Man muß wohl hier - wenn man es in Worte fassen möchte - von einem Anti-

---

[12] Nur angemerkt werden kann hier, daß vielfach Argumente und insbes. Vergleiche mit dem Dritten Reich vorgenommen werden, die die historischen und gegenwärtigen Tatsachen "auf den Kopf" stellen. Als Beispiel seien hier eine Veröffentlichungsfolge und Stellungnahmen von Bürgerrechtsgruppierungen etc. in der Badischen Zeitung im Januar 1995 angeführt. Es ging dort um die Festnahme eines steckbrieflich gesuchten und wegen mehrerer Raubüberfälle verurteilten Angehörigen der Sinti und Roma-Minderheit, die zu Vergleichen mit dem Abtransport von Sinti und Romas in die Vernichtungslager des Dritten Reiches führte.

[13] Der Autor hält den Begriff der „Vernichtung" für aussagekräftiger, da der Begriff des „Mordes" eher ein(e) zwischenmenschliche(s) Katastrophe/Verbrechen bezeichnet, das fast ausschließlich eine Person zum Opfer werden läßt. „Vernichtung" ist dagegen ein Begriff, der aufzeigt, daß alle einer Gruppe zugeordneten Personen davon betroffen sind.

[14] Vgl. dazu u.a. Röhr, W. (Hg.), Faschismus und Rassismus, Berlin 1992.

[15] An dieser Stelle ist es leider nicht möglich, die Vernichtungspolitik des Nationalsozialismus umfassend darzustellen. Es sei an dieser Stelle auf Rössler, M./Schleiermacher, S. (Hg.), Der "Generalplan Ost", Berlin 1993 mit den dort angeführten weiteren Literatur verwiesen.

[16] Vgl. Kulke, C./Lederer, G., Der gewöhnliche Antisemitismus, Pfaffenweiler 1994.

Ariertum sprechen[17]. Weiterhin muß noch erwähnt werden. daß als Arier-
völker auch andere Nationen angesehen wurden. die selbstverständlich nicht
einer Vernichtungspolitik unterworfen waren[18]. Auch darf der geführte
Angriffskrieg gegen die unterschiedlichsten europäischen Länder nicht
direkt mit dem Rassismus des Nationalsozialismus in Verbindung gebracht
werden[19] und der Anspruch der Überlegenheit des Deutschtums war zwar
allgegenwärtig. aber gegenüber zahlreichen anderen Nationen nicht geklärt
und stand auch in einem viel weiter zurückgreifenden Anspruch vom
„Herrenmenschen"[20].

Diese gewalttätige rassistische Vernichtungspolitik mit dem Begriff von
„Ausländer- und Fremdenfeindlichkeit" in Verbindung zu bringen. verbietet
sich also von selbst.

Läßt sich aber eventuell der Begriff der „Ausländer- und Fremdenfeindlichkeit" aus dem Rassismus und Antisemitismus des Dritten Reiches herleiten?
Dazu müssen wir uns die bisher bekanntgewordenen Fälle einmal ansehen
und bewerten.

Die bekanntgewordenen Fälle von Übergriffen auf Ausländer sind keine
staatlich gelenkten oder von Massenorganisationen geführten Übergriffe auf
stigmatisierte Personen. sondern Handlungen von Einzel(gruppen)tätern.
Sie haben auch keinen Rückhalt in der Bevölkerung bei Straftaten, wie z.B.
die Ermordung von türkischen Menschen durch die Brandstiftungen und
auch die letzten Wahlergebnisse in den einzelnen Bundesländern und für die
gesamte Bundesrepublik Deutschland eindeutig gezeigt haben.

Weiterhin muß an dieser Stelle darüber nachgedacht werden. welche Personen hauptsächlich von diesen Angriffen betroffen sind. Man muß dabei
feststellen. daß diese überwiegend von türkischer Abstammung sowie Farbi-
ge[21] sind. In den neuen Bundesländern kommt insbes. auch noch die Gruppe

---

[17] Dabei soll man aber nicht vergessen, daß solche Reduzierungen oft auch wie eine Reduzierung
der Verbrechen klingen.

[18] Vgl. Pohlmann, F., Ideologie und Terror im Nationalsozialismus, Pfaffenweiler 1992.

[19] Vgl. dazu u.a. Bock, G. (Hg.), Rassenpolitik und Geschlechterpolitik im Nationalsozialismus.
Göttingen 1993.

[20] Vgl. dazu mit weiterführenden Angaben: Weber, K., Vom Aufbau des Herrenmenschen, Pfaffenweiler 1993.

[21] Dabei ist das Herkunftsland unerheblich, wie der Angriff auf US-Sportler in Thüringen gezeigt
hat.

der Vietnamesen hinzu, die in der ehemaligen DDR als eine Art „Gastarbeiter" tätig gewesen sind. Weiterhin sind jedoch auch noch die Übergriffe auf Asylantenheime aufzuführen, wobei die spezielle Herkunft der Bewohner keinen erkennbaren Einfluß hat[22].

Insgesamt ist wohl für die Bundesrepublik Deutschland festzuhalten, daß nicht „Ausländer- und Fremdenfeindlichkeit" vorliegt, sondern die gegenwärtige Situation eher durch einen „Asylanten- und Türkenhaß" gekennzeichnet ist[23].

Ein weiterer notwendigerweise zu klärender Aspekt ist auch, ob diese Angriffe auch tatsächlich immer von Deutschen verübt wurden[24]. Bedauerlicherweise liegen dazu keinerlei harte Daten vor, da es bisher scheinbar nicht für nachfragebedürftig angesehen wurde, welche Täter festgestellt wurden. So kann man nur von bescheidenen Pressenotizen ausgehen, die in den verschiedensten Fällen Streitigkeiten innerhalb der Gruppe der Ausländer dafür verantwortlich machten. So zeigten aufgeklärte Übergriffe auf türkische Mitbewohner, daß sie auf die Auseinandersetzung zwischen Türken und rechtsradikalen oder auch fundamentalistischen Türken und Kurden und Türken zurückzuführen waren[25].

---

[22] Übergriffe auf Behinderte und Menschen jüdischen Glaubens sind bisher nicht sicher nachgewiesen. Bisher journalistisch aufgebauschte Berichte haben sich im Nachhinein als falsch herausgestellt oder sind auch von sonstigen jugendlichen Rüpeleien nicht zu unterscheiden. So wie kürzlich im WDR 3-Fernsehen (Anfang März 1994) der Fall eines jüdischen Schülers vorgestellt wurde, dem angeblich vor Jahren im Alter von 12 Jahren ein gleichaltriger Schüler nachgerufen hatte, er sei wohl bei der Vergasung vergessen worden. Insbes. ist bei dem deutschen historischen Kenntnisstand und bei einem 12jährigen Schüler nicht anzunehmen, daß es sich um einen naziähnlichen Angriff gehandelt hat, sondern eine nachträgliche journalistische Annäherung vorgenommen wurde. Weiterhin sei an dieser Stelle überhaupt auf den deutschen Kenntnisstand des Dritten Reiches verwiesen, der mehr als dürftig war (wenn man den Geschichtsunterricht in den beiden deutschen Staaten untersucht) und ist.

[23] Das Vorliegen eines latenten Rassismus' wird dabei nicht negiert. Dies ist jedoch kein besonderes Problem innerhalb der Bundesrepublik Deutschland, sondern ein allgemeines Problem. Vgl. dazu z.B. Ockenfels, W. (Hg.), Problemfall Völkerwanderung, Trier 1994.

[24] Dem gegenüber wurde der Gegenstand der Ausländerkriminalität bereits zentral untersucht, wobei auch hier eine äußerst merkwürdige "Umrechnung" der bekanntgewordenen Fälle vorgenommen wurde (man vgl. nur die Ausführungen von Pfeiffer, C., in "Die Zeit" von 1994).

[25] An dieser Stelle darf auch nicht verschwiegen werden, daß auch ein Drogenkrieg und ein Asylschlepperkrieg (der Begriff "Krieg" wird hier undiskutiert übernommen) herrscht, dessen Vorfälle gleichfalls nicht pauschal einfach dem Stichwort "Ausländer- und Fremdenfeindlichkeit" zugeschlagen werden können.

Diese Ausführungen sind natürlich nicht als eine irgendwie geartete Ver-
harmlosung der hier behandelten Problematik zu verstehen; eine realistische
Auseinandersetzung mit dem Problem verlangt jedoch, daß vor diesen -
oftmals pressemäßig groß aufgemachten Fällen mit sofort vorliegendem
Anfangsverdacht und dem späteren Stillschweigen (scheinbar dann nicht
mehr „pressemäßig zu vermarkten") - nicht die Augen verschlossen werden
dürfen[26].

Soweit auch der Teil der Fälle, die auf eine Auseinandersetzung[27] von Deutschen mit Ausländern hinführen, Betroffenheit und Ursachensuche auslösen
muß, so muß man sich vor den bisherigen Pauschalitäten hüten, da sie eher
zur Problemverschärfung beitragen[28].

Nach meiner Meinung muß aus diesem Gesichtspunkt heraus doch festge-
halten werden, daß der Begriff der „Ausländer- und Fremdenfeindlichkeit"
unhaltbar ist[29]. Auch ist nicht der Rückschluß auf einen wiederauflebenden
nationalsozialistischen Rassenwahn zu führen, da die Handlungen von Personen geführt werden, die rein sektiererische Operationen ausführen und
denen gegenüber eine Bevölkerungsmehrheit steht, die nicht diese Handlungen toleriert. Diese Aussage gilt auch dann, wenn in Einzelfällen Menschen
nicht helfend eingreifen, da dies auch in den Fällen festzustellen ist, in denen die Opfer Deutsche sind[30]. Insoweit handelt es sich hier um ein anderes
Problem und kann gleichfalls nicht durch einen Begriff „Ausländer- und
Fremdenfeindlichkeit" vernebelt werden.

Multikulturelle Gesellschaft als Verhinderung von Rechtsextremismus?

Wenn wir auf die eingangs gemachte Ausführung zurückkommen, so stellt
sich für zahlreiche Personen ein „Neues Babylon" als eine Verhinderung

---

[26] Man vergleiche die Ausführungen in "Die Zeit" vom 12.Oktober 1994 zu dieser Problematik.

[27] Es wurde daher auch verzichtet, auf die Übergriffe in anderen Ländern hinzuweisen, weil dies keine irgendgeartete Rechtfertigung auch nur für eine Handlungsweise bedeuten soll. Erwähnt werden sollte es jedoch.

[28] Welchen Einfluß darauf eine "Sensationspresse" hat, muß wohl dabei auch untersucht werden.

[29] Wichtig ist es jedoch, für die Handlungsweisen einen Begriff zu finden, der eine Konfliktlösung ermöglicht. Auch in dieser Hinsicht ist die bisherige Definition nicht hilfreich.

[30] Vgl. zu der Problematik u.a. Villmow, B./Plemper, B., Praxis der Opferentschädigung, Pfaffen-weiler 1989.

von Rechtsextremismus dar. Ein „Neues Babylon" würde jedoch, entgegen der alttestamentarischen Darstellung, mit zahlreichen Zungen sprechen, es wäre also nicht die Rückkehr zu einer „Gemeinsamkeit".

Dieses „Neue Babylon" würde jedoch bedeuten, daß nicht mehr *eine* Kultur besteht, sondern ein vielfältiges Kulturgemisch. Dies würde einen gesellschaftlichen Umgestaltungsprozeß bedingen, der alle Bereiche umfaßt. Zum Beispiel: Wie sollen Kindergärten und Schulen aussehen, die allen Kindern eine ungestörte muttersprachliche und kulturelle Entwicklung ermöglichen und die eine vorurteilslose Betrachtungsweise von unterschiedlichen Religionen, der jeweiligen Geschichte, sogar in einer gegensätzlichen Auffassung[31], und anderen kulturellen Entwicklungen zuläßt? Wie werden diese Entwicklungen weiter gefördert und in das alltägliche Leben eingebracht? Durch die Quotierung öffentlicher Ämter sowie verschiedene Amtssprachen und Formulare? Schon die wenigen hier ausgebreiteten Punkte zeigen die umfassende Problematik auf.

Und wie steht es weiter mit der Toleranz in einer solchen Gesellschaft? Muß nicht akzeptiert werden, daß gegenüber dem strenggläubigen Moslem die Frauen verschleiert auftreten müssen? Daß es für einen strenggläubigen Inder erlaubt sein muß, seine Witwe verbrennen zu lassen? Daß Mädchen und Knaben in anderen Kulturen beschnitten werden und Verheiratungsrituale eine Unangreifbarkeit erhalten? Diese Problempunkte können dabei leicht weitergeführt werden.

Auch dies zeigt Problematiken eines „Neuen Babylons" auf, die keine Lösung auf dem schnellen Wege zulassen dürften.

Und noch als dritter Punkt: Sind nicht auch kulturelle Besonderheiten zu schützen und zu tolerieren: So gegenüber dem strengen Vegetarier, dem die Schlachttierhaltung ein Greuel ist, oder - nehmen wir ein ausgefallenes Beispiel - dem Radikalnudisten?

Nun, diese Problematik wurde auch von der politischen Seite nicht vergessen und so wird unter der Überschrift „Natürlich gibt es Grenzen der Toleranz!" ausgeführt: „Sowenig wie für Selbstgerechtigkeit gibt es umgekehrt Grund für uns, mit dem Mörderregime im Iran z.B. und seinen Verfechte-

---

[31] Man nehme z.B. nur die "Entdeckungsgeschichte". Wir erfahren in unserem Geschichtsunterricht, daß die Spanier diese und jene Insel entdeckt haben. Wir erfahren nicht oder nur beiläufig, daß dort bereits Menschen lebten und oftmals eine längere "Geschichte" hatten als die Entdecker. Die Punkte ließen sich ohne Anstrengung leicht weiterführen.

rInnen eine theoretische Debatte über verletzte Gefühle oder kulturelle Differenzen zu führen. Eine Ordnung, in der Verfolgung, Hinrichtung und Todesdrohung zum alltäglichen Regelungsmechanismus gehören, stellt sich außerhalb der Grenzen des Tolerablen - ganz egal, unter welchem politischen oder religiösen Vorzeichen das geschieht."[32]

Wer bestimmt aber die Grenzen der Toleranz in einer multikulturellen Gesellschaft? Mehrheitsbeschlüsse eines Gremiums in der Vorstellung einer Vollversammlung der UN. Dabei sind aber nicht nur Probleme von religiösem Fanatismus, die oftmals leicht mit den allgemeinen Menschenrechten gelöst werden wollen[33], sondern auch solche Dinge wie Definition und Bestrafung von abweichendem Verhalten zu klären. Z.B. bei der Bestrafung nach den Vorschriften des Korans in der Form der Verstümmelung eines Täters oder bei einem anderem Extrem, wie der Todesstrafe stellen sich schon vielfältige Fragen ein: Abschaffung oder Toleranz oder Gültigkeit nur für Wenige?

Bereits diese Punkte zeigen uns, daß eine Utopie von einem „Neuen Babylon" als multikulturelle Gesellschaft sich als Unmöglichkeit der Gestaltung darstellt. Es ist - und wir verweisen noch einmal auf das Alte Testament - eigentlich die Umschreibung einer Weltgesellschaft (mit einem eher an paradiesische Zustände erinnerndem Zusammenleben) als eine - nennen wir es einmal so - beschränkte Nationalgesellschaft.

Man muß daher wohl davon ausgehen, daß multikulturelle Gesellschaft eine Utopie ist - also ein Traum vom besten Staat.

„Eine Landkarte der Erde, die nicht auch Utopia zeigt, ist keinen einzigen Blick wert, denn auf ihr fehlt jenes eine Land, an dem die Menschheit immer landet. Und wenn die Menschheit dort angelangt ist, blickt sie um sich, sieht ein noch schöneres Land und setzt wieder die Segel, Fortschritt ist die Verwirklichung von Utopien"[34].

Unter diesem Gesichtspunkt ist jedoch die multikulturelle Gesellschaft nicht gangbar für eine Verhinderung des Rechtsextremismus. Aber wie alle Uto-

---

[32] Die Grünen, Die multikuturelle Gesellschaft, a.a.O.

[33] Über die eurozentristische Handhabung der Menschenrechte wird aber oftmals nicht weiter nachgedacht.

[34] So Oscar Wilde in "Die Seele des Menschen unter dem Sozialismus".

pien kann sie Wege aufzeigen, die den täglichen Faschismus[35] abbauen, und in diese Richtung gehen ja auch bereits zahlreiche Veröffentlichungen.

Aber Utopien haben auch eine Entwicklungskraft. So sind sicherlich die in diesem Zusammenhang auf einer praxisorientierten pädagogischen Ebene entstehenden Vorschläge zu einem interkulturellen Verstehen und Handeln nicht zu unterschätzen und dürften auch zu einer Bewußtseinsbildung gegen Rechtsextremismus führen.

Der Radikalversuch zur Durchsetzung einer multikulturellen Gesellschaft und der Definition eines Einwanderungslandes[36] dürfte jedoch für die zu „spät gekommene Nation" Deutschland eher zu einer Radikalisierung bei einer weiteren wirtschaftlichen Problemlage führen. Andererseits bietet gerade die Bundesrepublik Deutschland ein Modell der Kulturautonomie[37], das auch zu Erweiterungen fähig ist und auch den ausländischen Mitbürgern eine Darstellungsebene bietet und Verbindungen schaffen kann[38]. Auch darin kann eine Verhinderung von Rechtsextremismus gesehen werden. Ist diese Sichtweise zu beschränkt? Sollten wir aber nicht an das Machbare gehen, statt Utopien zu träumen?

---

[35] Man vgl. Lettau, R., Täglicher Faschismus, Reinbek 1971.

[36] Man vergleiche die Diskussion um die Sicherung der Renten. Daß die Berechnungen nicht so stimmen können, ergibt leicht ein Blick in: Prinz, C./Lutz, W., Alternative Demographic Scenarios for 20 Large Member Countries of the Council of Europe, Laxenburg 1994, in: Journal für Sozialforschung 34, 1994: S. 197ff.

[37] Es sei hier auf den bundesstaatlichen Aufbau verwiesen.

[38] Aus diesen Ausführungen hier ergibt sich notwendigerweise die Frage nach einem gesicherten Asyl in der Bundesrepublik Deutschland und der Eingliederung dieser Menschen in die Gesellschaftsordnung. Die hier vorliegenden Überlegungen sind daher nur als eine Problembeschreibung zu verstehen, auf der sich Lösungen aufbauen müssen.

Autoren

Giessen, Hans W., St. Ingberter Str. 73, 66123 Saarbrücken.

Heiland, Hans-Günther, Universität Bremen, Fachbereich 8/Soziologie, Postfach 330 440, 28334 Bremen.

Kliche, Thomas, Universität Hamburg, Psychologisches Institut I, Von-Melle-Park 6, 20146 Hamburg.

Liebl, Karlhans, Im Breyel 19, 79292 Pfaffenweiler.

Loos, Peter, Universität Bremen, Fachbereich 8/Soziologie, Postfach 330 440, 28334 Bremen.

Lüdemann, Christian, Universität Bremen, Fachbereich 8/Soziologie, Postfach 330 440, 28334 Bremen

Ohlemacher, Thomas, Kriminologisches Forschungsinstitut Niedersachsen (KFN), Lützerodestr. 9, 30161 Hannover.

Sackmann, Reinhold, Sonderforschungsbereich 186, Universität Bremen, Postfach 330440, 28334 Bremen.

Stallberg, Friedrich W., Universität Dortmund, Fachbereich 14/Soziologie, Postfach 500 500, 44221 Dortmund.

Willems, Helmut, Universität Trier, Fachbereich IV/Soziologie, Postfach 3825, 54286 Trier.

MIX
Papier aus verantwortungsvollen Quellen
Paper from responsible sources
FSC
www.fsc.org
FSC® C105338

If you have any concerns about our products,
you can contact us on
ProductSafety@springernature.com

In case Publisher is established outside the EU,
the EU authorized representative is:
Springer Nature Customer Service Center GmbH
Europaplatz 3, 69115 Heidelberg, Germany

Printed by Libri Plureos GmbH
in Hamburg, Germany